ÖSTERREICHISCHE TEXTE ZUR GESELLSCHAFTSKRITIK
Band 44

Arno Pilgram

... ENDET MIT DEM TODE
Die lebenslange Strafe in Österreich

mit Interviews von Paul Yvon und Texten von Jack Unterweger

Herausgegeben vom Verein Kritische Sozialwissenschaft
und Politische Bildung

Druck gefördert durch den Fonds zur Förderung der
wissenschaftlichen Forschung in Österreich

CIP-Kurztitelaufnahme der Deutschen Bibliothek

Pilgram, Arno:
... endet mit dem Tode: die lebenslange Strafe in Österreich /
Arno Pilgram. Mit Interviews von Paul Yvon u. Texten von
Jack Unterweger. - Wien: Verlag für Gesellschaftskritik, 1989
(Österreichische Texte zur Gesellschaftskritik; Bd. 44)
ISBN: 3-85115-108-9
NE: GT

ISBN 3-85115-108-9

Umschlagentwurf: Andrea Zeitlhuber (Foto: Skulptur von Botond)

Arno Pilgram

. . . ENDET MIT DEM TODE

DIE LEBENSLANGE STRAFE IN ÖSTERREICH

MIT INTERVIEWS VON PAUL YVON

UND TEXTEN VON JACK UNTERWEGER

Verlag für Gesellschaftskritik

VG

INHALT

Vorwort

Ihren Ausgang hat diese Arbeit mit der Anfrage durch einen lebenslang Gefangenen genommen, ob sich für ein Beschwerdeverfahren vor der Europäischen Kommission für Menschenrechte eine Expertise über die Praxis der lebenslangen Strafe in Österreich erstellen ließe. Die Aufgabe kam wie gerufen, bot sie doch den Anlaß, sich wieder einmal unter einem bestimmten Aspekt mit dem Strafvollzug auseinanderzusetzen. Die Studie verstand sich anfangs als ein exploratives Unterfangen ohne den Anspruch, das Untersuchungsgebiet mehr als zu sondieren, für weitere notwendige Arbeit aufzuschließen. Es ist jedoch nicht dabei geblieben. Mit fortschreitender Bearbeitung des Feldes nahm mich die Aufgabe mehr und mehr gefangen, weitete sich die Studie beträchtlich aus.

Gewiß, das Untersuchungsgebiet wirkt auf den ersten Blick einigermaßen begrenzt. Es ist so klein und unbedeutend jedoch auch wieder nicht, wie es die seit 1975 jährlich durchschnittlich 8,5 in Österreich verhängten lebenslangen Strafen erscheinen lassen könnten. Dies entspricht gerade einem Promille der jährlich anzutretenden Freiheitsstrafen bzw. etwa einem Zehntelpromille der gerichtlich jährlich ausgesprochenen Strafen überhaupt. Unter den Gefangenen der großen Strafvollzugsanstalten für die zu mehr als einem Jahr Verurteilten sind die insgesamt rund 150 Lebenslangen aber schon eine auffallende Minderheit von bis zu 10% der Insassen. Die eigentliche Bedeutung der lebenslangen Freiheitsstrafe ist allerdings keine quantitative, sondern eine qualitative, sie liegt in ihrem Charakter.

Einmal handelt es sich bei dieser Strafsanktion um den äußersten strafenden Eingriff in persönliche Rechte und Freiheiten, den unsere Strafrechtsordnung kennt, seitdem die Todesstrafe selbst im außerordentlichen Verfahren seit langem abgeschafft ist. Die lebenslange Strafe verkörpert das Extrem der Gesellschaftsmitgliedern im Fall bestimmter Normbrüche staatlicherseits zugemuteten Gegenreaktion. Sie spiegelt das Ausmaß der als legitim geltenden staatlichen Gewalt.

Dazu ist die lebenslange Freiheitsstrafe nicht nur die äußerste, sondern in einem Punkt eine von allen anderen Strafen wesensverschiedene Sanktion. Sie ist zwar nicht die einzige Form unbegrenzten Freiheitsentzugs, die das Strafrecht vorsieht - man denke hier an die sogenannten "vorbeugenden Maßnahmen gegen geisteskranke Rechtsbrecher" gem. § 21 Abs. 1 und 2 StGB. Auch bei diesen Maßnahmen steht nicht von vornherein eine Entlassung nach einer schon im Urteil bemessenen Maximalzeit fest und gibt es ebenso nur die ungewisse Chance einer allfälligen bedingten Entlassung. Wohl aber ist die lebenslange Strafe die einzige, bei der - zum Unterschied zu den "vorbeugenden Maßnahmen" - kein durch "Besserung" erwerbbarer Anspruch auf Entlassung besteht. Somit widerspricht sie kraß der vorgeblichen (Reintegrations-) Zweckrationalität des modernen Strafrechts. Zwar besitzt auch der zur lebenslangen Haft Verurteilte ab dem Ende des 15. Strafjahres die Aussicht der bedingten Entlassung. Als Entlassungskriterium spielt die persönliche Entwicklung des Gefangenen jedoch nicht die entscheidende Rolle. Die persönlichen Eigenschaften des Gefangenen und seine Lage können grundsätzlich ignoriert und hinter generalpräventive Überlegungen - etwa der Art: "Muß die Rechtsordnung durch demonstrative Härte geschützt werden?" - zurückgestellt werden.

Es gibt also kein subjektives Recht und schon gar keine "Automatik" der Entlassung aus der lebenslangen Strafe. Es ist - ganz im Gegenteil - für Lebenslange in den letzten Jahren, wie die Studie zeigen wird, sogar erheblich schwerer geworden, die Freiheit wiederzuerlangen. Heute ist die von Lebenslangen tatsächlich zu verbüßende Strafe im Durchschnitt deutlich länger als in den 70er und zu Beginn der 80er Jahre.

Das bedeutende Strafrechtsänderungsgesetz von 1987 ist auf die Grundproblematik der lebenslangen Strafe dennoch nicht eingegangen. Während seit dem StRÄG 1987 die vorzeitige bedingte Entlassung aus zeitlichen Strafen wesentlich erleichtert worden ist, ist bei Lebenslangen über die Entlassung weiterhin vor allem tatbezogen und allgemein ordnungspolitisch zu entscheiden. D.h. es kann im Entlassungsverfahren aus denselben Gründen des Erschreckens über die Tat und aus denselben Abschreckungsgründen, die seinerzeit zur Verhängung der lebenslangen Strafe geführt haben, die Fortsetzung der Strafe verfügt werden - unabhängig davon, wie es inzwischen um die Person des Gefangenen und um seine Entwicklung steht. Ob und ab wann die Entlassungsentscheidung primär in Ansehung der Person des Gefangenen getroffen wird, steht zur Disposition des Vollzugsgerichts und folgt keiner einheitlichen Norm. Bei der lebenslangen Strafe hat das Resozialisierungsziel keinen Vorrang und überlebt damit ein Stück sozialstaatlicher Gleichgültigkeit des Strafrechts. Die Zumutbarkeit einer - wie es in der Urteilsformel ausdrücklich heißt - "mit dem Tode endenden Strafe" ist dementsprechend die immer wiederholbare Frage an jede moderne sozialstaatliche Verfassung.

Aufgrund dieser Besonderheit der lebenslangen Strafe konzentriert sich die nachfolgende Untersuchung sehr stark auf die Praxis der bedingten Entlassung bzw. auf die Praxis der Entlassungsverweigerung. Wie verfährt das Vollzugsgericht bei Prüfung der Entlassungsfrage? In welcher Lage befindet sich der Gefangene, der die zeitlichen Voraussetzungen für die Entlassung bereits erfüllt und, häufig erfolglos, Bittantrag um Bittantrag um seine Entlassung stellt? Die Problematik des Gnadencharakters der bedingten Entlassung und das den Betroffenen demütigende abstrakte generalpräventive Kalkül mit der Lebenszeit Gefangener steht im Mittelpunkt der Kritik.

Darüber hinaus und davor geht es aber auch um die Prozesse der Wahl gerade der lebenslangen Strafe als Reaktion auf eine Straftat bzw. auf einen Straftäter. Nach welchen Regeln werden erstens bestimmte Formen menschlichen Handelns von Gerichten als strafbar nach Normen eingestuft, deren Verletzung mit lebenslangem Freiheitsverlust bedroht ist, und wie bildet sich zweitens bei diesen Gerichten die Überzeugung, eine zeitliche Freiheitsstrafe reiche als strafrechtliche Antwort auf einen Vorfall nicht aus? Soziologie der Rechtsprechung über den Anfang (die rechtliche Qualifizierung von Taten als Mord und die Zumessung der Maximalstrafe) und über die Beendigung der lebenslangen Strafe per Strafrestnachsicht bilden den Kern der Untersuchung.

Ein weiterer Teil bezieht sich auf den Strafvollzug selbst. Am Beispiel des vollzugspraktischen Umgangs mit der lebenslangen Freiheitsstrafe läßt sich sehr viel über den Strafvollzug veranschaulichen. Auf der einen Seite zeigt sich an

Lebenslänglichen die besondere "Obsorge" der Vollzugsverwaltung für im allgemeinen angepaßte, weil nicht zuletzt auch besonders ausgelieferte Langzeitgefangene. Man bemüht sich, für sie Funktionsnischen im Anstaltssystem zu finden, ihnen vor allem eine erträgliche Existenz durch anstaltswichtige Arbeitsaufgaben zu verschaffen. So werden Lebenslange häufig, wie es ein Vollzugsmitarbeiter auf den Begriff gebracht hat, zu einem "Bestandteil des Systems". Auf der anderen Seite offenbart sich an Lebenslangen, bei denen entsprechende Arrangements mit der Anstalt scheitern, die Repression des Strafvollzugs in besonders tragischen Formen.

Das Strafvollzugsgesetz hält für Lebenslange wie für andere Gefangene den sogenannten "Stufenvollzug" bereit. Der Gefangene beginnt in der Unterstufe, d.h. besonders isoliert von der Außenwelt, besonders depraviert und "übersichert". Bei Lebenslangen dauert dieser Zustand mindestens 7 Jahre. Es sind erst Tatsachen wie diese und die Länge der lebenslangen Strafe und nicht so sehr die Gefährlichkeit der betroffenen Gefangenen, die - wie befragte Vollzugspraktiker versichern - die völlige Abschließung des Vollzugs von der Außenwelt sowie Hochsicherheitsmaßnahmen erzwingen. Langstrafen und Sicherheitsvollzug schaffen so zum Teil erst das, wogegen sie sich richten. Man muß sich vor derart Gefangenen schließlich tatsächlich in Acht nehmen.

Die Schrecken der lebenslangen Strafe, des gesetzlich auferlegten sozialen Todes, machen es schwer bis unmöglich, über das Schreckliche der gewaltsamen Tötung von Menschen zu sprechen. Man kann es keinem lebenslang Gefangenen verübeln, daß er nach diesem Strafurteil nicht mit der Erforschung der eigenen Person, mit Trauer, mit Fragen nach der Möglichkeit des Schuldausgleichs etc. auf das Geschehene reagiert. Man muß vielmehr erwarten, daß er die lebenslange Strafe als ihm zugefügtes Leid erlebt, das das von ihm verursachte aufwiegen soll und aufwiegt. Die Tötung wird mit dem Ausschluß des Schuldigen aus der Gesellschaft auf Lebzeiten beantwortet, ein Tabubruch folgt auf den anderen. Das reduziert wohl eher das Schuldbewußtsein der Betroffenen und verschafft ihnen die Möglichkeit, sich von der eigenen Verantwortung für zugefügtes Unglück zu distanzieren. Es läßt zugleich Lebenslangen wenig Auswahl, nicht dem Typus zu entsprechen, auf den diese extreme Strafe zugeschnitten ist: ohne "echtes Gewissen" und nur durch äußeren Zwang zum Erkennen von Fehlern zu bewegen zu sein. Nicht zuletzt wird Menschen mit der lebenslangen Strafe Schlimmes auch in der Form angetan, daß es ihnen nahezu unmöglich gemacht wird, über ihre eigene Handlungsweise anders als im Vergleich zwischen zwei Übeln (zwischen zugefügtem und erfahrenem Leid) zu reflektieren.

Diese in der lebenslangen Strafe organisierte Abwehr sozialer Auseinandersetzung mit der Gewalt von Menschen gegen Menschen hat es mir persönlich erschwert, mit den Betroffenen selber über ihre Situation zu reden. Infolge meiner Hemmungen und Befürchtungen, auf beiden Seiten bestehende Barrieren nicht, wie bei irgendeiner belanglosen Umfrage, auf Anhieb, sondern - wenn überhaupt - allenfalls unter großer persönlicher Mühe überwinden zu können, habe ich selbst keine Gespräche mit Lebenslangen geführt. So drohte die subjektive Perspektive dieser Gefangenen im vorliegenden Buch einen Moment lang völlig zu fehlen. Aus der Verlegenheit haben mir die Bereitwilligkeit eines ungewöhnlichen, eines literarisch schreibenden lebenslang Gefangenen in Stein sowie die Arbeit eines nimmermüden Journalisten vom Fach geholfen. Jack Unterweger hat Texte aus seinem Werk zur Verfügung gestellt, die als Literaturkontrast zum Untersuchungsbericht an die Grenzen der wissenschaftlichen Form, sich der sozialen Wirklichkeit zu vergewissern, erinnern können. Paul Yvon, welcher der *Profil*-Berichterstattung über die österreichische Gerichtsbarkeit immer wieder das Recht auf diesen Namen erwirkt, hat lebenslang Gefangene interviewt und mir die Bänder der Gespräche zur Verfügung gestellt.

Bei beiden bedanke ich mich ganz besonders und auch bei allen anderen, die das Zustandekommen und die Publikation dieser Arbeit unterstützt haben. Das waren meine Kollegen und Kolleginnen am Institut für Rechts- und Kriminalsoziologie und Dr. Heinrich Keller durch Diskussion und Anregungen, Dr. Gerhard Litzka, Dr. Christoph Mayerhofer und Mag. Georg Salzner vom Bundesministerium für Justiz durch organisatorische Hilfestellung, die Leiter und Mitarbeiter der Justizanstalten, in die mich die Untersuchung geführt hat, durch die Bereitschaft zu Interviewauskünften, Univ.Prof. Dr. Peter Gerlich und die ungenannten Gutachter für den Fonds zur Förderung der wissenschaftlichen Forschung, der die Drucklegung des Bandes großzügig fördert, sowie die Mitarbeiter und Mitarbeiterinnen im Verlag für Gesellschaftskritik.

1. Gerichtliche (Vor)Entscheidungen für Lebenslang

Bis zur Verhängung einer lebenslangen Strafe ist es ein langer Weg. Ehe sie ausgesprochen werden kann, muß einmal das Vorliegen einer Straftat konstatiert werden, die mit dieser schwersten Sanktion bedroht ist, zum anderen muß die Zulänglichkeit einer alternativen, zeitlich bemessenen Strafe ausgeschlossen werden. Die für die Praxis der lebenslangen Strafe relevante gerichtliche Diskretion beginnt demnach bei der tatbestandlichen Qualifizierung von Verletzungs- und Tötungsdelikten und setzt sich fort bei der Strafzumessung für die nach § 75 StGB (Mord) qualifizierten Taten.

Es gibt im österreichischen Strafgesetzbuch zehn Straftatbestände, bei denen die lebenslange Strafe - sofern der Täter das 20. Lebensjahr vollendet hat (§ 36 StGB) - zur Anwendung kommen kann bzw. muß. Obligatorisch ist sie bei Völkermord (§ 321 Abs.1 StGB), zur Wahl steht sie neben einer 10-20jährigen Strafe bei Mord (§ 75 StGB) - der Versuch kann wie die vollendete Tat sanktioniert werden -, bei erpresserischer Entführung (§ 102 Abs.3 StGB) und bei schwerem Raub (§ 143 StGB), wenn die Tat den Tod eines Menschen zur Folge hatte, bei den Gemeingefährdungsdelikten Brandstiftung (§169 Abs.3 StBG), Vorsätzliche Gefährdung durch Kernenergie oder ionisierende Strahlen (§ 171 Abs.2 StGB), Vorsätzliche Gefährdung durch Sprengmittel (§ 173 Abs.2 StGB), Vorsätzliche Gemeingefährdung (§ 176 Abs.2 StGB), Luftpiraterie (§ 185 Abs.2 StGB) und Vorsätzliche Gefährdung der Luftfahrt (§ 186 Abs.3 StGB), wenn die Tat jeweils den Tod mehrerer Menschen nach sich zog. Alle diese Delikte spielen im Polizei- und Gerichtsalltag praktisch keine Rolle mit Ausnahme von schwerem Raub und Brandstiftung (mit denen aber nur sehr selten die Tötung von Menschen verbunden ist) sowie Mord. Wenngleich auch auf andere Straftaten die lebenslange Strafe angedroht ist, spielt diese Sanktion faktisch nur bei Morddelikten eine Rolle. Der Entscheidung, eine lebenslange Strafe zu verhängen, geht also de facto die Entscheidung voraus, einen körperlichen Angriff einer Person auf eine andere als versuchten oder vollendeten Mord zu fassen.

"Morde", die vor Gericht z.B. als "Totschlag", "Körperverletzung mit tödlichem Ausgang", "Notzucht mit Todesfolge" oder als bloß "fahrlässig verursacht" beurteilt werden, oder "Mordversuche", die z.B. als "versuchter Totschlag", "absichtliche schwere Körperverletzung" oder überhaupt nur als "Körperverletzung", "Nötigung", "Widerstand gegen die Staatsgewalt" (im Fall des Angriffs auf Beamte) oder "gar nicht des Aufhebens wert" eingestuft werden, können keine lebenslange Freiheitsstrafe nach sich ziehen. Hingegen können gerichtlich als "Mord" begriffene Tötungen oder als "Mordversuch" aufgefaßte Ansätze zu Tötungshandlungen den Täter unter Umständen lebenslang hinter Gitter bringen. Diese Subsumtionsvorentscheidungen sind nicht zentraler Gegenstand vorliegender Studie, man muß sie sich hier jedoch eingangs vergegenwärtigen und kann das eine oder andere Datum aus anderen Untersuchungen in Erinnerung rufen und um ein paar Beobachtungen ergänzen.

Im Abschnitt "Konkretisierung von Strafrechtsnormen" des von Lüderssen und Sack herausgegebenen II. Seminarbandes "Abweichendes Verhalten" schreibt

Hassemer (1975) über die Auslegung von Mordmerkmalen (nach bundesdeutschem Recht) einleitend: "*In unserer Strafrechtsordnung kennt das richterliche Entscheidungsverfahren grundsätzlich zwei Stellen, an denen ein (vorläufig) gefundenes Ergebnis gefiltert, spezifiziert und korrigiert werden kann: bei der Unterordnung des Täterverhaltens unter einen Straftatbestand und bei der Zumessung der Strafe.*" (S.324) Soweit das Modell. In der Praxis, in der die Sanktionsfolgenbestimmung von der Tatbestandsfeststellung z.T. stark oder sogar völlig determiniert ist (wie insbesondere bei der Mordstrafbestimmung nach deutschem Recht, welche die lebenslange Freiheitsstrafe zwingend vorschreibt), verschmelzen beide Prozeßschritte in Wahrheit viel stärker zu einer ergebnisorientierten Synthese von Subsumtion und Strafzumessung.

Hassemer zeigt dies gerade am Beispiel der Rechtsprechung in Mordstrafsachen. An der Auslegung der Mordmerkmale "heimtückisch" und "niedrige Beweggründe" kann der Autor verdeutlichen, wie es "*dem Strafrichter auch bei relativ enger und zwingender Tatbestandsfassung möglich (ist), die Unanwendbarkeit dieses Tatbestands trotz Erfüllung der einzelnen Tatbestandsmerkmale dann zu begründen, wenn der Tatbestand und damit der von ihm formulierte Strafrahmen das Gewicht der Straftat nicht zu treffen scheint.*" (S.325) Die Sequenz von Straftatqualifizierung und Straffestsetzung, dieser "*Regelablauf strafrechtlicher Rechtsfindung ist gestört, wenn der anzuwendende Tatbestand ... eine Strafe absolut androht. Wird der Strafrahmen beseitigt und damit eine Strafzumessung ausgeschlossen, so ist für eine Umsetzung normativer Vorstellungen von Gesetz und Richter nur noch im Bereich der tatbestandlichen Qualifizierung Platz; dies bedeutet, daß der Richter an dem meist deskriptiv formulierten Tatbestandsmerkmal dann eine Typenkorrektur vornimmt, um der zu hohen absoluten Strafe zu entgehen, wenn nach seinen normativen Vorstellungen der Täter eine solche Strafe nicht ‚verdient'.*" (S.325) Umgekehrt unterbleibt eine solche mögliche Typenkorrektur, das Inbetrachtziehen und stets mögliche Ausweichen auf einen minderbedrohten Tatbestand, wenn die lebenslange Strafe angemessen wirkt.

Die gesetzliche Fesselung der Richter bei der Strafzumessung in einmal als Mord qualifizierten Fällen hat noch eine andere Konsequenz. Es ist kein Wunder, daß es in der Bundesrepublik eine Fülle von juristischer Literatur über die zugespitzten Auslegungsprobleme und offenstehenden Diskretionsmöglichkeiten von Gerichten im Bereich der Tötungsdelikte gibt (vgl. auch Arzt, 1980; Frommel, 1988; Heine, 1988; Jescheck-Triffterer, 1978 - Kap.III; Kerner, 1986; Müller-Dietz, 1984; Sessar, 1980, um nur einige zu nennen), während es in Österreich, wo in Mordstrafsachen ein vergleichsweise weiter Spielraum für die Strafzumessung besteht, an vergleichbaren Studien bzw. am Druck fehlt, die gesetzliche und rechtspraktische "Morddefinition" rechts(tatsachen)wissenschaftlich zu reflektieren.

In dieser Situation bleibt dann hierzulande auch gleich die weitere Frage unerörtert: Was sind nun die Charakteristika von Tötungsstraftaten, die nach Ansicht der Gerichte wirklich Lebenslang "verdienen"? Gibt es den "typischen Mordfall", auf den die Sanktion der lebenslangen Strafe zugeschnitten ist? Welche als "Mord" bestraften Tötungsdelikte bzw. Täter bleiben hingegen von dieser äußersten Strafsanktion verschont? Auch das sind empirische Fragen, denen in diesem ersten Abschnitt nachgegangen werden soll.

1.1. ... der Tatbestand erfüllt die Mordqualifikation

Unter soziologischer Perspektive sind hier die Arbeiten zur Anwendung von Mordstraftatbestimmungen interessant, die weniger die Entfaltungskunst juristischer Begrifflichkeit studieren, sondern die außerstrafrechtlichen Determinanten von Verfahrensergebnissen analysieren. Als solche außerrechtliche Determinanten können vor allem organisatorische Bedingungen im strafrechtlichen Kontrollapparat/verfahren und Überzeugungen auf Seiten seiner Akteure bezüglich sozialer Problemlagen/gruppen und hinsichtlich spezifischen gesellschaftlichen Ordnungsbedarfs angesprochen werden. Die umfassendste Untersuchung dieser Art ist von Klaus Sessar (1980) vorgelegt worden. Sie hat auf einer eindrucksvoll breiten empirischen Basis und bedacht auf hohen methodischen Standard die Reaktion auf Gewaltkriminalität im Hinblick auf ihre Wertung als Tötungskriminalität im allgemeinen und Mordkriminalität im besonderen zum Gegenstand, das Zustandekommen also mehr oder minder sanktionsfolgenreicher Definitionen im Vorfeld des Rechts und im rechtlichen Verfahren selbst.

"*Die generelle Frage war .. nicht so sehr, was Kriminalität, hier also Tötungskriminalität, ist, sondern eher, was als Tötungskriminalität gilt, orientiert im wesentlichen an der Bestimmung des Tötungsvorsatzes sowie der Unterscheidung zwischen Mord und Totschlag (hier unter dem alleinigen Gesichtspunkt der Vermeidung der lebenslangen Freiheitsstrafe).*" (Sessar, 1981, S.194) Unter dem theoretischen Blickwinkel der Arbeit wurde der "Fallschwund" zwischen Anzeige und Urteil "*als ein Prozeß der Selektion oder Filterung aufgefaßt, an welchem mehrere, aufeinander bezogene Instanzen beteiligt sind. Diese wurden dementsprechend in eine Verlaufsanalyse eingebracht: der Kenntnisnehmer der Gewalthandlung; die Polizei als wesentliche Registrierungs- und Ermittlungsinstanz; die Staatsanwaltschaft und das Gericht als selbständige Entscheidungsinstanzen. Für jede dieser Instanzen oder Prozeßphasen wurden die dort jeweils vermuteten Handlungsbedingungen untersucht (soweit die Daten dies zuließen), für die Polizei und Justiz unterschieden nach pragmatischen, tatbezogenen und personenbezogenen Handlungsbedingungen.*" (Sessar, 1981, S.194)[2]

Die von Sessar gefundenen Ergebnisse der genauen Auswertung von 820 Verfahren wegen Kapitaldelikten in Baden-Württemberg 1970/71 können hier nur in Ausschnitten und kurzen Stichworten wiedergegeben werden: Es zeigte sich z.B. das größere Zögern von unmittelbaren Opfern im Vergleich zu un- oder minderbeteiligten Dritten, mit Gewalthandlungsanzeigen als Tötungsversuchsanzeigen zur Polizei zu gehen. Zwischen Anzeigen von (nicht wesentlich verletzten) Geschädigten und dem Ereignis lag weitaus mehr verstrichene Zeit als zwischen dem Ereignis und Anzeigen von dritter Seite, die weniger Rücksicht auf allfällige Täter-Opfer-Beziehungen übte und eher Tötungsabsicht unterstellte. Dieser Unterschied zeitigte im weiteren Folgen.

Bei den zeitverzögert eingegangenen Anzeigen war die Staatsanwaltschaft weniger bereit, polizeiliche Definitionen der Tat als Tötungstat zu akzeptieren und korrekturbeflissener. Ferner mischte sich die Staatsanwaltschaft bei tödlich verlaufenen Gewalthandlungen stärker in die polizeilichen Ermittlungen ein mit dem Erfolg häufigerer Umdefinition als bei nicht tödlich endenden Angriffen, wo die Polizei insofern eine relativ größere Rolle bei der rechtlichen Qualifikation von Totschlagsversuch vs. gefährlicher Körperverletzung besitzt. In Monaten mit stärkerer Belastung der Polizei mit Anzeigen wegen tödlicher Gewalthandlungen war die Tendenz der Polizei, ermittlungsaufwendigere Tötungsversuche anstelle von Körperverletzungen zu registrieren, deutlich geringer, desgleichen in größeren Orten mit einer dort offenbar höheren "kriminellen Reizschwelle".

Bezüglich der Staatsanwaltschaft brachte die Studie eine ähnliche Auswirkung von Kapazitätsfaktoren, nicht hingegen von geographischen Umständen, und im übrigen eine Dominanz von Tatvariablen (Tatausgang, Tatbegehung) gegenüber Täter- und Opfervariablen als Entscheidungskriterien für die Verfahrenseinstellung oder Verfolgung von Delikten nach verschiedenen Strafnormen. Beim Verdächtigen interessierte vor allem die Schuldfähigkeit (mentaler Zustand, Alkoholkonsum) und die kriminelle Vorbelastung. In keinem Fall, in dem der Staatsanwalt den Tötungsvorsatz verneinte, wurde der Tötungsverdacht später vor Gericht wieder aufgenommen. In diesen Fällen verneinten Tötungsmotivs, nicht aber in den gegenteiligen, liegt die abschließende Definitionsmacht also beim Staatsanwalt und bestimmen damit dessen Handlungsbedingungen und Entscheidungsmaßstäbe das Bild der "Tötungskriminalität" im Rahmen der Gewaltkriminalität.

Bei Gericht stellten sich als pragmatische Handlungsbedingungen (Verfahrensbedingungen) heraus, ob der Sachbearbeiter auch Sitzungsvertreter der Staatsanwaltschaft bei der Verhandlung war oder nicht und ob Wahl- oder Pflichtverteidiger die Interessen des Angeklagten vertraten. Abhängig davon waren sowohl die Handlungsdefinition (Bejahung oder Verneinung des Tötungsvorsatzes, Unterscheidung zwischen Mord und Totschlag) sowie die Art und Höhe der erkannten Freiheitsstrafe. Zwar spielte auch bei der Vorsatzkonstruktion durch das Gericht die Art der Tatbegehung eine große Rolle, nicht aber so sehr der Taterfolg, und stärker als bei der Staatsanwaltschaft das gerichtspsychiatrische Persönlichkeitsurteil und die Täter-Opfer-Beziehung. Die Strafverfolgung unter dem alleinigen oder überwiegenden Aspekt der Tatschwere trat also zugunsten etwas differenzierterer Reaktionsweisen zurück.

Hinsichtlich der für die Zumessung der lebenslangen Strafe relevanten Unterscheidung von Mord und Totschlag erbrachte die Kontrastgruppenanalyse als wichtigste *"unterscheidende Variable den Tatbeitrag des Opfers, eine rechtliche Handlungsbedingung in diesem Zusammenhang, da sie meist nicht nur das Merkmal der Heimtücke, sondern auch das der niedrigen Beweggründe entfallen läßt. Nächstwichtige Variable war die Nationalität des Verdächtigen, und zwar hatten Ausländer eine größere Chance der Verurteilung wegen Totschlags statt wegen Mordes als Deutsche, ... Über diese beiden Variablen hinaus erbrachte die multivariate Analyse keine weiteren markanten Aufschlüsse; so hatte, ganz im Unterschied zum Problem der Vorsatzbestimmung, der Tatausgang keine Bedeutung, umgekehrt waren Faktoren der Situation entscheidender, also etwa die Täter-Opfer-Beziehung; Mord wurde häufiger angenommen, wenn die Bezie-*

hungen sehr eng waren oder aber ganz fehlten (Ehegatten- und Raubmord) ... Ein Unterschied lag freilich in der Strafzumessung, ausgedrückt in der Höhe der erkannten zeitigen Freiheitsstrafe im Fall milderer Beurteilung ...: Wenn ein vollendeter Mord erst in der Hauptverhandlung zu einem vollendeten Totschlag umgewandelt wurde, dann fiel die Strafe wesentlich härter aus, als wenn die Tat von vornherein, also bereits aufgrund der Anklage, als Totschlag galt." (Sessar, 1981, S.206f)

Eine weniger einengende gesetzliche Normierung des Strafrahmens bei Mord, wie sie die österreichische Rechtsordnung seit dem StGB 1974 aufweist, nimmt vom Druck, die Tatbestandsdefinition im Einzelfall im Hinblick auf die gewünschte angemessene Strafe besonders drehen und wenden zu müssen und über den Einzelfall hinaus eine elaborierte Auslegungsliteratur zu entwickeln. Die gegenüber der BRD vergleichsweise schlechte rechtswissenschaftliche Literaturlage in Österreich mag damit zu tun haben. Nicht anders verhält es sich mit dem Stand der einschlägigen Rechtstatsachenforschung. Es gibt keine der Sessar'schen Studie auch nur einigermaßen vergleichbare Arbeit für Österreich.

Wie weit kann darüber empirisch überhaupt Auskunft gegeben werden, welche Handlungen im österreichischen Gerichtsalltag tatsächlich als Angriffe auf andere Personen im Sinne des § 75 StGB (Mord) qualifiziert werden und welche einer solchen Qualifikation entgehen? Was liegt dazu an Untersuchungen vor, die den Mangel mindern, sie in dieser Studie nicht selbst in wünschenswerter Breite durchführen zu können?

Lediglich zwei Aufsätze von Mayerhofer und Rainer aus der Juristenzeitung 1980 und 1986 eignen sich, um an ihnen Fragen der staatsanwaltschaftlichen und richterlichen Diskretion in diversen Stadien des Entscheidungsprozesses bis zur Verhängung einer lebenslangen Freiheitsstrafe zu erörtern und wenigstens teilweise aufzuhellen. Beide Autoren gehen davon aus, daß die polizeiliche Kriminalstatistik gleichsam "auf Verdacht" zuviele Mordfälle (und fast keine Totschlagsdelikte) ausweise. Die Verurteiltenstatistik wiederum "verliere" eine Reihe von Fällen, in denen der Verdacht zwar bestätigt wird, eine Bestrafung aber aus unterschiedlichen Gründen entfalle. Beide Autoren interessiert, das Material staatsanwaltschaftlicher Meldungen an die Justizverwaltung über Mord- bzw. Totschlagsanzeigen auszuwerten, um so der statistischen "Wahrheit" über die schlimmste Gewaltkriminalität in Österreich näher zu kommen.

Vom Standpunkt einer Soziologie der Kriminalisierung ist dieser Korrekturversuch indirekt informativ: Er zeigt die "Filter der Strafjustiz" (so wörtlich bei Rainer) umgekehrt auch als Schritte der Bekräftigung der Kriminalisierung einer Situation/Person als Mord/Mörder, auf die hin die Drohung mit der lebenslangen Freiheitsstrafe erhoben und in Einzelfällen wahrgemacht wird.

Nehmen wir z.B. das bei Mayerhofer besonders genau dokumentierte Jahr 1975 (das erste Geltungsjahr des neuen Strafgesetzbuches mit geänderter und der heute noch aktuellen Mordstrafbestimmung), in dem die Staatsanwaltschaft dem Bundesministerium für Justiz immerhin 207 einschlägige Anzeigen berichtete (nur 6 davon polizeilich auf "Totschlag" lautend).[3] D.h. in 207 Fällen lag eine Kriminalisierung wegen Mordes, einer mit lebenslangem Freiheitsverlust bedrohten Tat, "in der Luft" - zumal die Totschlags-, die tödliche Körperverletzungs- oder eine ähnlich "reduzierte" Straftatannahme anstelle der Mordannahme ein eher erst später im Verfahren auftauchendes als ein polizeiliches Konstrukt ist.

Welche dieser Anzeigenfälle (von vorsätzlichen Tötungen) es sind, die auf dem Weg bis zum Gerichtsurteil wieder "verloren" gehen und wie, beschreibt Mayerhofer nicht genau. Fällt der Verdacht schon im Zuge der Vorerhebungen, in der Voruntersuchung, erst im Hauptverfahren oder gar erst in der Berufungsinstanz weg? Was tritt an die Stelle des aufgegebenen Mordverdachts - völlige Reinigung vom Verdacht oder bloß Umdefinition des Tatbestands? Was gibt den Ausschlag für den Verzicht auf die, weil sanktionsfolgenreichste, besonders schwerwiegende Mordannahme? Wie weit spielen Strafgerechtigkeitsvorstellungen - Was ist die angemessene Reaktion auf einen Vorfall und die darin verwickelten Akteure? - eine Rolle bei der Beurteilung bereits der Subsumtionsfragen? All das muß anhand des Materials von Mayerhofer offen bleiben. Zu entnehmen ist ihm, daß in 92 Fällen (44%) der "Tatverdacht nicht erweisbar" ist, was immer sich hinter dieser Formel konkret verbirgt. (Bei Verfahrenserledigungen welcher Art immer jedenfalls werden die fraglichen Straftaten nicht mehr als solche nach den §§ 75 oder 76 StGB beurteilt.)

Die verbleibenden 115 Fälle gliedert eine in Hinblick auf den hier zur Diskussion stehenden Kriminalisierungsprozeß interessante Tabelle (Mayerhofer, 1980, S. 292):

Tabelle 1:
Übersicht über die im Jahre 1975 nach §§ 75,76 StGB beurteilten Straftaten

	Taten begangen von			Täter mit mit dem Opfer			Straftat	
	Männer	Frauen	ungeklärt	bek.	nicht bek.	ungeklärt	vollendet	versucht
Raubmord	12		2	7	5	2	11	3
sexuell motivierter Mord	7		2	5	1	3	8	1
andere psychopath. Reakt.	16	3		8	11		12	7
Zuhälterfehden	3			3			2	1
Tötung eines Erpressers	1			1			1	
Beseitigung der Tatspuren	2			2			2	
Tötung von Angehörigen	35	8		43			29	14
Tötung des Nebenbuhlers	6			6			4	2
Nachbarschaftsstreit	3			3			1	2
Wirtshausrauferei	4			2	2		3	1
politische Morde	2	1	2		3	2	4	1
unbekanntes Tatmotiv			6			6	3	3
Summe	91	12	12	80	22	13	80	35

58mal (28% der Gesamtheit von 207) ist die Abklärung des Falles oder zumindest die Bestrafung ausgeschlossen (wegen unbekanntem, strafunmündigem, geisteskrankem Täter oder Abbrechung des Verfahrens aus anderen Gründen). Zu einer Verurteilung wegen Mordes oder Totschlags kommt es in 57 Fällen (31% der Grundgesamtheit). 37 abgeurteilten Mordtaten stehen 20 abgeurteilte Totschlagstaten gegenüber. Das Verhältnis von 65:35/100 Mord- vs. Totschlagsfällen kontrastiert auffällig mit demselben Verhältnis von 97:3/100 laut Anzeigenstatistik.

Bemerkenswert weiter, daß bei den weiblichen Tätern das Verhältnis Mord/ Totschlag umgekehrt ist wie bei den männlichen (2 bzw. 4 Fälle, vs. 35 bzw. 16 Fälle). Dies ist ein grober Hinweis auf ein unterschiedliches Theorie- und Begriffsinventar der Rechtsanwender bezüglich durch Männer und Frauen verübter Tötungshandlungen. Der Totschlag differenziert sich von Mord ja durch Begehung "in allgemein begreiflicher heftiger Gemütsbewegung", die nicht zuletzt der richterlichen Psychologie von Frauen weniger fremd erscheint.

Die gleiche Statistik offenbart: Bei einer bestehenden Beziehung zwischen Täter und Opfer ist der Totschlag in 20 von 46 Fällen plausibel zu machen, bei fehlender Beziehung zwischen Täter und Opfer in keinem der 11 abgeurteilten vorsätzlichen Tötungsdelikte. Zu entdecken ist ferner, daß nur 9 von 35 vollendeten, aber immerhin 11 (also die Hälfte) von 22 versuchten Tötungen bei Gericht mit dem Label "Totschlag" versehen werden. Dieses Ergebnis zeigt m.E. klar, daß die Vorstellung von einem angemessenen Verhältnis zwischen Taterfolg und Reaktion schon in die Tatbeurteilung eingeht. Es ist nämlich nicht recht einzusehen, warum ein bestimmter Typus von Affekthandlung soviel häufiger mißlingen, im Versuch stecken bleiben sollte wie ein anderer.

Der sechs Jahre nach Mayerhofer's Beitrag erscheinende Aufsatz von Eckart Rainer ist nicht nur deshalb interessant, weil er die Ergebnisse von Mayerhofer repliziert. Er präzisiert, weshalb und zu welchem Verfahrensstadium es passiert, daß ein Tatverdacht wegen Mordes oder Totschlags wegfällt. Der Wegfall des Tatverdachts geschieht in den frühen 80er Jahren (1980-1983) wie in den mittleren 70er Jahren (1972-1975) in 46% der Anzeigen, in genau derselben Größenordnung. Eingestellt wird (bei 421 analysierten Anzeigen) in 8% wegen Unerweisbarkeit des Tatverdachts nach §§ 90 bzw. 109 StPO, in 2% wegen Verfolgungsverzichts infolge von Strafausschließungsgründen (wie z.B. Notwehr), in 13% wird von der Staatsanwaltschaft von vornherein wegen eines anderen Tatbestandes als Mord und Totschlag verfolgt, gerichtlichen Schritten also nicht das polizeiliche Ermittlungsergebnis zugrundegelegt, in 16% ist diese Neudefinition des Vorfalls erst das Ergebnis des Vorverfahrens und klagt der Staatsanwalt schließlich nach einer anderen Strafbestimmung an, in 7% ist es das Gericht, das wegen eines anderen Tatbestandes verurteilt oder gänzlich freispricht. Zwischen Mord und Totschlag ist hier nicht differenziert, sodaß "Verschiebungen" der Beurteilung des Vorfalls entweder nach § 75 oder nach § 76 StGB dabei nicht dokumentiert sind, wohl aber der Prozeß der Ausfilterung vorsätzlicher Tötungen aus einer größeren Menge von Gewaltdelikten bzw. überhaupt aus bloßen Verdächtigungen. Es zeigt sich, daß die Kriminalisierung wegen Mordes oder Totschlags zu keinem Verfahrensstadium eine ausgemachte Sache ist, im Gegenteil. Bezieht man die zurückgenommenen Kriminalisierungen auf alle Anzeigenfälle, in denen ein Täter namhaft gemacht wird (856 Fälle), so umfassen sie 67%, also zwei Drittel.

Dazu folgende Aufstellung:

Tabelle 2:
Ergebnis der Anzeigen nach §§ 75, 76 StGB nach Durchführung des gerichtlichen Verfahrens

		kum.%
Einstellung mangels Erweisbarkeit	9%	9%
keine Verfolgung wegen Todes des Täters	10%	19%
Abbrechung aus anderen Gründen (Flucht)	1%	20%
Strafausschließungsgründe (Notwehr)	2%	22%
Einstellung wg. Geisteskrankheit des Täters	3%	25%
StA verfolgt a priori anderes Delikt	13%	38%
StA klagt anderes Delikt an	17%	55%
Gericht verurteilt wg. anderem Delikt/Freispr.	8%	63%
§ 21(1) StGB	4%	67%
Verurteilung wg. Mord/Totschlag	33%	100%
Summe	100%	

Rainer gliedert die Schuldsprüche sachlich weiter auf und nennt für 1980-1983 154 Schuldsprüche wegen vollendeten und 87 wegen versuchten Mordes sowie 27 wegen vollendeten und 13 wegen versuchten Totschlags. Bei diesen Zahlen fällt im Vergleich zu Mayerhofer auf (eine Tendenz, die dieser auch schon für 1976 und 1977 beschreibt), daß zunehmend restriktiver auf den weniger bedrohten Totschlag erkannt wird - nämlich in nur 14 von 100 Fällen im Vergleich zu 35 von 100 1975. Zudem ist das Verhältnis von Mord- vs. Totschlagsfeststellungen nun bei den vollendeten und versuchten Taten annähernd gleich, während 1975 vor allem im Bereich der Versuch gebliebenen Handlungen die Chance relativ höher war, mit einem Totschlagsverdikt davonzukommen. Dies deutet auf eine rechtsprechungsbedingte Entwicklung der jeweiligen Anwendung der mit der StGB-Reform in ihrer Form neu geschaffenen Tatbestände der §§ 75 und 76 StGB hin. Es wird die Anwendung des § 75 (Mord) auf Kosten des § 76 (Totschlag) forciert.

1.2. ... die zeitliche Strafe reicht nicht aus

Die beiden erwähnten österreichischen Untersuchungen widmen sich nicht auch den Kriterien der Zumessung der lebenslangen Strafe. Die Sanktionsentscheidung selbst wird von den zitierten Autoren nicht behandelt. Es gäbe untersuchungstechnisch eine ganze Reihe von möglichen Zugängen, die meisten ziemlich aufwendig und alle mit Vor- und Nachteilen behaftet, zu den Kriterien der Verhängung von Lebenslang.[4] Im Rahmen dieser limitierten Studie wurde nochmals selektiv jenes Datenmaterial ausgewertet, das auch schon Mayerhofer und Rainer zur Verfügung stand - die staatsanwaltschaftlichen Wahrnehmungsberichte zu Mordstrafsachen (1982 bis 1985) an das Bundesministerium für Justiz.[5] Diese kleine Nachrecherche vermag zumindest ein paar Schlaglichter auf die Maßstäbe der Gerichte für die äußerste anzuwendende Strenge werfen.

In der Folge werden auf der genannten Datenbasis je zwei Gruppen von Strafsachen miteinander verglichen, in denen

- entweder eine lebenslange Strafe verhängt wird,
  entweder schon in der ersten Instanz und als solche rechtskräftig werdend (Fallgruppe 1),
  oder erst im Berufungsverfahren nach Ausspruch einer zeitlichen Freiheitstrafe in erster Instanz (Fallgruppe 2),
- oder eine zeitliche Strafe,
  entweder erst in zweiter Instanz nach Ausspruch einer lebenslangen Strafe in erster Instanz (Fallgruppe 3),
  oder schon in erster Instanz als 20-Jahresstrafe und als solche rechtskräftig werdend (Fallgruppe 4).

Die Gruppen 1 und 2 einerseits, 3 und 4 andererseits sind durch das gleiche Strafergebnis gekennzeichnet und werden deshalb häufig zusammengefaßt werden. Die Gruppen 2 und 3 verdeutlichen gewissermaßen die "letztinstanzlich" gezogenen Grenzen zwischen Straffällen, die lebenslange oder zeitliche Strafen nach sich ziehen.

Folgende (zum Zweck und Zeitpunkt der Anklageerhebung festgehaltene) Merkmale differenzieren die benannten Gruppen (vgl. Tab.3):

Tabelle 3:
Kriterien für zeitliche vs. lebenslange Strafen

Gruppe *)	1 LL-LL	2 20-LL	1+2 LL	3 LL-20	4 20-20	3+4 20
Opfer weibl.	3	1	4	4	7	11
Opfer männl.u.weibl.	3		3			
Opfer männl.	6	1	7		2	2
ein Opfer	6	2	8	4	8	12
-"- und Versuchsopfer	2		2		1	1
mehrere Opfer	4		4			
materielles Motiv	6	1	7	1	1	2
persönl.Motiv: Bindung	2		2	1	3	4
persönl.Motiv: Lösung	1		1	2	1	3
sex. Aggressivität	1	1	2		1	1
Verdunkelg. sex.Aggr.	2	2				
spontane Aggression	2	2			1	1
Täter unbescholten	4	2	6	1	5	6
Täter vorbestraft	8		8	3	4	7
Täter unbeschäftigt	10		10	1	5	6
Täter beschäftigt	2	2	4	3	4	7

*) Gruppe 1: eine lebenslange Strafe in der ersten Instanz wird unmittelbar oder nach Berufungsverfahren rechtskräftig (Quote: jeder dritte Fall)
Gruppe 2: eine zeitliche Freiheitsstrafe in erster Instanz wird im Berufungsverfahren in eine lebenslange umgewandelt (Totalerfassung)
Gruppe 3: eine lebenslange Strafe in erster Instanz wird im Berufungsverfahren in eine zeitliche Strafe umgewandelt (Totalerfassung)
Gruppe 4: eine 20jährige Freiheitsstrafe in erster Instanz wird unmittelbar oder im Berufungsverfahren als solche rechtskräftig (Quote: jeder dritte Fall)

Zunächst stechen die Unterschiede zwischen den Fallgruppen ins Auge. Diese Unterschiede sind markant genug, um selbst bei den geringen Fallzahlen dieser Untersuchung als überzufällig bezeichnet werden zu können. Die Opfer der "Lebenslänglichen" sind in einem höheren Ausmaß Männer und mehr an der Zahl als die Opfer der mit der höchsten zeitlichen Strafe (20 Jahre) Sanktionierten. Man wird daraus nicht jedoch gleich auf einen höheren "Wert" männlichen Lebens schließen dürfen oder auf die Unterstellung eines zum Ausdruck gebrachten höheren Gewaltpotentials der Schuldigen an männlichen Todesopfern. Bei Betrachtung des im Vordergrund stehenden Tatmotivs (nach Anklageschrift) drängt sich nämlich der Eindruck auf, daß es vor allem auch um die Abwehr von Angriffen auf fremdes Eigentum und um eine besondere Inkriminierung von gewaltsamer Bereicherung geht.

Während persönliche Motive, jemanden an sich gebunden halten oder ein Hindernis für eine neue Beziehung beseitigen zu wollen, meist mit einer langen zeitlichen Freiheitsstrafe hinlänglich sanktioniert erscheinen, scheint die Tötung von Menschen aus materiellen Motiven - Mord, angeklagt zusammen mit Raub - eher nach der lebenslangen Strafe zu verlangen. Männer als Mordopfer sind es häufig als Besitzer von Vermögenswerten, an die der Bestrafte gewaltsam zu kommen versucht hat. Das Motiv der kurzschlüssigen Aufhebung persönlicher Beziehungsprobleme spielt in den mit lebenslanger Strafe, das Motiv der materiellen Sanierung oder Bereicherung in den begrenzt geahndeten Fällen eine marginale Rolle. Nur in 3 von 14 Fällen zu Lebenslänglich Verurteilter geht es um die "Privatsache" Beziehung, nur in 2 von 13 Fällen zu 20 Jahren Strafe Verurteilter um die "öffentliche Angelegenheit" unrechtmäßiger Besitzarrogation. Gewalt in privaten Beziehungen repräsentiert offenbar eine mindere Bedrohung als gewaltsame Eingriffe in die Eigentumsrechtsordnung. (Es ist jedoch der Vollständigkeit halber hinzuzufügen, daß auch die Opfer von "Raubmorden" überwiegend im Bekanntenkreis der Täter gelebt haben - in 6 von 9 Fällen war hier schon eine längere Bekanntschaft, wiewohl keine engere Beziehung gegeben).

Weniger deutlich sind die Verhältnisse bei anderen Motivationslagen. Hier machen es die niedrigen Fallzahlen schwer, Aussagen zu treffen. Es scheint, daß spontane Aggressionshandlungen, unverhältnismäßige Gewalt als Reaktion auf Provokation durch irgendwelche Fremde, Gerichte eher zur Extremsanktion greifen läßt, sexuelle Aggressionen hingegen nur dann, wenn die Tötung des Opfers eher der Perversion als der Angst vor Entdeckung geschuldet ist.

Zwischen dem "Vorleben" des Täters in strafrechtlicher Hinsicht und der Strafzumessung lebenslanger vs. zeitlicher Strafen scheint kein besonders enger Zusammenhang zu existieren. Unter den Lebenslänglichen finden sich allerdings mehr Personen mit schweren und einschlägigen Vorstrafen (bis hin zu Totschlag und Mordversuch). Die berufliche Integration jedoch spielt eine Rolle. Bei den Lebenslangen ist die berufliche Desintegration besonders ausgeprägt, bei der Gruppe mit 20 Jahren Strafe deutlich geringer. Nur 4 von 14 Lebenslangen sind zum Zeitpunkt der Straftat beruflich beschäftigt gewesen (im Vergleich zu 7 von 13 der Kontrollgruppe).

Dieses Faktum ist wiederum im Zusammenhang mit den Tatmotiven zu sehen. Es ist zwar offenbar nicht so, daß die Arbeitslosigkeit unter den lebenslang bestraften "Raubmördern" höher ist als unter allen zu Lebenslang Verurteilten, wohl aber scheint tendenziell die Arbeitslosigkeit ein Merkmal der zu lebenslanger Strafe Verurteilten zu sein, denen keine Bereicherungsabsicht zugeschrieben wird. Von den 7 Lebenslangen, die nicht aus materieller Motivation getötet haben, sind 5 ohne Beschäftigung gewesen, von den 11 zu 20 Jahren Verurteilten, die ein persönliches, ein sexuelles, ein "Verdunkelungs-" oder "kein" Motiv gehabt haben, auch nicht mehr. Das deutet darauf hin, daß die berufliche Integration gewissermaßen zur prognostischen Differenzierung unter den persönlichen Konfliktstraftätern nach § 75 StGB verwendet wird.

Bei aller Auffälligkeit der Unterschiede zwischen den Gruppen fällt es schwer, die Überschneidungsflächen zu übersehen. Es gibt wenig Lebenslängliche, die bzw. deren Straftat nicht auch das eine oder andere Merkmal der von dieser Strafe verschonten Verurteilten bzw. von deren Delikten aufweisen, wie es manche mit zeitlichen Strafen Davongekommene gibt, die nach ihren Charakteristika nicht unter Umständen auch für das Urteil Lebenslang in Frage gekommen wären. Um dies zu zeigen, schildere ich ein paar spezielle Einzelfälle im Detail: den "Prototyp" des Lebenslänglichen (nicht ohne mögliche "Punkte" für ihn anzuführen, soweit dies das anklagebehördliche Material zuläßt) (Fälle A); den "fraglichen" Lebenslänglichen, den man vom Typus her sonst eher unter der Gruppe der mit 20 Jahren Bestraften findet (Fälle B); und den typischen (Fall C) sowie die beiden "fraglichen" Fälle unter den zeitlichen Freiheitsstrafen - den Verurteilten, der vom Typus auch mit einer lebenslangen Strafe hätte rechnen können, und den zu 20 Jahren Verurteilten, bei dem dieses äußerste Maß zeitlicher Strafen unter Umständen auch hätte unterschritten werden können (Fälle D).

Typische Fälle zu lebenslanger Strafe Verurteilter:

Fall A 1: *Der (gemeinsam mit seiner Frau - Invaliditätspensionistin, zeitweise Geheimprostutuierte) Angeklagte ist 29 Jahre alt, ohne Pflichtschulabschluß, seit langer Zeit arbeitslos, in (laut StA selbstverschuldeten) tristen finanziellen Verhältnissen, fallweise obdachlos gewesen, Alkoholiker, Spieler, achtmal vorbestraft (fünfmal wegen Vermögensdelikten). Er überfällt eine achtzigjährige Wohnungsnachbarin, zu der an sich ein Vertrauensverhältnis besteht, um an ihr Geld zu kommen (ca. S 5.000,-), und tötet sie durch Erwürgen. Anläßlich der Einvernahme gesteht er einen drei Jahre zurückliegenden Raubmord (durch Schläge mit dessen Pistole) an einem 72jährigen im Sandlermilieu bekannten "Weinhändler" (Beute: ca. S 1.800,-).*

Dieser Fall eines lebenslänglich Bestraften ist äußerst charakteristisch. Es handelt sich um einen extrem marginalisierten Angeklagten, der sich sowenig wie in der Gesellschaft stärkeren Opfern gegenüber behaupten könnte. Man könnte ihm - wenn man wollte - seine soziale Inkompetenz und desparate Lage, in der alles gleichgültig geworden ist, auch zugute halten.

Fall A 2: *Der Angeklagte ist 27 Jahre alt, ledig, kaufmännischer Angestellter im elterlichen Buchladen, dreimal wegen Körperverletzung und unerlaubtem Waffenbesitz vorbestraft und wegen nationalsozialistischer Wiederbetätigung bekannt, führt einen aufwendigen Lebenswandel (Alkohol, Prostituierte), ist verschuldet, soll eine Verwaltungsstrafe antreten, plant statt dessen eine per Raubüberfall zu finanzierende Reise. Von der Mutter vor der Abreise zur Rede gestellt, erschießt er sie, fährt dann mit dem Taxi zum Geschäft des Vaters, um auch ihn umzubringen. Er führt die Tat aus, nimmt S 20.000,- aus der Kassa und verbringt einige Tage in Salzburg. Anläßlich einer Polizeikontrolle wird er von einem von ihm bedrohten Beamten schwer verletzt. Zur Anklage kommen ferner drei frühere Fälle der Bedrohung Prostituierter mit Waffengewalt und versuchter Raub in diesem Zusammenhang.*

Es steht hier zwar vermutlich nicht das Motiv der materiellen Bereicherung im Vordergrund, sondern das des "Schlußmachens" mit der Familie, aber es spielt mit. Insofern ist der Fall atypisch und typisch zugleich für die Gruppe der zu Lebenslang Verurteilten, typisch ebenso, was Geschlecht und Zahl der Opfer anbelangt, atypisch hinsichtlich des ausgeübten Berufs, dessen Auffassung allerdings Teil des familiären Dauerkonflikts gewesen sein dürfte. Für A, der seine Eltern getötet hat, spricht, daß der Elternmord nicht als solcher angestrebt, eher spontanes Ergebnis schwelender Autoritätskonflikte gewesen ist, über deren Hintergrund und mögliche pathologische Komponenten wenig bekannt ist.

Atypische Fälle zu lebenslanger Strafe Verurteilter:

Fall B 1: *Der Angeklagte ist 64 Jahre, verheiratet, Pensionist mit einem Zusatzeinkommen als Weinvertreter (Gesamteinkommen S 18.000,- bis 20.000,-), mit S 300.000,- bis 400.000,- verschuldet, unbescholten. Er kennt das Opfer, einen Lieferwagenchauffeur beruflich, wartet ihn ab, täuscht eine Autopanne vor und erschlägt ihn, als der ihm helfen will, um in den Besitz der Tageslosung von ca S 20.000,- zu gelangen. Die Tat soll als Verkehrsunfall getarnt werden; bei dem Versuch dazu verletzt sich der Angeklagte schwer und verursacht als Verletzter einen Autounfall.*

Dieser Fall ist zwar in bezug auf das Motiv typisch für die lebenslang Bestraften, nicht jedoch in bezug auf das soziale Milieu und die soziale Integration des Betreffenden. Es bleibt unklar, inwieweit nicht gerade die Angepaßtheit des Angeklagten ihn materielles Abrutschen und Gesichtsverlust fürchten läßt und Panik auslöst. Bemerkenswert ist auch das Alter von 64 Jahren, angesichts dessen eine lebenslange Strafe überrascht.

Fall B 2: *Der Angeklagte ist 39 Jahre, verheiratet in zweiter und seit Jahren unglücklicher Ehe, in den letzten Monaten vor Festnahme arbeitsloser*

Maurer, es lasten über S 100.000,- Unterhaltsschulden auf ihm, deretwegen er soeben (nach erfolglosem Gnadenansuchen) einige Wochen Freiheitsstrafe (aus vier Verurteilungen) verbüßt hat. Er versucht seine sich von ihm trennende Frau in ihrer Wohnung einzusperren und durch einen Brandanschlag zu töten und bedroht dabei fahrlässig das Leben zweier weiterer zufällig anwesender Männer. Da die Brandbombe nicht funktioniert, gelingt den Opfern die Flucht (eines verletzt sich schwer, es entsteht Sachschaden und Gefährdung für Nachbarn). Der beim Vater verbliebene zweite Sohn wird daraufhin von diesem im Schlaf erschossen, um nicht nach Tataufdeckung der Erziehung seiner Frau unterstellt zu werden.

Bei diesem Mord am eigenen Kind und Mordversuch an der Ehefrau handelt es sich um einen Konfliktfall mit einer langen Vorgeschichte an narzißtischen Kränkungen des Mannes, dessen Söhne aus erster und zweiter Ehe beide seinen Vornamen tragen und wie seine Frauen seinem "Besitz" verloren zu gehen drohen. Die neurotische Komponente ist in dieser Tat ebenso sichtbar wie die desparatistische infolge der schwierigen beruflichen und finanziellen Lage. Dieser Fall weist im allgemeinen viel eher die Merkmale der Gruppe zu 20 Jahren Verurteilter auf.

Im Anschluß daran kann ein typischer Fall eines zu 20 Jahren Freiheitsentzug Verurteilten angeführt werden, der dem zuletzt beschriebenen äußerst nahe kommt:

Fall C 1: *Der Angeklagte ist 37 Jahre, zuletzt unbeschäftigter Computertechniker aus der BRD, nach einer gescheiterten Ehe im Ausland mit einer Österreicherin seit zwei Jahren in zunehmend konflikthafter Lebensgemeinschaft, in Österreich unbescholten, in der Anklage aber laut Interpol wegen versuchter Kindestötung inhaftiert und vorgemerkt (ohne Verurteilung). Aus einer Streitsituation resultiert ein anhängiges Strafverfahren, anläßlich dessen er in Untersuchungshaft genommen wird, aus der er nur unter Weisung, seine Lebensgefährtin nicht zu kontaktieren, entlassen wird. Bald darauf lauert der Angeklagte seiner Ex-Freundin auf und erschießt sie in Anwesenheit ihres 12-jährigen Sohnes mit einer illegal erworbenen Pistole, ihren Begleiter verletzt er durch Stich- und Schußwunden schwer, was ihm in der Anklage als Mordversuch angelastet wird.*

Dieser Fall ist vom vorangegangenen auf der Basis der verfügbaren Informationen kaum zu unterscheiden. Er ist aber nachgerade ein Paradebeispiel für die zeitliche Strafe von 20 Jahren, vor allem für jene Fälle, bei denen der OGH eine lebenslange Strafe in eine solche zeitliche Strafe umwandelt.

Charakteristischer eher für die Gruppe der Lebenslangen einerseits und für eine Gruppe überhaupt milder Bestrafter andererseits sind die beiden folgenden abweichenden Fälle von zu 20 Jahren Verurteilten.

Fall D 1: Der Angeklagte ist 25 Jahre, ledig, ohne Beschäftigung, dreimal vorbestraft (MilStG, Einbruch) und wird getrennt wegen mehrerer weiterer Einbruchsdiebstähle verfolgt. Er hat gemeinsam mit einem Kumpan in einem Bahnhofslokal einen 43jährigen bisexuellen Ausländer kennengelernt, der beide in seine Wohnung einlädt. Dort fassen die beiden Täter laut Anklage die Raub- und Mordabsicht und erwürgen das Opfer. Sie finden einen Betrag von S 700,-

und einige geringwertige Gegenstände bei ihm, die sie sich aneignen und in Alkoholkonsum umsetzen.

Dieser Fall steht den unter A 1 und B 1 angeführten und manchen anderen aus den Gruppen 1 und 2 inhaltlich ziemlich nahe, erhält jedoch eine Sanktion von "nur" 20 Jahren. Im Kontrast zum durchschnittlichen Fall der 20-Jahres-Strafe steht hier das Bereicherungsmotiv im Vordergrund (das Opfer männlich) und ist die soziale Desintegration der Täter relativ weit fortgeschritten. Allenfalls ist die Liste der Vorstrafen etwas kürzer, das niedrige Alter der Angeklagten und das Verführungsmoment in der Situation mildernd.

Im Gegensatz zu diesem Beispiel sei zuletzt noch eines angeführt, das an der "unteren Grenze" der Fälle von zu 20 Jahren Verurteilten steht:

Fall D 2: *Der Angeklagte ist 22 Jahre, ledig, Wachtmeister beim Bundesheer und unbescholten. Er hat das 18jährige Opfer vor einigen Monaten kennengelernt, ist mit ihr ein Verhältnis eingegangen und für sie bald unerträglich eifersüchtig. Wie er sie nach Überredungsversuchen, zu ihm zurückzukehren, in Begleitung eines ihm Unbekannten (vermuteten Liebhabers) trifft, sucht er sie mit einem Messer auf und ersticht sie nach einem Wortwechsel.*

In Hinblick auf den Aspekt der Beziehungsproblematik ist dies ein ganz typischer Fall für 20-Jahres-Strafen, untypisch ist hingegen die Person des Täters und die günstige soziale Lage, in der sie sich befindet. Bei dem Alter und der Unbescholtenheit des Angeklagten hätten wohl auch Umstände geltend gemacht werden können (wohl auch vom psychiatrischen Gutachter), die eine weitere Milderung der Strafe gerechtfertigt hätten. Dieser Fall weist darauf hin, daß es wohl nicht nur merkliche Schnittflächen zwischen den Gruppen der Lebenslänglichen und der zu 20 Jahren Verurteilten gibt, sondern ebensolche Schnittflächen zwischen den Gruppen der zu maximalen und der zu minderen zeitlichen Strafen Verurteilten geben wird.

1.3. Zur Entwicklung der Kriminalisierung von Tötungsdelikten in Österreich

Daß es historisch wechselnde Tendenzen einer weiteren oder engeren Anwendung der strafrechtlichen Mordbestimmung gibt, findet sich auch in den Kriminal- und Rechtspflegestatistiken bestätigt. Es lassen sich ihnen kräftige Indizien abgewinnen, daß in jüngster Zeit weniger die "Gewalt" zunimmt als die Neigung der Justiz, "vorsätzliche Tötungsdelikte" als "Mord" zu kriminalisieren. Dies geht aus der hier vorangestellten Tabelle 4 hervor.[6]

Tabelle 4:
Angezeigte/Verurteilte wg. Tötungsdelikten (> 18 J.) *)

	#1975-77	#78-80	#81-83	#84-86	1987
Angezeigte §§75,76,86,87	246	220	227	239	185
Verurteilte -"-	93	80	102	125	113
Index Angezeigte	100	89	92	97	75
Index Verurteilte	100	86	110	134	121
Anteil Verurt./Anzeigen	38	36	45	52	61
Angezeigte § 75	130	129	147	155	120
Verurteilte § 75	36	29	43	49	42
Index Angezeigte	100	99	113	119	92
Index Verurteilte	100	81	119	136	116
Anteil Verurt./Angez.	28	22	29	32	35
Angezeigte §§ 76,86,87	116	91	80	84	65
Verurteilte -"-	57	51	59	76	71
Index Angezeigte	100	78	69	72	56
Index Verurteilte	100	89	104	133	124
Anteil Verurt./Angez.	28	56	74	90	109
Verurt.wg.vollend. Tötg. §§ 75,76,86	52	40	46	63	58
Verurt.wg.vollend.Mord	29	21	27	37	26
Index Verurt. alle Tötg.	100	76	88	121	112
Index Verurt. voll.Mord	100	72	93	128	90
Anteil Verurt. wg.Mord/ alle Verurt. wg.Tötg.	51	51	59	60	45
Verurt.wg. § 87 und Versuch §§ 75,76	41	40	56	63	65
Verurt.wg. vers.Mord	7	8	15	12	16
Index Verurt. alle Vers.	100	98	137	154	159
Index Verurt. vers.Mord	100	114	214	171	229
Anteil Verurt.wg. Mord-versuch/alle Versuche	17	20	27	19	25

	1975-77	78-80	81-83	84-86	1987
Verurt.wg. voll.Mord zu zeitl.Freih.str.	49	47	56	83	32
zu lebenslang.Frhstr.	23	15	26	28	10
Maßnahme § 21(2)StGB	4	5	1	6	6
% zeitl. Strafen	68	76	68	75	76
% lebenslange Strafen	32	24	32	25	4
% Maßnahme	6	8	1	5	14

*) Erläuterung der Strafbestimmungen:
§ 75 StGB - Mord
§ 76 StGB - Totschlag
§ 86 StGB - Körperverletzung mit tödlichem Ausgang
§ 87 StGB - Absichtliche schwere Körperverletzung
§ 21(2) - Unterbringung in einer Anstalt für geistig abnorme Rechtsbrecher

Grafik zu Tabelle 4:

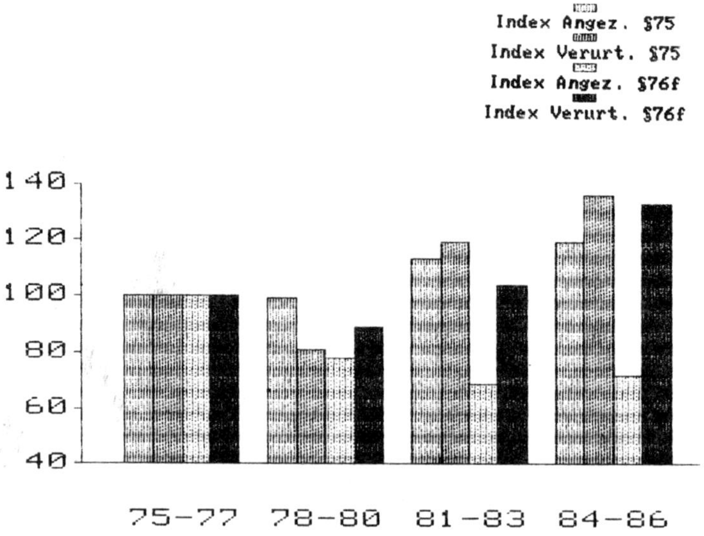

Einmal besagt diese Tabelle, daß die Gerichte zwar nur einen kleinen Teil der der Staatsanwaltschaft von den Sicherheitsorganen als Täter von Mord (inkl.-Versuch), Totschlag (inkl. Versuch), Körperverletzung mit tödlichem Ausgang und absichtlicher schwerer Körperverletzung angezeigten Erwachsenen tatsächlich wegen solcher schwerster Angriffe auf Leben und körperliche Integrität anderer aburteilen. Dieser Teil ist aber seit den späten 70er Jahren deutlich im Zunehmen begriffen. Der Umstand, daß die Verurteiltenstatistik, gemessen an der Anzeigenstatistik der Polizei, besonders viele und zunehmend mehr Täter von schwersten Körperverletzungen (§§ 86/87 StGB) ausweist, deutet darauf hin, daß einerseits manche einfache Körperverletzung gerichtlich als schwerwiegender bewertet wird als bei polizeilicher Anzeige, andererseits sich für das Gericht manche polizeiliche Mordanzeige als "übertrieben" herausstellt. Dennoch steigen auch die Mordverurteilungen schneller als die Mordanzeigen.

Bemerkenswert ist, daß auf polizeilichem Niveau insgesamt kein nennenswerter Anstieg bei den Straftätern (Erwachsene) gegen die Bestimmungen §§ 75, 76, 86, 87 StGB zu beobachten ist, daß sich hier lediglich innerhalb der Gruppe eine gewisse Verschiebung hin zu den Mordverdächtigen ergibt. Auf gerichtlichem Niveau hingegen steigen die Verurteiltenzahlen zwischen den Perioden 1978 - 1980 und 1984 - 1986 um etwa die Hälfte an. Am stärksten ist dieser Trend bei den Verurteilungen wegen versuchten Mordes, am zweitstärksten bei den Verurteilungen wegen anderer Versuche, jemanden an Leben und Gesundheit vorsätzlich schwer zu schädigen (§ 15/76, § 87). Bei den Verurteilungen wegen vollendeter Tötungen (§§ 75, 76, 86), die unter allen Verurteilungen wegen schwerster Gewaltdelikte (Versuche inbegriffen) insgesamt unterdurchschnittlich steigen, zeigt sich eine tendenzielle Verlagerung zu den Mordverurteilungen von ca. 50 auf ca. 60 Prozent aller Schuld- und Strafaussprüche wegen vollendeter vorsätzlicher Tötungen. Anders ausgedrückt: *Die Gerichte kriminalisieren deutlich seltener als die Polizei wegen schwerster Angriffe auf das Leben anderer Menschen, in den letzten Jahren jedoch reduziert sich diese Differenz merklich; und die Gerichte kriminalisieren vor allem immer häufiger Angriffe auf andere Personen als auf Tötung oder schwerste Verletzung hin zielend und immer häufiger akute Tötungen auch als Mord (und nicht nur Totschlag oder Körperverletzung mit Todesfolge).*

Wenn man auch nicht leugnen kann, daß seit Beginn der 80er Jahre die Zahl der angezeigten Mordfälle und -täter angestiegen ist, muß dies doch vor dem Hintergrund abnehmender Strafanzeigen wegen anderer schwerster vorsätzlicher körperlicher Angriffe gesehen werden. (Welcher Anteil der polizeilich Angezeigten nur wegen versuchter Handlungen inkriminiert wird, ist nicht ersichtlich. Dieser Anteil ist aber, betrachtet man die große Zahl berichteter versuchter Mordtaten, zweifellos hoch.) Es ist also nicht anzunehmen, daß sich Menge und Charakter der bei Gericht anhängigen Strafsachen wegen Verbrechen nach §§ 75,76,86,87 StGB in dem Maß verändert haben, wie die gerichtlichen Urteilsergebnisse in diesen Verfahren. *Bei aller hier angebrachten Vorsicht, läßt sich aufgrund der Indizien aus Tabelle 4 doch von einer unübersehbaren Entwicklung zu einer massiveren Anwendung von § 75 StGB durch die Gerichte sprechen. Die Gerichte werden in Sachen schwerer Gewaltkriminalität offenbar strenger.*

Was die Strafzumessungspolitik bei Verurteilungen wegen vollendeten Mordes anbelangt, ist die Entwicklung diesbezüglich nicht ganz eindeutig. Von der Periode 1978-80 an, in der besonders wenige Personen wegen Mordes und besonders wenige unter ihnen zu lebenslanger Freiheitsstrafe verurteilt werden, steigt die Zahl der Verurteilungen wegen gewaltsam verursachter und gerichtlich als "Mord" beurteilter Todesfälle stark an, zunächst begleitet von einer Verschiebung der Strafen von zeitlichen auf lebenslange (1981-83 erhält ein Drittel aller Bestraften eine lebenslange Freiheitsstrafe). Danach jedoch wächst nur mehr die Zahl der Verurteilungen zu zeitlich limitierten Strafen, deren Anteil an allen Strafurteilen wegen vollendeten Mordes damit wieder auf 75% ansteigt. In Anbetracht der offensichtlich in dieser Zeit größer werdenden Bereitschaft der Gerichte, den "Mordparagraphen" anzuwenden, muß diese Verlagerung des Schwergewichtes der Strafen auf zeitlich begrenzte nicht notwendig eine Milderung der Praxis bedeuten. Aber auch wenn sich nichts anderes vollzieht als die Verhängung langer zeitlicher Freiheitsstrafen für schwerste Gewaltdelikte nunmehr vermehrt unter dem Titel "wegen Mordes", müßte dies doch als eine verstärkte Belastung der Betroffenen im Sinne einer besonderen Stigmatisierung als "Mörder" interpretiert werden.

1.4. Die regionale Anwendung von § 75 StGB und lebenslanger Strafe

Die nachfolgende Analyse bezieht sich auf die Personen, die wegen Mordverdachts staatsanwaltschaftlich verfolgt werden, bzw. auf die Verfahrenserledigungspraxis der Verfolgungsbehörden und die Urteilspraxis der Gerichte in den betreffenden Verfahren - gegliedert nach den vier Oberlandesgerichtssprengeln Wien, Linz, Graz und Innsbruck.[7] Regionale Besonderheiten der Rechtspraxis im Zusammenhang mit Mordfällen und der hierbei in Betracht zu ziehenden lebenslangen Freiheitsstrafe festzustellen, verlangt infolge der geringen Zahl der Anzeigen - insbesondere jener, die mit einer gerichtlichen Verurteilung enden - die Beobachtung eines längeren Zeitraumes. Deshalb werden in der Folge die Jahre 1982 bis 1985 stets en bloc behandelt. Nur so ergibt sich für jede der vier Regionen eine entsprechend große Serie von Verfahrensfällen (für ganz Österreich 836), daß sich über regionale Unterschiede auch mit hinreichender statistischer Sicherheit aussagen läßt.

Will man vorweg zusammenfassen und die Anwendungspraxis von § 75 StGB und der lebenslangen Freiheitsstrafe in den vier OLG-Sprengeln in groben Zügen skizzieren, erlaubt das Untersuchungsmaterial folgende Typisierung:

OLG-Sprengel Wien: Eine augenscheinlich hohe Anzahl von Anzeigen von Mordtatverdächtigen (wegen vollendeter wie versuchter Taten), ein geringer Anteil davon wegen Mordes Angeklagter, ein durchschnittlicher Anteil davon auch wegen Mordes Verurteilter, die strengsten Strafen vor allem für Straftaten mit tatsächlicher Todesfolge und Revisionen des Strafurteils erster Instanz eher zuungunsten der Straftäter, strenge Urteile auch für Mordangeklagte, die schließlich nach einem anderen Paragraphen schuldig gesprochen und bestraft werden.

OLG-Sprengel Graz: Eine niedrige Anzahl von Anzeigen Tatverdächtiger (speziell solcher wegen bloßen Mordversuchs), ein hoher Anteil davon wegen Mordes Angeklagter und davon entsprechend Verurteilter (dies spricht nicht zuletzt für eine stärkere tatbestandliche Vorauswahl der Fälle von Mord bei den Sicherheitsbehörden und nicht erst bei den Gerichten), strenge Strafen für vollendete, sehr milde für versuchte Mordstraftaten, tendenziell positive Revision von Strafurteilen im zweiten Rechtsgang bzw. in zweiter Instanz, Strenge auch gegenüber einigen wenigen schließlich nicht des Mordes, sondern anderer Straftaten schuldig Befundener.

OLG-Sprengel Innsbruck: Sehr wenige Anzeigen Tatverdächtiger (häufig auch wegen versuchten Mords), ein hoher Anteil davon wegen Mordes Angeklagter, ein durchschnittlicher davon nach § 75 StGB Verurteilter, Strafen relativ unabhängig von der Tatfolge, vielmehr offenbar abhängig von Umständen der Situation und Person, dadurch vor allem bei Verurteilungen wegen versuchten Mordes sehr hoch (gemessen am Landesdurchschnitt), Urteilsrevisionen tendenziell zum Nachteil des Verurteilten, Strafen für die relativ wenigen nicht nach § 75 StGB verurteilten Mordangeklagten im allgemeinen vergleichsweise niedrig.

OLG-Sprengel Linz: Eher viele angezeigte Tatverdächtige (auffallend oft Anzeigen wegen versuchten Mords), große Bereitschaft, derart Angezeigte nicht wegen Mordes anzuklagen und Angeklagte nicht deswegen zu verurteilen (hier scheint eine eher unselektive polizeiliche Anzeigenpolitik gerichtlich nachadjustiert zu werden - ähnlich wie in Wien), die niedrigsten Strafen bei Verurteilungen wegen vollendeten, die zweitniedrigsten bei Verurteilungen wegen versuchten Mordes, woran die Politik der zweiten Instanz nichts ändert - im Gegenteil, niedrige Strafen auch für den großen Anteil Mordangeklagter, deren Taten schließlich unter andere Strafbestimmungen subsumiert werden.

Etwas mehr ins Detail gehend, zeigt die Untersuchung, daß im gesamten Bundesgebiet 53% aller Anzeigen nach § 75 StGB gegen einen (oder mehrere) bestimmte(n) Täter sich auf Versuchshandlungen beziehen. Es unterscheiden sich die vier OLG-Sprengel insofern, als in Linz ein relativ großer Anteil (60%) der "Mordanzeigen" Versuchsanzeigen sind, die tätliche Angriffe ohne letale Folgen zum Gegenstand haben. In Graz ist dies unterdurchschnittlich häufig (in 43%) der Fall. In einer Verurteilung eines nach § 75 StGB verfolgten Straftäters resultieren bundesweit 42% der Anzeigen wegen erfolgten und 15% der Anzeigen wegen versuchten "Mordes". In beiden Fällen (versuchter wie vollendeter Mord) müssen im OLG-Bereich Graz Angezeigte eher mit einer Mordverurteilung rechnen als Angezeigte im Durchschnitt Österreichs. Mordversuchsverdächtige im OLG-Bereich Innsbruck haben ebenfalls eine erhöhte Chance, auch gerichtlich wegen versuchten Mordes verurteilt zu werden, Mordversuchsverdächtige im OLG-Sprengel Wien eine etwas verringerte Chance. (Vgl. Tab. 5)

Tabelle 5:
Mordanzeigen, -anklagen, -verurteilungen; regional

1982-1985	OLG-Sprengel Wien	Graz	Linz	Innsbr.	Österreich
§ 75 Angezeigte Täter	456	120	175	85	836
wg. Versuchs	237	51	105	46	439
% wg. Vers.	52	43	60	54	53
§ 75 Angeklagte	171	59	74	44	348
wg. Versuchs	57	18	35	21	131
% wg. Vers.	33	31	47	48	38
§ 75 Verurteilte	111	47	43	30	231
wg. Versuchs	23	12	16	14	65
% wg. Vers.	21	26	37	47	28
vollendete Taten:					
Angeklagte/Täter	52	59	56	59	55
Verurt./Angekl.	77	85	69	70	76
Verurt./Täter	40	51	39	41	42
versuchte Taten:					
Angeklagte/Täter	24	35	33	46	30
Verurt./Angekl.	40	66	46	66	50
Verurt./Täter	10	24	15	30	15

Um nun die Strafenpolitik in den vier OLG-Sprengeln beurteilen zu können, empfiehlt es sich, die Verhältnisse differenziert nach Fällen versuchten und vollendeten Mordes zu betrachten. Nur versuchter, nicht aber ausgeführter Mord wird immerhin 47% der in Tirol und Vorarlberg wegen Mordes Verurteilten vorgeworfen, noch 37% der in Oberösterreich und Salzburg nach § 75 StGB Verurteilten, aber nur mehr 26% bzw. 21% der in Steiermark und Kärnten bzw. Wien, Niederösterreich und dem Burgenland Mordverurteilten. Dieser sehr stark variierende Anteil der wegen Mordversuchs Verfolgten und Verurteilten hat naturgemäß einen starken Einfluß auf die Verteilung der zugemessenen Strafen. Die Unterschiede in der Strafenpraxis zwischen den vier österreichischen OLG-Sprengeln müßten deshalb, würde man sie nur an der Gesamtheit der Verurteilungen nach § 75 StGB messen, verzerrt erscheinen.

Was die Strafenpolitik bei vollendetem Mord anbelangt (vgl. Tab. 6), ist die Grazer Praxis der Wiener sehr nahe, die Innsbrucker Praxis geprägt durch eine große Streuung der Strafen, die Linzer Praxis hingegen herausragend "mild".

Wenn man sich nur auf Straftaten nach § 75 StGB bezieht, die tatsächlich bei einem oder mehreren Menschen den Tod nach sich gezogen haben, sieht das Bild so aus: Der Anteil lebenslanger Strafen an allen Strafurteilen beträgt hier überall - außer im OLG-Sprengel Linz - rund ein Viertel. Die Durchschnittsdauer der zeitlichen Freiheitsstrafen schwankt zwischen 13,8 Jahren (Linz) und 16,6 Jahren (Wien). Die Anwendung außerordentlicher Strafmilde zusammen mit der Anwendung von § 21(1) StGB erfolgt in Wien und Graz in zusammen rund 10%, in Innsbruck in 13% und in Linz in 18% der Fälle. Bei Konzentration der Darstellung auf vollendete Taten entsteht das Bild eines Gefälles der Praxis von den Rändern zur Mitte (OLG-Sprengel Linz), am stärksten von Ost und Süd, aber auch von Westen her. Während in anderen Bereichen der Strafenpolitik und auf aggregiertem Niveau wiederholt ein regionales Gefälle von Ost nach West bemerkt worden ist (vgl. Burgstaller/Csaszar, 1985ab; Morawetz/Stangl, 1985, 1986), sticht hier der OLG-Sprengel Linz hervor.

Bei versuchtem Mord (vgl. Tab. 7) fällt die Grazer Praxis durch Zurückhaltung auf, der nur noch die Praxis in Linz nahekommt, während hier die Wiener Praxis die größte Variationsbreite und die Innsbrucker die größte Strenge zeigt. Während im OLG-Sprengel Graz relativ wenige Fälle körperlichen Angriffs als versuchte Mordtat abgeurteilt werden, im OLG-Sprengel Linz hingegen relativ viele, wird in beiden Sprengeln hier bei der Strafe große Vorsicht geübt. Hingegen spielt der Taterfolg in Wien und Innsbruck für die Strafzumessung eine verhältnismäßig geringere Rolle. In Wien, wo unter den Mordanzeigen eine durchschnittliche Zahl von Tatversuchen aufscheint, urteilen Gerichte über die wenigen Fälle, die auch als Mordversuche abgeurteilt werden, teils überdurchschnittlich streng, teils unter Zuhilfenahme von § 21(1) StGB. Für Richter im Innsbrucker OLG-Sprengel, wo sich ebenfalls eine mittlere Zahl von Mordanzeigen auf Versuche bezieht, die gerichtliche Selektion dieser Fälle jedoch vergleichsweise schwach ist, scheint der Ausweg einer minimalen oder gar nicht ausgesprochenen Strafe bei Verurteilung wegen einer Mordversuchshandlung nicht in der gleichen Weise wie in den anderen Gerichtssprengeln offenzustehen. Die Differenz der durchschnittlichen Strafdauer bei Verurteilungen wegen vollendeter und versuchter Mordstraftaten beträgt in Innsbruck nur ca. 2 Jahre, in Wien und Linz ca. 4 Jahre und in Graz ca. 7 Jahre (vgl. Tab. 8). Bei Mordversuchen ergibt sich für die gerichtliche Strafenpraxis insofern wieder ein starkes Gefälle von den Rändern in Ost und West zur Mitte (zu der hier allerdings Graz und Linz zählen).

Tabelle 6:
Strafen für vollendeten Mord, regional

1982-1985	OLG-Sprengel				Öster-
bis .. Jahre	Wien	Graz	Linz	Innsbr.	reich
1					
2					
3					
4					
5					
6				1	1
7	1	1	1		3
8	1		1	1	3
9			1		1
10	4		1		5
11		1			1
12	2	2	4	2	10
13	2		2	1	5
14		2	1	1	4
15	14	6	3	2	
16	2	2	1		5
17	1		2		3
18	9	4	1		14
19					
20	22	6	2	4	34
lebenslang	23	9	5	4	41
§ 21(1) StGB	7	2	2		11
% bis <5 Jahre					
% 5 bis <10 J.	2	3	11	13	5
% 10 bis <15 J.	9	14	30	25	15
% 15 bis <20 J.	30	34	26	13	28
% 20 Jahre	25	17	7	25	20
% zeitl.Strafe	66	69	74	75	69
% lebensl. Str.	26	26	19	25	25
% 21(1) StGB	8	6	7		7

Tabelle 7:
Strafen für versuchten Mord, regional

1982-1985	OLG-Sprengel				Öster-
bis .. Jahre	Wien	Graz	Linz	Innsbr.	reich
1					
2	1	1			2
3		2	1		3
4					
5	2		1		3
6		1	1		2
7				1	1
8	2		3		5
9		1			1
10	1	2	4	2	9
11			1		1
12	1		1		2
13				1	1
14				1	1
15	2	1	2	3	8
16	1			1	2
17					
18	1				1
19					
20	3	1		1	5
lebenslang	1				1
§ 21(1) StGB	8	3	3	3	17
% bis <5 Jahre	4	25	6		8
% 5 bis <10 J.	17	17	25	14	18
% 10 bis <15 J.	9	17	38	29	22
% 15 bis <20 J.	17	8	13	29	17
% 20 Jahre	13	8		7	8
% zeitl.Strafe	61	75	81	79	72
% lebensl. Str.	4				2
% 21(1) StGB	35	25	19	21	26

Grafik zu Tab. 6:

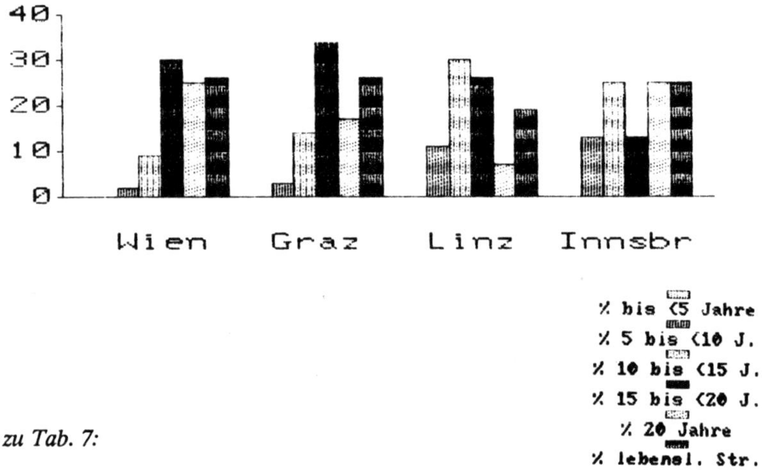

Grafik zu Tab. 7:

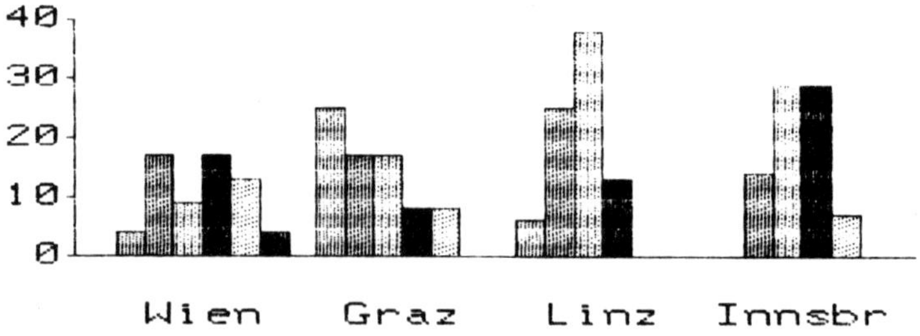

Tabelle 8:
Durchschnittsstrafen für Mord in Jahren, regional

1982-1985	OLG-Sprengel				Öster-
Verurteilte	Wien	Graz	Linz	Innsbr.	reich
alle	15,8	14,0	12,2	13,7	14,4
wg.vollend. Mord	16,6	16,0	13,8	14,6	15,8
wg.versuchtem Mord	12,4	8,7	9,7	12,7	11,0

Von jenen Personen, die wegen vollendeten oder versuchten Mordes von der Staatsanwaltschaft dem Gericht angeklagt werden, wird österreichweit ein Anteil von 26% vom entscheidenden Gericht erster Instanz zwar wohl verurteilt, jedoch nicht nach den Bestimmungen des § 75 StGB. (Bei den nach § 15/75 Angeklagten sind das 37%, bei allen anderen 18%.) Im Grazer Bereich ist dieser Anteil der von einer Verurteilung nach § 75 StGB Verschonten tendenziell geringer, im Linzer Bereich tendenziell höher als im Landesdurchschnitt. Freisprüche Mordangeklagter spielen nur eine verhältnismäßig geringe Rolle. Sie passieren im Schnitt bei 2% der wegen vollendeten und 5% der wegen versuchten Mordes Angeklagten. Darüber hinaus gibt es etliche Fälle, in denen es aus sonstigen Gründen zu keiner Verurteilung Angeklagter kommt oder die Meldungen der Staatsanwaltschaft dazu unvollständig sind (3% der Mordangeklagten und 8% der Mordversuchsangeklagten).

Hinzuzufügen ist, daß die Strafen gegen des Mordes Beschuldigte und Angeklagte, aber nach anderen Strafbestimmungen als § 75 StGB Verurteilte ebenfalls regional deutlich variieren. Während in den OLG-Sprengeln Wien (37%) und Graz (44%) ca. 40% der verhängten Strafen 5 Jahre überschreiten, sind es in den OLG-Sprengeln Linz und Innsbruck nur rund 20%. Als Unterschied zwischen Wien und Graz ist festzuhalten, daß in Graz überhaupt nur 17% der Mordangeklagten schließlich wegen eines anderen Tatbestands verurteilt werden, in Wien immerhin 27%. Würde man die Strafenpolitik in diesen beiden OLG-Sprengeln nicht nur am Fall der wegen Mordes (und Mordversuchs) Verurteilten vergleichend darstellen, sondern am Fall der Mordangeklagten insgesamt, würde sich der geringe Unterschied zwischen diesen beiden östlichen Sprengeln tendenziell auflösen. Als Unterschied zwischen Linz und Innsbruck tritt hervor, daß in Linz Gerichte die Mordanklage der Staatsanwaltschaft häufiger revidieren und in 31% Mordangeklagte nach anderen Strafbestimmungen aburteilen. Dies bedeutet, daß sich die Strafpraxis in Linz und Innsbruck - bezogen auf Angeklagte und nicht nur Verurteilte nach § 75 StGB - noch etwas stärker unterscheidet, als schon auf den ersten Blick ersichtlich.

Abrunden läßt sich diese Schilderung der regionalen Strafenpraxis in Mordstrafsachen durch Auswertung der Angaben der Staatsanwaltschaften zu Berufungsverfahren.[8] 19% aller in erster Instanz festgesetzten Strafen sind nicht als solche rechtskräftig geworden. Sie wurden zur einen Hälfte (10%) zuungunsten, zur anderen Hälfte (9%) zugunsten des Straftäters abgeändert. Abänderungen zuungunsten des Verurteilten überwiegen im OLG-Sprengel Wien und im OLG-Sprengel Innsbruck, Abänderungen zugunsten des Verurteilten in Graz und Linz. In toto sind in der "Berufung" einerseits 55 Strafjahre hinzugekommen und andererseits 33,5 Strafjahre weggefallen sowie zweimal zeitliche in lebenslange und viermal lebenslange in zeitliche Freiheitsstrafen umgewandelt worden. Einmal wurde aus einer Entscheidung auf Maßnahme nach § 21(1) StGB ein Freispruch. Die gravierendsten Revisionen in negative Richtung waren Strafverschärfungen um 5 Jahre bei zeitlichen Strafen (in Relation zur Erststrafe am einschneidendsten bei einer Straferhöhung von 12,5 auf 17,5 Jahre) bzw. von 20 Jahren auf Lebenslang, in positive Richtung Strafreduktionen um 10 Jahre (von 15 Jahren wg. § 75 auf 5 Jahre wg. § 92 StGB - Quälen oder Vernachlässigung eines Unmündigen, Jugendlichen oder Wehrlosen) bzw. von Lebenslang auf 8 Jahre.

1.5. Zeit und Ort der Strafverfolgung als Kriterien der lebenslangen Strafe

Es haben sich nach den Untersuchungen der beiden vorangegangenen Abschnitte dieses ersten Kapitels die Hinweise verdichtet, daß Zeit und gerichtlicher Ort der Strafverfolgung in gewisser Weise fallabstrakte Kriterien der Sanktion lebenslange Freiheitsstrafe bilden. Die Chance, ein Tötungsdelikt als Mordstraftat oder etwas anderes und die Mordstraftat mit zeitlicher vs. lebenslanger Freiheitsstrafe zu büßen, scheint zeitlich wie regional beträchtlich zu variieren.[9] Wer z.B. in den 70er Jahren wegen eines vorsätzlichen Tötungs- oder schwersten Körperverletzungsdeliktes verfolgt wurde, mußte die Verurteilung, und besonders die wegen Mordes, weniger fürchten als ein in den 80er Jahren verfolgter Täter. Vor 1980 mußte im Durchschnitt jeder siebente, nach 1980 jeder fünfte wegen eines entsprechend schweren Gewaltdelikts (nach §§ 75, 76, 86 oder 87) zur Anzeige Gebrachte mit einer Verurteilung wegen Mordes rechnen. Die Wahrscheinlichkeit einer lebenslangen Freiheitsstrafe als Sanktion stieg dadurch. Und in den 80er Jahren (1982-85) ist die Chance eines Mord- oder Mordversuchsverdächtigten, nicht unter einer lebenslangen Strafe davonzukommen, im OLG-Sprengel Graz mit 7,5% fast dreimal so hoch wie im OLG-Sprengel Linz mit 2,9%.

Anmerkungen:

1 Seit 1975 wurde nur einmal, nämlich 1976, eine lebenslange Strafe auch für ein anderes Delikt verhängt, für schweren Raub mit tödlichen Folgen.

2 "- pragmatische Handlungsbedingungen wurden solche genannt, die den betreffenden Kontrollinstanzen von außen aufgegeben wurden und diese zu unterschiedlichen Reaktionen veranlaßten (z.B. vorgegebener Ermittlungsstand, Kapazitätszwänge, unterschiedliche Organisationsstile, unterschiedlich motivierte Verfahrensbeteiligte);
- tatbezogene Handlungsbedingungen waren solche, die, wie der Tatausgang, die Art der Tatbegehung und der Tatbeitrag des Opfers, geeignet schienen, Auskunft über die kriminalpolitisch geleitete Konstruktion des Tötungsvorsatzes und damit der Tötungskriminalität zu geben (rechtsinterne Faktoren);
- personenbezogene Handlungsbedingungen waren die sozialen Merkmale des Verdächtigen und des Opfers sowie ihre interpersonellen Beziehungen, die, soweit sie isoliert entscheidungsrelevant wurden, rechtsexterne Merkmale darstellten." (Sessar, 1981, S.195)

3 Aus dem Umstand, daß die Polizeiliche Kriminalstatistik demgegenüber für 1975 nur 187 Mord- und Totschlagsdelikte ausweist, schließt Mayerhofer auf eine gewisse polizeiliche Vorselektion der Anzeigen "verdächtiger Todesfälle", welche bei der StA nicht geschehe.

4 Der Jurist würde als Quelle hinsichtlich der gerichtlichen Kriterien für "Lebenslang" wahrscheinlich zunächst höchstgerichtliche Entscheidungen (Kommentare zu den gesetzlichen Strafzumessungsregeln) in Zusammenhang mit Mordstrafsachen und lebenslangen Strafen zu nutzen versuchen. Hier wird auf diesen Zugang verzichtet. Der Grund liegt in der selektiven Publikation (Leitsatzkartei) aus diesen Entscheidungen, die auch nur dann zustandekommen, wenn Rekurs eingelegt worden ist, und die sich im wesentlichen auf die dabei verfolgten Argumentationslinien einlassen und oft genug nur die Nichtigkeitsbeschwerde, nicht aber die Strafberufung behandeln. Der wesentliche Grund für den Verzicht auf dieses Material liegt aber im primären Interesse dieser Untersuchung an den vor- und außerrechtlichen Kriterien der Sanktionierung statt an den juristischen Begründungsfiguren für die Strafzumessung. Gerade in dem Ausmaß, in dem höchstgerichtliche Entscheidungen auch die Strafzumessung deutlicher als untere Instanzen (wo in den Geschworenengerichten ja auch Laien involviert sind) als Rechtsfrage abhandeln, abstrahieren sie stärker von sozialen Kontexten der Straftat/des Straftäters, die für moralische Bewertung und soziale Abwehr durch Strafe maßgeblich sind. Nicht daß die Widersprüche und die Wandlungen der juristi-

schen Begründungsmuster bei der Konkretisierung der Strafe uninteressant wären. Sie reflektieren soziale Wertkonflikte und -entscheidungen, die aber als solche erst dekodiert werden müssen. Dazu bedarf es einer Umkehr des juristischen Abstraktionsprozesses und der Rekonstruktion der banalen sozialen Begebenheiten.
Diese Rekonstruktion ist auch dann ziemlich aufwendig, wenn man sich nur auf das noch nicht zu einem Urteil kondensierte, im Fall so schwerer Delikte im allgemeinen ziemlich reichhaltige Strafaktenmaterial allein beschränkt (nicht etwa auch noch die öffentliche Rezeption des Ereignisses in den Medien etc. mitbeachtet). Es erlaubt doch zumeist, die Geschichte der strafrechtlichen Fallgeschichten weit auf ihren alltagsweltlichen Ursprung zurückzuverfolgen. So ergiebig sie wäre, muß leider im Rahmen dieser Untersuchung eine vollständige Strafaktenanalyse doch unterbleiben. Vom organisatorischen Forschungsaufwand enorm und unrealisierbar wäre eine Erhebung an allen Gerichtshöfen über Mordstrafsachen während eines bestimmten Zeitraumes, die mit einem Urteil und Strafausspruch nach § 75 StGB Erledigung gefunden haben.
Eine Aktenanlyse über diese zeitlich und räumlich verstreuten und als solche bei Gericht nicht eigens registrierten Strafsachen würde Monate beanspruchen. Etwas vereinfachen ließe sich die Ziehung der zu analysierenden Fälle über ihre Dokumentation beim BMfJ. Zumindest bis 1985 (allerdings nicht mehr später) existieren Anlaßberichte der Staatsanwaltschaften bei Anzeigen und Vorerhebungen u.a. nach § 75 StGB. Aus den Formblättern zu diesen Referaten lassen sich die per Strafurteil im Sinne der Anzeige und Anklage erledigten Fälle ersehen und aus den zugehörigen Akten der Sektion IV die Gerichtsaktenzahlen. Von diesen Zahlen ausgehend ließe sich einfacher als aus Gerichtsregistern ein Sample von relevanten Straffällen gewinnen und an die entsprechenden Gerichtspräsidien und -abteilungen um Einsichtsgenehmigung in die Strafakten herantreten. Die Vorgangsweise ist jedoch immer noch äußerst umständlich und arbeitsintensiv.

5 Aus den Akten der Sektion IV des BMfJ sind Informationen über die Straftat entnehmbar, nämlich insoweit sie in die Anklageschrift eingehen (nebst Informationen über ergriffene Rechtsmittel gegen das Urteil erster Instanz und den Erfolg von solchen Rechtsmitteln). Auf dieser in der Tat relativ schmalen Informationsbasis sind mit dem geringsten Aufwand Aussagen über Besonderheiten mit lebenslanger vs. zeitlicher Strafe sanktionierter Mordstraftaten/täter zu treffen. Die Problematik, die hier besteht, liegt in der anzunehmenden Selektivität der staatsanwaltschaftlichen Informationsverarbeitung. Was bis zur Anklageerhebung nicht zur Kenntnis der Anklagebehörde gelangt oder ihr nicht relevant erschienen, wohl aber dann im Hauptverfahren an Fakten aufgetaucht ist und eine Rolle gespielt hat, spiegelt sich in diesem Aktenmaterial nicht wider. Andererseits beweist die Häufigkeit der im Sinne der Anklage mit einem Mordurteil abgeschlossenen Verfahren die große Bedeutung der Sichtweise der Staatsanwaltschaft im Prozeß. Aus diesem Grunde wurde das im BMfJ zugängliche staatsanwaltschaftliche Berichtsmaterial über Mordstrafsachen und Mordverurteilungen doch näher in Augenschein genommen und zur ansatzweisen Beantwortung der Frage nach den Kriterien für Lebenslang (statt zeitlicher Strafe) mitherangezogen.

6 Mittlerweile liegen auch Daten aus der Polizeilichen und der Gerichtlichen Kriminalistatistik für das Jahr 1987 vor. Daraus ist zu entnehmen, daß die Gesamtzahl der (erwachsenen) Angezeigten nach den §§ 75,76,86,87 neuerlich drastisch zurückgegangen ist - auf insgesamt 185 Personen (im Vergleich zum Durchschnitt von 239 in den drei Jahren davor). Der Rückgang bei den Verurteilungen ist demgegenüber minimal, wodurch sich der Anteil Verurteilter (N=75) an den Angezeigten auf 61% erhöht. Die Abnahme der Angezeigten ist bei allen Tatbildern ungefähr gleich. Bei den Verurteilten gibt es bei den wegen versuchter Taten Inkriminierten sogar eine Zunahme, die bei Verurteilungen wegen Mordversuchs besonders ausgeprägt ist. Der beschriebene Trend erfährt damit 1987 keine Umkehr.

7 Grundlage sind wiederum die staatsanwaltschaftlichen Berichte an das Bundesministerium für Justiz, die bereits von Mayerhofer (1980) und Rainer (1986) ausgewertet worden sind - allerdings nur für die Jahre 1972 bis 1975 bzw. 1980 bis 1983, und damals nur teilweise differenziert nach Mord- und Totschlagsverfahren, eher tat- als personenorientiert und nicht nach regionalen Gesichtspunkten aufgegliedert. Die erhobenen Daten sind vollständig pub- liziert in: Pilgram, A.; Die Praxis der lebenslangen Strafe in Österreich. Wien (Forschungsbericht des Instituts für Rechts- und Kriminalsoziologie), 1989, in den Diagrammen S. 30ff

8 Leider sind die Daten über die Anfechtung von Strafurteilen in Verfahren, in denen es um Mord geht, nur bruchstückhaft. Es läßt sich anhand der der Auswertung zugrundeliegenden Formblätter der StA lediglich feststellen, welcher Anteil von Strafurteilen erster Instanz mit der dabei zugemessenen Strafe, sei es infolge Berufungsverzichts unmittelbar oder nach einem Revisionsverfahren, in der ursprünglichen Form rechtskräftig geworden ist, bzw.

welcher Anteil der zunächst ausgesprochenen Strafen in welche Richtung abgewandelt worden ist. Nicht beantwortbar ist, wie häufig Urteile "erfolglos", d.h. ohne Einfluß auf die ursprünglich verhängte Strafe, angefochten worden sind und von welcher Seite die Anfechtung ausgegangen ist. Nicht beantwortbar ist ebenfalls infolge der unvollständigen Angaben in diesem Punkt, ob eine Abänderung der Strafe in einem zweiten oder weiteren Rechtsgang oder in einer zweiten oder weiteren Instanz erfolgt ist.

9 Es muß jedoch dazu gesagt werden, daß die historisch und regional unterschiedliche Praxis der lebenslangen Strafe theoretisch teilweise oder sogar gänzlich auf der Natur der gerichtlich verhandelten Fälle beruhen könnte. Eine Kontrolle der näheren Merkmale der in verschiedenen Jahren und in den vier OLG-Sprengeln verfolgten und sanktionierten Mordstraftaten ist anhand der verwendeten Kriminal- und Rechtspflegestatistiken und der Formblätter zu den Referaten der Staatsanwaltschaften an das BMfJ nicht möglich gewesen. (Kontrollierbar war lediglich das sehr wichtige Merkmal, inwieweit es beim Tatversuch geblieben oder zur Verwirklichung der Tötung gekommen ist. Die regionalen Praxisunterschiede erklären sich demnach nicht aus differierenden Anteilen von Anzeigen, Anklagen oder Verurteilungen wegen bloßer Tatversuche.) Es gibt aber auch keine Hinweise, daß es zeitlich (im Beobachtungszeitraum) und regional besondere Tatbilder und Tätertypen sind, die für die jeweilige Verteilung der Verfahrenserledigungsformen und Strafen ausschlaggebend sind.

2. Eine gefängnisstatistische Bilanz aus der Politik mit der lebenslangen Strafe

In diesem Abschnitt soll der Versuch gemacht werden, anhand verschiedener verfügbarer Daten eine statistische "Bilanz" der lebenslangen Freiheitsstrafe in Österreich seit 1970 zu ziehen. Dazu heranzuziehen sind Daten aus der Gerichtlichen Kriminalstatistik (Angaben über zu lebenslanger Freiheitsstrafe Verurteilte), Daten aus der Statistischen Übersicht über den Strafvollzug (Angaben über den Stand lebenslang Gefangener in Vollzugsanstalten und über jährlich bedingt entlassene Lebenslange) sowie Meldungen der Anstaltsleitungen an das Bundesministerium für Justiz (betreffend Dauer der Anhaltung Lebenslänglicher und der Zahl Verstorbener unter ihnen).

Aus diesem Paket an Informationen läßt sich ermessen, welche Zahl und Zusammensetzung lebenslang Gefangener im österreichischen Strafvollzug sich aus dem Zusammenwirken gerichtlicher Spruchpraxis einerseits und gerichtlicher Entlassungspraxis andererseits ergibt. Das Produkt aus den Entscheidungen, (Mord)Straftaten mehr oder weniger streng zu sanktionieren und lebenslang Bestrafte mehr oder weniger lang über das vorgeschriebene Minimum von 15 Jahren hinaus wegzusperren, ist in Tabelle 9 wiedergegeben. Es ist daraus sowie aus der beigegebenen Grafik zu ersehen, daß die Zahl Lebenslanger nach einem Tiefststand in der zweiten Hälfte der 70er Jahre im Steigen begriffen ist und Ende 1987 mit 147 Personen einen Rekord erreicht hat.

Die relativ hohe Zahl Lebenslanger in österreichischen Vollzugsanstalten zu Anfang der 70er Jahre hat einmal damit zu tun, daß es in den frühen 50er Jahren im Jahresdurchschnitt verhältnismäßig viele Verurteilungen zur lebenslangen Strafe gegeben hat (jedenfalls mehr als in der zweiten Hälfte der 50er und den gesamten 60er und 70er Jahren). Darüber hinaus werden 1970 bis 1974 aber vor allem auch noch viele Lebenslange weit über die 15 Jahre Mindeststrafe hinaus angehalten. Der Anteil der "Überzeitigen" an den Lebenslangen beträgt im Durchschnitt dieses Jahrfünfts 32%. Er nimmt jedoch, bedingt durch eine forcierte Entlassungspolitik, rapide ab - von 43% 1971 auf 18% 1975. Diese radikale Entlassungspolitik spiegelt sich in den steigenden Anteilen der auf Probe entlassenen lebenslangen Gefangenen, welche die zeitlichen Voraussetzungen für eine solche Entlassung (15 Strafjahre) aufweisen. Die Entlassungsrate beträgt 1971 mäßige 22%, um danach rasch auf bis zu 40% (1975) anzusteigen. Dadurch sinkt die Zahl der Lebenslänglichen im Vollzug, insbesondere die Zahl der "Überzeitigen" unter ihnen. Diese bleibt über die späteren 70er Jahre konstant niedrig (unter 20) und wird durch eine Entlassungrate von jährlich durchschnittlich 21% im Gleichgewicht gehalten. Die Atmosphäre der Großen Strafrechtsreform der frühen 70er Jahre begünstigt sichtlich auch die Gruppe der lebenslang Gefangenen. Ihre Anzahl geht etwa in dem Maß zurück, wie die aller Gefangener in den 70er Jahren (vgl. Pilgram, 1987), die Zahl der "überzeitigen" Lebenslänglichen sogar überdurchschnittlich. Man möchte anscheindend diese "Altlast" vergangener Kriminalpolitik loswerden und eine neue Politik auch mit der lebenslangen Strafe beginnen. Dieser Neubeginn währt bis zu Anfang der 80er Jahre.

Durch eine Änderung der Entlassungspolitik, die sich in einer Reduktion der Entlassungsraten auf ein Mittel von 11% in den Jahren 1981-1987 manifestiert, steigt die absolute Zahl lebenslänglich Gefangener genauso wie die relative Zahl "Überzeitiger" (nach Maßgabe der zeitlichen Voraussetzungen entlaßbarer Personen) unter diesen wieder stark an. Besonders in den Jahren 1983 und 1984 scheint das Tor zur Freiheit für Lebenslange fest verriegelt. Es scheint wenig plausibel, darin einen Späteffekt besonders selektiver, nur die "schlimmsten" Täter treffender Zumessungspolitik der lebenslangen Strafe in den späten 60er Jahren zu sehen. Zwar wurden in der Tat damals sehr wenige lebenslange Strafen verhängt, aber nicht weniger als in etlichen Jahren davor und etlichen Jahren danach - bei insgesamt durchschnittlichen Anzeigen wegen Morddelikten. Eher dürfte die Population Lebenslänglicher in den 80er Jahren Opfer generalpräventiver Räson geworden sein, zumal ab 1982 die Zahl der als solche verfolgten Mordfälle steigt und der Anstieg 1983/84 besonders steil ist (vgl. Kap. 1.3.). Der Effekt sind mehr lebenslange Strafen, deren Zahl Anfang der 80er Jahre noch weitaus stärker zunimmt als die Zahl der Mordverurteilungen selbst, und weniger bedingte Entlassungen aus lebenslanger Strafe - 1983 z.B. nur 4% der in Frage kommenden Personen gegenüber 40% 1975!

Ab 1985 lockert sich die Entlassungspraxis nur wenig und die Verhängungspraxis von Lebenslang überhaupt kaum, sodaß die Zahl Lebenslanger in den österreichischen Vollzugsanstalten anhaltend rapide wächst. Dies ist insbesondere vor dem Hintergrund zu sehen, daß die Gesamtzahl Strafgefangener inzwischen massiv zurückgeht - von rund 6500 1983 auf circa 4800 Anfang 1988 (Stangl, 1989). Ob das Strafrechtsänderungsgesetz 1987 an dieser disproportionalen Entwicklung etwas ändern wird, ist noch nicht absehbar. Wahrscheinlich ist ein größerer Profit der "Kurzstrafigen" als der Lebenslangen aus der Reform und ein weiter steigender Anteil lebenslang Gefangener in den Anstalten.

Tabelle 9:
"Bilanz" der lebenslangen Strafe in Österreich

Jahr	Belag LL Jahresbeginn 1)	Verurt. zu LL 2)	bed.Entl. aus LL 3)	Todesfälle 4)	Belag LL Jahresende 5)	Sonstige Veränderungen 6)
1970	125		5		127	
1971	127		12		125	
1972	125		15		119	
1973	119		13		112	
1974	112		9		111	
1975	111	7	8	1	111	+2
1976	111	11	3	0	115	-4
1977	115	8	5	2	118	+2
1978	118	5	4	1	117	-1
1979	117	6	4	3	116	0
1980	116	4	5	1	115	+1
1981	115	7	2	1	117	-2
1982	117	14	3	0	131	+3
1983	131	11	1	1	130	-10
1984	130	10	2	1	135	-2
1985	135	7	6	1	134	-1
1986	134	12	5	1	139	-1
1987	139	10	4		147	+2

Fortsetzung:

Jahr	Belag LL über 15 J. Jahresbeginn 1)	%-Anteil an LL	bed.Entl. aus LL	%-Anteil bed.Entl.	5-Jahres-schnitt	zeitl. Vorauss. nicht erf. (Jahresb.)
1970			5			
1971	55	43	12	22		72
1972	46	37	15	33		79
1973	34	29	13	38	32	85
1974	25	22	9	36		87
1975	20	18	8	40		91
1976	19	17	3	16		92
1977	18	16	5	28		97
1978	19	16	4	21	21	99
1979	20	17	4	20		97
1980	22	19	5	23		94
1981	20	17	2	10		95
1982	22	19	3	14		95
1983	23	18	1	4	11	108
1984	28	22	2	7		102
1985	34	25	6	18		101
1986	42	31	5	12		92
1987	40	29	4	10		99
1988	41	28				106

Anmerkungen zu Tab. 9:

1) Stichtag 31.12. (ab 1983: 30.11.) des Vorjahres
Quelle: Satistische Übersicht über den Strafvollzug (herausgegben vom BMfJ)
2) Die Verurteiltenstatistik (Geriehtl. Kriminalstatistik) enthält für die Jahre 1968-1974 keine Angaben über lebenslange Freiheitsstrafen.
3) Quelle: Statistische Übersicht über den Strafvollzug
4) Nach den Meldungen der Anstaltsleiter gem. Erlaß Zl.42101/9-V1/79 des BMfJ über Stand an Lebenslangen zum 30.6. eines jeden Jahres.
5) Stichtag 31.12. (ab 1983: 30.11.)
Quelle: Statistische Übersicht über den Strafvollzug
6) Mögliche Gründe für Differenz (worüber zugängliche amtliche Daten keine Auskunft geben):
   - Haftunfähigkeit (kein Strafantritt)
   - Flucht
   - Wiederaufnahme des Verfahrens, neues Urteil
   - Begnadigung (Umwandlung in zeitl. Freiheitsstrafe)
   - Abschiebung ins Ausland
   - seit 1983: Differenz der Zählung der Gerichtlichen Kriminalstatistik (bis 31.12.) und der Statistischen Übersicht über den Strafvollzug (am 30.11.)
   - Zählung Lebenslänglicher im Stand der Anstalt vor Rechtskraft des Urteils
   - sonstige einfache Zählfehler in den als Quellen verwendeten Statistiken

Grafik zu Tabelle 9:

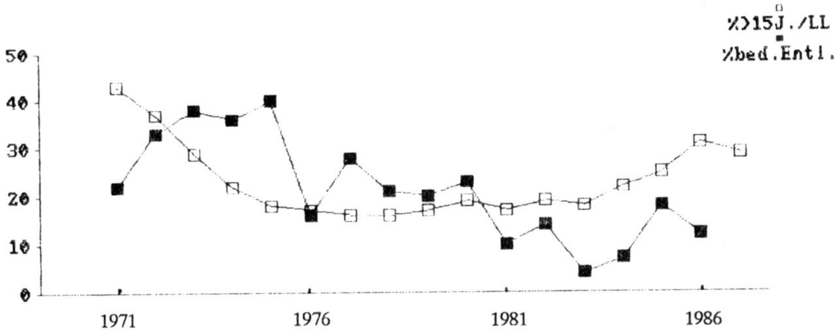

2.1. Die lebenslang Gefangenen, gegliedert nach Strafzeit und Erfüllung der zeitlichen Entlassungsvoraussetzungen

Man kann sich die Veränderung der Population lebenslang Inhaftierter in jüngster Zeit, etwa zwischen 30.6.1980 und 30.6.1987, anhand von unveröffentlichten Unterlagen des Bundesministeriums für Justiz[1] noch etwas genauer besehen. Dabei wird man feststellen müssen, daß der Anstieg von 119 auf 148 Personen vor allem auf einen Zuwachs bei jener Gruppe Lebenslanger zurückgeht, die schon mehr als 15 Jahre angehalten werden, die also nicht per Gesetz schlechthin, sondern per richterlichem Ermessen die weitere Strafe verbüßen. Dieser Personenkreis hat sich seit 1980 verdoppelt, ist (im wesentlichen bis 1985) von 20 auf 39 Personen angewachsen.[2] Für die in den 80er Jahren gestiegene Zahl Lebenslanger ist im wesentlichen (zu zwei Dritteln) ein "Entlassungsrückstau" verantwortlich. (Vgl. Tab. 10)

Es wird zum einen schwieriger, zum frühestmöglichen Zeitpunkt die Freiheit wiederzuerlangen. Der Rückstau besteht - wie man sieht - einmal in der Gruppe der bis zu drei Jahren "Überzeitigen" unter den Lebenslänglichen (sie machen 1980: 45%, 1987: 56% der potentiell Entlaßbaren aus). Zum anderen "sitzen" auch die Mitglieder der anderen Gruppe, die Längststrafigen unter den Lebenslangen, 1987 länger als 1980. Die Durchschnittsdauer des Freiheitsentzugs bei allen über 18 Jahre im Vollzug befindlichen lebenslang Gefangenen hat sich zwischen 1980 und 1987 um ein ganzes Jahr verlängert! (Vgl. Tab. 11) Der Durchschnitt aller Überzeiten mehr als 15 Jahre gefangener Lebenslänglicher ist mit 3 Jahren und 11 Monaten jedoch konstant geblieben. Ein größerer Neuzuwachs an (unter zeitlichen Gesichtspunkten) gerade erst entlassungsfähig gewordenen Lebenslangen drückt den Schnitt und kompensiert statistisch die Verlängerung der Strafzeit bei den Längstgefangenen.

Tabelle 10 weist aber noch auf ein anderes Faktum hin: Die mittlere Zeit bis zum frühestmöglichen Entlassungstermin hat sich bei jenen Lebenslänglichen, die im Augenblick noch nicht für eine Entlassung in Frage kommen (unter 15 Jahre im Vollzug), von 7 Jahren und 2 Monaten auf 7 Jahre und 8

Monate erhöht. Wenn man diese Zeit, die im Mittel noch vor den lebenslang Gefangenen liegt, bis sie die zeitlichen Entlassungsvoraussetzungen erfüllt haben, zusammenrechnet mit der durchschnittlichen "Vollzugserwartung" über die 15 Mindestjahre hinaus (mittlere "Überzeit"), ergibt dies im Jahr 1987 eine durchschnittliche vor den "Lebenslangen" liegende Gefängniszeit von 11 Jahren und 7 Monaten (gegenüber 11 Jahre und 1 Monat 1980).

Das ist - bei Anhalten der gegenwärtigen Politik - die realistische Zeitperspektive für beide Seiten, für Anstalt und Insassen mit lebenslangen Strafen, bis zur "Trennung" durch bedingte Entlassung. Unter dieser Perspektive stellt sich das "Koexistenz-" bzw. "Kooperationsproblem" für beide Teile. Allein anhand dieser nackten Zahlen kann die Verschärfung des Problems sichtbar gemacht werden. Die Streuung der zu erwartenden Zeiten der Gefangenschaft hat sich zudem von 1980 auf 1987 deutlich erhöht. Es gibt 1987 mehr Personen, die sich erst sehr kurz in den Anstalten befinden sowie mehr Personen, die dort schon sehr lange angehalten werden. 1987 haben sich von den 148 Lebenslangen 39 unter 5 Jahre und 11 über 20 Jahre im Gefängnis befunden (zusammen also 34%), 1980 von 119 Lebenslangen nur 25 unter 5 und nur 6 über 20 Jahre (zusammen 26%).

Tabelle 10:
Die zeitlichen Voraussetzungen für die bedingte Entlassung

Anstalt	Belag LL	zeitl. Entlassg. vorauss. n.erfüllt	# Zeit bis Entlassg. möglk.	zeitl. Entlassg. vorauss. erfüllt	# Zeit über 15 J.
30.6.1980					
Garsten	27	22	8J 0M	5	5J 5M
Graz	38	29	6J 9M	9	3J 1M
Stein	52	47	7J 1M	5	4J 3M
Schwarzau	2	1	1J 5M	1	1J 5M
Summe	119	99	7J 2M	20	3J11M
30.6.1987					
Garsten	29	24	8J 4M	5	3J 5M
Graz	38	29	7J 6M	9	4J 9M
Stein	70	51	7J 6M	19	3J 0M
Schwarzau	1	1	7J 6M	0	
Mitterst.	4	2	5J 7M	2	7J11M
Göllersd.	4	2	7J 2M	2	6J 9M
Favoriten	2	0		2	3J11M
Summe	148	109	7J 8M	39	3J11M
Veränderung 1980-1987 in % (Zeit in Monaten)					
Summe	24	10	6M	95	0M

Grafik zu Tab. 10

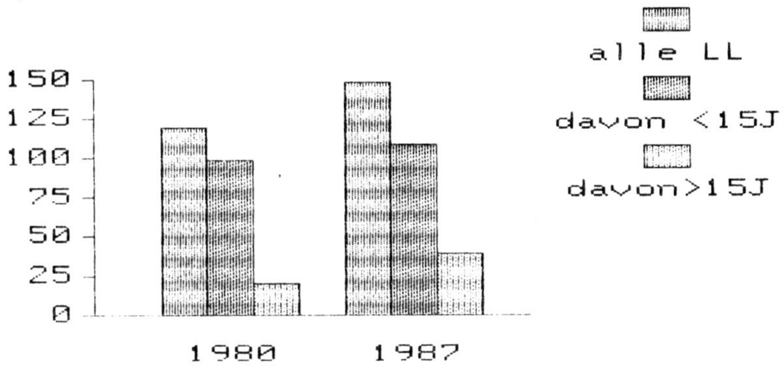

Tabelle 11:
Die über 15 Jahre gefangenen Lebenslangen

Anstalt	zeitl. Entlassg. vorauss. erfüllt	"Überzeit" bis zu Jahren 1	2	3	4	5	6	7	8	9	10	11	12	13	14
<u>30.6.1980</u>															
Garsten	5	1	1				1			1		1			
Graz	9	2	1	1	3		1	1							
Stein	5	1	1		2								1		
Schwarzau	1		1												
Summe	20	4	4	1	5		2	1		1		1	1		
%	100	20	20	5	25		10	5		5		5	5		
# Überzeit alle				3J11M											
# Überzeit >18J Gef.				6J 0M											
<u>30.6.87</u>															
Garsten	5	1	2				1			1					
Graz	9	1	1	3	1		1					1			1
Stein	19	5		6	3	2	1		1	1					
Schwarzau	0														
Mitterst.	2			1			1								
Favoriten	2			1									1		
Göllersd.	2			1								1			
Summe	39	7	3	12	4	2	4		1	2		2	1		1
%	100	18	8	31	10	5	10		3	5		5	3		3
# Überzeit alle				3J11M											
# Überzeit >18J Gef.				7J 0M											

Grafik zu Tabelle 11:

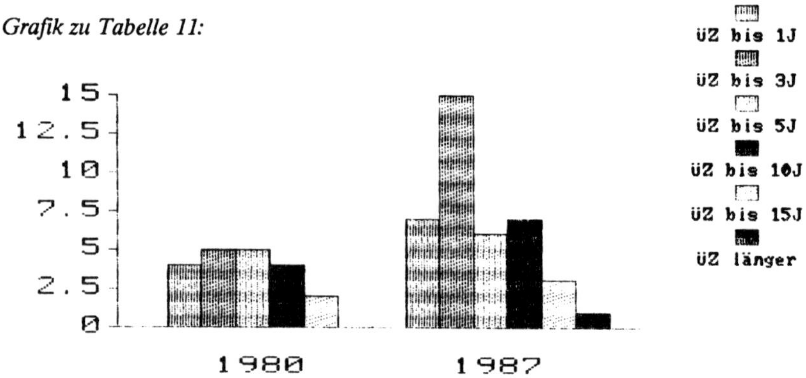

2.2. Zur Altersstruktur lebenslang Gefangener

Zum Alter lebenslang Gefangener (vgl. Tab. 12) ist zu bemerken, daß es gegenwärtig durchschnittlich 40 Jahre beträgt, also deutlich über dem Mittel in der Gefangenenpopulation liegt. 49 Prozent derselben befindet sich (laut Statistischer Übersicht über den Strafvollzug 1987) in einem Alter von unter 30 Jahren. Rechnet man die Gruppe der (mit einem Durschnittsalter von 47 Jahren) wesentlich älteren unter den Lebenslangen ab, die mit mehr als 15 Jahren Gefangenschaft bereits die zeitlichen Voraussetzung für eine Entlassung erfüllen, ist das mittlere Alter 38 Jahre.

Bedenkt man, daß die für die zu lebenslangem Freiheitsentzug Verurteilten der letzten 15 Jahre repräsentative Gruppe der zeitlich noch nicht für eine Entlassung Infragekommenden durchschnittlich seit 7 Jahren und 4 Monaten im Vollzug ist, errechnet sich als das mittlere Strafantrittsalter bei lebenslang Gefangenen das 30. Lebensjahr. Am jüngsten bei Strafantritt einer lebenslangen Strafe waren von den derzeit Lebenslangen fünf 20jährige (neben 8 21jährigen, und 13 22jährigen), am ältesten ein 64jähriger. Dementsprechend kann eine frühestmögliche Entlassung aus "lebenslanger Strafe" für die Betreffenden eine Entlassung zwischen dem 35. und 79. Lebensjahr bedeuten. Der derzeit älteste angehaltene Lebenslange in Österreich ist 75 Jahre alt. (Ihn bedingt zu entlassen, besteht in zeitlicher Hinsicht seit über 5 Jahren kein Hindernis!)

Das durchschnittliche Strafantrittsalter von 30 Jahren bei lebenslangen Strafen soll nicht übersehen lassen, daß die Altersverteilung hier sehr schief ist. Eine große Zahl Lebenslanger hat ihr Urteil vor Vollendung des 25. Lebensjahres erhalten, nämlich rund ein Drittel (50 aller zum Stichtag 30.6.1987 angehaltenen 148 Lebenslangen). Ein Viertel davon (13 von diesen 50 Fällen) ist inzwischen im Vollzug 40 Jahre und älter geworden, hat also den wesentlichen Teil seiner "Jugend" im Gefängnis verbracht. 20 dieser 50 Personen haben dieses Schicksal noch vor sich und sind noch keine 30 Jahre alt.

Unter den Lebenslangen gibt es also einerseits eine große Gruppe sehr junger Personen, die noch lange Jahre bis zu einer Entlassungschance zu warten haben. Die bis zu 30jährigen stellen 22% bzw. ein Fünftel der Lebenslangen und haben im Schnitt noch mindestens 11 Jahre Gefangenschaft vor sich. Kaum kleiner ist andererseits die Gruppe der über 51jährigen (18%), die mehrheitlich (15 von 27) bereits "Überzeiten" über die 15 Jahre Mindestgefangenschaft hinaus aufweisen und im allgemeinen Durchschnitt schon 15 Jahre und 11 Monate "sitzen". Die potentiell bereits Entlaßbaren unter ihnen haben eine mittlere Strafzeit von 21 Jahren und 7 Monaten hinter sich - mit einem Maximum von 30 Jahren. (Alter schützt offenbar nicht per se vor Straffortsetzung. Immerhin werden vier Personen im "Pensionsalter" von über 60 Jahren weiterhin angehalten, obwohl sie bereits mehr als 15 Jahre einer lebenslangen Strafe verbüßt haben.) Dazwischen liegt eine mittlere Altersgruppe von 31 bis 50 Jahren, die 60% aller Lebenslangen ausmacht. Ein Drittel dieser Gruppe (24 von 75) könnte - zeitlich gesehen - in Freiheit entlassen werden. Ihre "Überzeit" beträgt durchschnittlich 30 Monate (maximal 65 Monate oder 5 Jahre und 5 Monate). Obwohl in der Gruppe der 31-50jährigen Lebenslangen auch schon beträchtliche Haftzeiten denkbar wären, finden sich solche hier nicht. Hingegen deutet der Umstand, daß die krassesten Überlängen bei den tatsächlich durch Lebenslange verbüßten Strafen bei den ältesten Gefangenen vorkommen, auf Probleme mit der (Re)Integration dieser äußersten Altersgruppe in den Vollzug und in die Gesellschaft hin.

Tabelle 12:
Alter lebenslang Gefangener, Stichtag 30.6. 1987

Alter	N<15J	∅ Zeit ab Strafantritt	N>15J	∅ Zeit ab Strafantritt	N ges.	∅ Zeit ab Strafantritt
20-30	32	4J 0M	0		32	4J 0M
%	29		0		22	
31-40	40	8J 9M	11	16J 8M	51	10J 1M
%	37		28		34	
41-50	25	8J 9M	13	18J 3M	38	12J 0M
%	23		33		26	
51-..	12	8J 9M	15	21J 7M	27	15J11M
%	11		38		18	
Summe	109	7J 4M	39	18J11M	148	10J 5M
%	100		100		100	

Anmerkungen

1 Diese Unterlagen enthalten präzisere Daten als die allgemein zugängliche Statistische Übersicht über den Strafvollzug über Anzahl und noch zu verbüßende und bereits verbüßte Strafzeit Lebenslänglicher, über den Zeitpunkt der ehestmöglichen bedingten Entlassung dieser Gefangenen und über das Ausmaß der aktuellen Überschreitung dieses Zeitpunkts.

2 Bei der Gruppe lebenslang Gefangener, die noch nicht die zeitlichen Voraussetzungen für eine bedingte Entlassung erfüllen, gibt es im gleichen Zeitraum eine Zunahme von nur rund 10 Prozent (großteils seit 1985).

3. Einblicke in den Vollzug der lebenslangen Strafe - aus Interviews mit Vollzugspraktikern

Die Vollzugspraxis ist neben der eingangs behandelten Verhängungs- und der anschließend zu behandelnden Entlassungspraxis bei lebenslangen Strafen ein Gegenstand dieser Studie, der in Wahrheit mehr Aufmerksamkeit verdienen würde, als ihm hier mit insgesamt 11 Interviews zum Thema geschenkt werden konnte.[1] Über die Lücke einer systematischen Vollzugsaktenanalyse können hier nur ein paar Gespräche mit Praktikern des Strafvollzugs hinweghelfen. Es handelt sich um Interviews mit zwei Anstaltsleitern, zwei Vollzugsleitern, einem Wachekommandanten, zwei Werkstättenleitern, drei Anstaltspsychologen und einer Sozialarbeiterin. Sie informieren über die Sichtweise der Probleme bei den betroffenen Beamten.

Für die Interviews wurde ein Leitfaden erstellt, dem entlang die Darstellung der Aussagen der Befragten vorgenommen wird und dessen Wiedergabe vorweg sich deshalb erübrigt.

1. Organisatorische Zusammenfassung und Gruppenidentität Lebenslanger

Lebenslange sind in keiner Anstalt als Gruppe zusammengefaßt. Das wäre organisatorisch schwierig (in Hinblick auf unterschiedliche persönliche Backgrounds, offene Strafreste und berufliche Verwendung etc.), würde von den Lebenslangen selbst nicht gewünscht und wäre psychologisch bedenklich - so könnte man die Antworten resümieren.

Seitens der Anstalten sehe man weder Nutzen noch Notwendigkeit einer Zusammenfassung der Lebenslangen in bestimmten Organisationseinheiten. Das würde nur Probleme schaffen. Eine Gruppenidentität entwickle sich aber nicht nur mangels Zusammenlegung der Lebenslangen nicht, sondern auch weil diese von sich aus nicht gerne über ihre Strafe und die ihr zugrundeliegenden Delikte sprächen, nicht immer daran erinnert werden wollten. Lebenslange stellten sich nicht anders dar, wohl aber anders ein: *"Sie sind stärker innenorientiert, meiden Gespräche über draußen und orientieren sich mehr am Leben in der Anstalt. Ich bezeichne sie deswegen als Stützen des Systems. Es sind nicht, wie man glauben möchte, besonders Gefährliche oder Ausgefeimte, sondern die haben ihre Lebensidentität da herinnen. Nach einer Phase des Konfliktes gehen sie mehr in der Institution auf als alle anderen Insassen."* (Psychologe) Wenn schon keine Lebenslangenidentität bescheinigt wird, so wird den Lebenslangen hiermit jedenfalls die Gefangenenidentität par excellence attestiert.

Lebenslange selbst würden eine Identifizierung miteinander also lieber vermeiden. Darüber hinaus möchte man anstaltsseitig nicht zu einer identitätsbildenden Gruppenformierung beitragen, weil man Gruppen mit Sonderstatus allgemein fürchtet: *".. auch z.B. bei geistig abnormen Rechtsbrechern oder nach § 129 StVG Behandelten,*[2] *weil sich diese Personen sonst so verhalten, wie sie glauben, daß man es von ihnen erwartet, und weil sie ihrerseits mehr Erwar-*

tungen und Ansprüche entwickeln. Wenn jemand schon stigmatisiert als Geisteskranker kommt, ob das jetzt stimmt oder nicht, beansprucht er auch bestimmte Rechte. Man muß aufpassen, daß jemand nicht der Rolle entspricht, die er zugeschrieben bekommt." (Psychologe) Aus einer an sich "einfachen" Gruppe einen Sonderfall zu machen, würde es den Lebenslangen erschweren, sich abzufinden und "zur Ruhe zu kommen" und die Anstaltsverwaltung mit neuen Handlungserwartungen konfrontieren.

Die Unübersichtlichkeit der Großanstalten, in denen der einzelne aus dem Blick verschwindet, solange es keine manifesten Probleme gibt, tut das ihre: *"Es gibt Leute, von denen wir nie erfahren, bevor es zur Entscheidung über die Entlassung kommt, die sich nie gemeldet haben, nie auffällig geworden sind. Überhaupt weiß ich von den wenigsten, welche Strafe sie haben. Lebenslange tun sich auch nicht als Lebenslange hervor."* (Psychologe) Man gewinnt in den Gesprächen von Anfang an den Eindruck einer gewissen Tabuisierung des Lebenslangen-Schicksals durch alle Beteiligten - die Gefangenen eingeschlossen. Diesen Eindruck verstärken die Antworten zu den nachfolgenden Fragenkomplexen weiter.

2. Lebenslange - eine Problemgruppe?

Lebenslange gelten als Gefangene, die wenig Schwierigkeiten machen, von denen ein überwiegend positives Bild gezeichnet wird, bei dem manche Befragte fast ins Schwärmen kommen. Ein paar Zitate:

"Die Leute halten z.B. den Haftraum viel mehr in Ordnung als einer, der nicht so lang da ist. Die Lebenslangen kommen ja auch oft aus geordneten Verhältnissen, haben auch draußen auf Sauberkeit geachtet und lassen sich auch herinnen nicht gehen. Sie lernen auch viel und sind oft nach Entlassung sehr geeignet, irgendwo eingebaut zu werden." (Vollzugsleiter)

"Bei 10 Lebenslangen wird höchstens einer darunter sein, mit dem man nicht gut auskommt. Meine Vorgänger haben schon immer zu mir gesagt, auf einen Lebenslangen ist Verlaß, auf den kannst dich verlassen. Wenn Zugänge kommen, gehe ich hinunter und frag denjenigen, sind S' interessiert an einer Arbeit. Meist kriegt man eh zur Antwort, ich bin froh, wenn S' mich nehmen. Die Lebenslangen denken weiter." (Werkstättenleiter)

"Am ehesten treten die Schwierigkeiten ganz kurz in der Anfangsphase auf, bis er sich integriert, bis er seine Arbeit hat, seinen Haftraum, seine Welt hat. Der sucht sich einen Haftraum, ‚suchen' unter Anführungszeichen, baut sich eine kleine Ecke auf, wird eher in kleinen Hafträumen untergebracht, dort schließt er sich ab in irgendeiner Form. Wenn sie ihre Arbeit haben, sind sie fast unscheinbar, Jahre hindurch." (Werkstättenleiter)

"Lebenslange sind keine schwierigen Gefangenen, im allgemeinen sind sie sehr angepaßt, kaum beim Rapport. Sie wissen, daß sie eine gute Führung brauchen, um später eine Chance zu haben. Selbst nach mehrmaliger Ablehnung ihrer Entlassung haben sie mehr Schwierigkeiten mit sich selbst als die Anstalt mit ihnen." (Vollzugsleiter)

"Schwierigkeiten treten am ehesten innerhalb der ersten 5 Jahre auf, da ist der Kampf mit sich selbst um eine neue Sinngebung des Lebens sehr intensiv. Dieser Kampf ist typisch wohl für alle Leute mit längeren Strafen. Mit Perspektiven von 15, 18, 20 Jahren spielen sich ähnliche Prozesse ab. 20 Jahre kann man sich nicht vorstellen. Das ist eine Generationsspanne im Lebenszyklus, sodaß doch bei einigen 5, 6, 7 Jahre lang ein Kampf nötig ist, dann beginnt eine Konsolidierungsphase, und wenn die Leute über 10 Jahre im Haus sind, dann werden die Leute sozusagen systemimmanent.." (Psychologe)

"Lebenslange stehen unter ungeheurem Anpassungsdruck. Die unbestimmte Anhaltung wirkt doch als Druck. Sie sind sehr kooperativ und sind kein Sicherheitsrisiko, im Gegenteil, sie üben eine sehr starke Kontrolle aus. Bei den Gefangenen gibt es schon einen gewissen Mitleidseffekt, sie gelten als ‚Frackler', hier einzementiert. Manche nutzen das auch als Imagegewinn, sie hätten nichts zu verlieren, und üben darüber einen gewissen Druck auf Mitgefangene aus. Es gibt schon auch die Sprüche, auf einen Mord mehr oder weniger kommt es mir nicht an. Uns gegenüber bieten sich die Lebenslangen sehr devot an." (Psychologe)

Durch die Idylle des als weithin problemlos dargestellten Zusammenlebens schimmert, wie man sieht, gelegentlich der "Druck, der auf den Lebenslangen lastet", und der subkulturelle Fassadenhintergrund des Gefängnisses. Durch die Betonung der minimalen Schwierigkeiten aber, die Lebenslange machen, drängen die Schwierigkeiten, die Lebenslangen bereitet werden, weniger ins Bewußtsein. Es kann so schlecht nicht bestellt sein um den Strafvollzug, wenn selbst von Lebenslangen so wenig Probleme und Widerstand zu berichten sind.

3. Problemgruppen unter den Lebenslangen

Noch einmal zurückkommend auf die im allgemeinen verneinten Schwierigkeiten mit lebenslang Gefangenen wurde in einem späteren Abschnitt der Befragung (im Anschluß an Pkt. 7) nach Ausnahmen von der Regel gefragt - nach "Problemgruppen" unter den Lebenslänglichen. Die Frage wurde von einem kleineren Teil der Interviewten als Frage nach "Sicherheitsproblemgruppen", von den meisten als Frage nach Persönlichkeits- und Sozialauffälligkeiten verstanden.

Sicherheitsrisikofälle seien unter den Lebenslangen extrem selten anzutreffen und als Einzelfälle nicht repräsentativ für die Gruppe. Vor 20 Jahren hätte es einmal einen gefährlichen Ausbruchsversuch unter Beteiligung eines Lebenslangen gegeben, berichtet ein Wachekommandant. Dennoch würden alle Lebenslangen anfangs im Hochsicherheitstrakt angehalten und dort besonders observiert, erfährt man von der Sozialarbeiterin, und würden etwa bei Ausführungen von Lebenslangen gewisse Vorkehrungen getroffen. *"Von 70 Lebenslangen würden 60 gar nicht daran denken zu flüchten, sie haben gar kein Umfeld, aber man kann in einen Menschen nicht hineinsehen. Deshalb werde ich bei Lebenslangen bei Ausführung nicht den jüngsten Beamten mitgeben, sondern nur einen Erfahrenen. Bei Lebenslangen muß man bei Entscheidungen immer wieder die lange Strafe, nicht die Tat, mitberücksichtigen und das Risiko, das damit verbunden ist."* (Vollzugsleiter) Das alles sind Vorsichtsmaßnahmen, die zur gesellschaftlichen Verantwortung des Strafvollzugs gehörten, jedoch von den Eigenschaften der Lebenslänglichen her nicht unbedingt notwendig wären. Es ist vielmehr die Extremstrafe selbst, ihre ganze Aussichtslosigkeit, die auch solche Menschen unberechenbar mache, von denen man an sich keine besonderen Umstände fürchten müßte.

Ansonsten zeichnen sich in den Augen der Befragten im wesentlichen zwei Problemgruppen ab, die "Psychopathen" und die "Terroristen". Es gäbe unter Lebenslangen eine Spur mehr Borderline-Fälle, Grenzfälle zur Psychose, die ebensogut auf der Psychiatrie hätten landen können - so die Einschätzung vor allem der Psychologen und Sozialarbeiter, die jeweils eine Anzahl von Beispielen und Namen nennen. "*Unter den Nicht-Politischen gibt es in Einzelfällen auch solche Verweigerer, z.B. einen jungen Gefangenen, der ‚nicht für das System arbeiten, nicht dessen Büttel sein' will, in Wirklichkeit aber Angst vor vielen Menschen in einem Raum hat, sich - tendenziell psychotisch - nur zurückziehen will. Er demonstriert sein Anderssein. Er hat aber, wenn auch konflikthaft, Kontakt zum Geistlichen und zum Psychologischen Dienst. Er ist kein typischer Langstrafiger. Er könnte auf der Psychiatrie sein und war es auch schon. Psychopharmaka sind, obwohl wir im allgemeinen dagegen sind, hier oft unumgänglich notwendig, um die Leute zu beruhigen, damit nicht zuviel Konfrontation mit den Beamten passiert, die das dann übel nehmen würden.*" (Psychologin)

Dann gibt es die "Politischen". Über einen der "Synagogen-Attentäter" lautet die Aussage: "*Er erhält sich durch Opposition am Leben seit nunmehr 1 1/2 Jahren. Er vermeidet bewußt die Integration sowohl gegenüber Beamten wie Mitgefangenen. Keine Ahnung, wie er das aushält (Einwurf eines anwesenden Kollegen: Mit einigen Beamten, nicht den ‚offiziellen', geht es besser!). Man könnte ihn dauernd anzeigen, tut das aber nicht und wartet auf sein Einlenken. Man muß das überhören, weil es eine ganz wichtige Funktion für ihn hat, es hält ihn lebendig.*" (Psychologe) Selbst bei diesen, ihrem Selbstverständnis nach "kriegsgefangenen" Palästinensern erwarten sich die Befragten über kurz oder lang ein Nachgeben. "*Ich möchte den S. nicht zu den Lebenslangen zählen. Er stellt sicher eine Ausnahme dar. Er gehört zu den wenigen Terroristen, die in Österreich in Haft sind. Seine Stellung zur Haft und zur Tat ist nicht vergleichbar mit anderen Tätern, die sonst zu einer lebenslangen Freiheitsstrafe verurteilt sind. Seine Ideologie ist, es war gerechtfertigt, was er getan hat, und er würde es wieder tun. Es wird sicher auch die Zeit kommen - er ist ja noch nicht sehr lange bei uns -, wo auch er nachdenken wird. Wir haben ihm ja Gelegenheit gegeben zu arbeiten. Das hat er bis jetzt abgelehnt. Es wird sich sein Verhalten aber sicher so normalisieren, daß er wie jeder andere behandelt werden kann.*" (Kommandant)

Diese Problemgruppen werden, wie ja auch die Sprache zeigt, nicht eigentlich zu den Lebenslänglichen gerechnet. Die Vorstellung einer "lebenslänglichen Problemgruppe", das Bild eines negativen Gegenpols zum oben portraitierten problemlosen Langzeitgefangenen ist nicht virulent. Die von mir vorgebrachte These, unter den Lebenslangen befänden sich "Mustergefangene" ebenso wie aufgegebene und gänzlich weggesperrte Außenseitergefangene, zwei polare und polarisiert behandelte Gruppen, stößt im allgemeinen auf Unverständnis und

Ablehnung. Sie wird nur aus der Sicht des Anstaltsleiters einer Sonderanstalt bejaht, der es als seine ihm zugewiesene institutionelle Aufgabe ansieht, in Großanstalten verfahrene Situationen einzelner Gefangener wieder aufzulösen.

Zwei weitere Kategorien Lebenslanger wurden auf die Frage nach Problemgruppen je einmal genannt, in beiden Fällen im Grunde genommen positiv hervorstechende Erscheinungen:

"*Dann haben noch manche Lebenslange, die aus intakten Verhältnissen kommen, ihre Probleme, weil sie mit dem Vollzug und der Subkultur nicht zu Rande kommen. Das ist eher das Problem der Erstmaligen, die sich sehr schwer tun, in einem solchen Milieu durchzukommen. Es sind sehr viele Lebenslange dabei, die de facto Erstmalige sind.*" (Psychologe) In diesem Zitat verschmelzen Idealisierung und Problematisierung Lebenslanger.

"*Es gibt Leute, die es verstehen, daß sich die Öffentlichkeit ihrer annimmt und sie darin* (Anm. A.P.: in der Schuldverdrängung) *bestätigen. Ich denke an Schriftsteller, bei denen man nicht weiß, ob er gut ist oder ob es so interessant ist, mit einem Mörder zu tun zu haben. Da distanzieren sich die Mitgefangenen und jeder, weil sie sagen, der ist charakterlich eine Katastrophe, aber auf der anderen Seite muß man bewundern, was so ein Mensch zustande bringt, vom Haftraum aus in Bewegung zu setzen. Befaßt sich jemand mit der Schuld oder nur mit den Folgen? Niemand verlangt, daß sich jemand täglich mit Asche bestreut, aber wenn jemand nur immer jammert, wie schlecht es ihm geht, wie ihm der Sexualakt entzogen wird usw. Viel haben dabei die Gruppen Schuld, die diese Leute unterstützen. Die Gefangenen werden gebraucht, um irgendwelche Aktivitäten draußen anzukurbeln.*" (Vollzugsleiter) Dieser Typus kann, wie der davor, sicher nicht mehr einfach als Bestandteil des Systems, als "systemimmanent", charakterisiert werden und fällt dadurch auf - interessanterweise sogleich auch als "Problem".

4. "Privilegierung" Lebenslänglicher durch die Anstalt

Weitere Fragestellungen (in der Abfolge des Interviews nach Pkt.2) bezogen sich auf den Beitrag der Anstalten zur Erträglichkeit der lebenslangen Freiheitsstrafe, auf besonderes Entgegenkommen gegenüber Lebenslangen und besondere Rollenangebote an sie. Was das Gefühl der Verpflichtung anbelangt, von der Strafe existenziell und katastrophal Betroffenen gegenüber besonders verständnisvoll auftreten zu müssen, waren die Antworten weniger einheitlich. Auf der einen Seite wurde auf das Prinzip der Gleichbehandlung gepocht und der bessere Dienst am Lebenslangen bei Einhaltung dieses Prinzips hervorgestrichen, auf der anderen Seite wurde die Notwendigkeit zu "Kompromissen" bei so langer "Zwangsgemeischaft" nicht übersehen, ja es wurde sogar bedauert, Wohlverhalten gerade bei Lebenslangen nicht immer entsprechend honorieren zu können.

"*Man kommt Lebenslangen nicht mehr entgegen wie anderen Gefangenen. Das Strafvollzugsgesetz läßt das auch nicht zu. Andere Gefangene würden das übel nehmen. Jede Sonderbehandlung heißt nur mehr Beschwerden und Auseinandersetzung. Wir vermeiden das prinzipiell.*" (Vollzugsleiter) "*Daß kein Unter-*

schied gemacht wird, ist sicher auch gut. Man würde sonst ein Klima schaffen, das für Betrieb und Abteilung schlecht wäre. Ich persönlich lasse mich nicht von Gefühlen leiten und ihn das spüren." (Werkstättenleiter)

Etwas differenzierter lautet die Auskunft eines Vollzugsleiters: *"Wenn der Lebenslange, wenn er eingeliefert wird, nicht von sich aus Merkmale aufweist, deretwegen man ihn absondert, wird er zunächst einmal gar nicht anders behandelt als jeder andere auch. Allerdings bei Erstellung des Vollzugsplanes wird man sich mit dem mehr befassen als mit einem, von dem wir wissen, daß er nach ein bis zwei Jahren geht. Wenn er schon das Recht auf Freiheit so lange verwirkt hat, soll er nicht zu lange unbeschäftigt bleiben, sondern soll man ihn ablenken mit einer Aufgabe, mit der auch der Umgang mit einem Vollzugsbediensteten verbunden ist."* Man komme Lebenslangen entgegen, weil sie sich das in der Regel verdient haben, meint ein Kommandant: *"Man kommt Lebenslangen entgegen, weil es keine Probleme gibt. Wer sich selten während einer langen Strafe an die Anstaltsleitung wendet, dessen Anliegen wird sicher genauer überprüft als bei Leuten, die bei jedem Rapport dabei sind. Man kommt ihnen nicht entgegen, weil sie Lebenslange sind, sondern weil sie selten in Erscheinung treten. Wünsche, die zu erfüllen gesetzlich nicht möglich ist, kommen von Lebenslangen gar nicht."*

Deutlich entgegenkommender zwei weitere Antworten: *"Man weiß, daß man mit den Leuten längere Zeit zusammenleben muß. Bei ‚Kurzstrafigen' arbeitet die Zeit für uns. Wir beten oft, daß der und der möglichst bald entlassen wird. BeiLebenslangen ist man notgedrungen kompromißbereiter und überlegt sich, ob man über ihre Wünsche so einfach hinweggeht. Man weiß, der bleibt uns erhalten. Bewußt passiert das nicht, eher unterschwellig."* (Psychologin) *"Man kann den Leuten schon entgegenkommen. Ich sag jedem, wenn er sich mir gegenüber entsprechend verhält, kann er mit jeder Angelegenheit zu mir kommen, und ich werde ihm helfen, soweit es möglich ist, entweder selbst oder über den Sozialen Dienst. Ich bin auch dafür, wenn ich von ihm etwas verlange, kann auch er von mir etwas verlangen. Alles was im Rahmen des Gesetzes steht, natürlich."* (Werkstättenleiter)

Von den Sonderanstalten sagen die Befragten, daß eine Unterbringung von Lebenslangen dort an sich schon als Bevorzugung wahrgenommen wird und es innerhalb des dort herrschenden Systems allgemeiner Vollzugslockerung eine besondere Behandlung Lebenslanger weder gäbe noch bräuchte.

Die Möglichkeiten Lebenslangen entgegenzukommen, werden als vom Gesetz besonders eingeengt beschrieben. In diesem Zusammenhang ist die einhellige Kritik am Stufenvollzug - an der siebenjährigen Dauer des Strafvollzugs in der Unterstufe bei Lebenslangen - unüberhörbar. Dazu nur zwei ausgewählte Stimmen: *"Der Stufenvollzug schreibt für Lebenslange sieben Jahre Unterstufe vor, während der nur begrenzte Vergünstigungen möglich sind (z.B. hinsichtlich Malen oder anderer Hobbies, Besuche, eigene Wäsche, Zellenausgestaltung, Eigengeldverwendung etc.). Das ist hart und ein unerfreulicher Punkt vom Gesetz her. Außer man nimmt jemanden in den Erstvollzug, den füllt man aber auch nicht gern mit Lebenslangen an, denn die Plätze da sind begrenzt. Es wird hier in .. diesbezüglich wenig vom StVG abgewichen. Möglichkeiten bietet der § 129 StVG, der ist aber zweischneidig und macht die Leute oft erst schwierig (vielleicht, um in seinem Genuß bleiben zu dürfen).*" (Psychologe) "*Das Progressivsystem stelle ich sehr in Frage. Die Einschränkung der Kontakte nach draußen gerade in der ersten Zeit, bei Lebenslangen innerhalb der ersten sieben Jahre, trägt sicher nicht dazu bei, die sozialen Bande zu erhalten. Wir können das durch außertourliche Besuche abfedern, das ist aber nur eine Kannbestimmung. Der Kontakt nach draußen sollte aber nicht davon abhängen, ob es jemand wegen guter Führung und Arbeit verdient oder nicht. Die sieben Jahre Unterstufe mit dem seltenen Ausspeisen* (Einkaufsmöglichkeiten, Anm. A.P.) *und allem, was noch damit zusammenhängt, das trifft den Lebenslangen sicher hart.*" (Vollzugsleiter)

In diesen Antworten äußert sich die Problematik, Gefangenen über das gesetzlich viel zu eng gehaltene Maß dem beiderseitigen Bedürfnis entsprechend entgegenzukommen, als Gefahr der Regelverletzung. Die extreme Rigidität des Strafvollzugsgesetzes macht informelle Regelungen offenbar ebenso dringlich wie schwierig. Würde man offen am Vollzugsgesetz vorbei operieren, würden die Wünsche unerfüllbar überborden. Dennoch existiert keine Behandlung nach der Norm, hingegen der Zwang zu Zugeständnissen an Leute, die man ja so leicht nicht los wird, die zu "brechen" härtere Arbeit wäre, als sie zu gewinnen. Es gibt ferner die - von Anstalt zu Anstalt unterschiedlich gehandhabten - Möglichkeiten der Unterbringung Lebenslanger im Erstvollzug, im Vollzug nach § 129 StVG oder in Sonderanstalten, um auf diese Weise nicht zuletzt vollzugsrechtlichen Restriktionen auszuweichen.

5. Positionen Lebenslanger in den Anstalten

Als Kompensation für die zerstörten Lebensperspektiven außerhalb des Gefängnisses bieten sich den Lebenslangen in der Anstalt "gehobene" soziale Positionen an. Vorzugsstellungen werden vor allem im Arbeitsbereich offeriert. In der durchaus ansehnlichen Gefängnisindustrie sind Funktionen zu vergeben, in denen Lebenslange beinahe unentbehrlich werden.

"*Man bemüht sich bei Lebenslangen am Anfang um einen guten Arbeitsplatz, um einen Betrieb, in den er sich integrieren kann. Viele bekommen Stabsfunktionen, Schreiber im Spital z.B., Vorarbeiter in fast allen Betrieben, außer dort, wo Sicherheitsprobleme auftreten könnten* (Anm.A.P.: Erläuternd wurden die Beispiele Außenarbeit, Ökonomie, KfZ-Werkstatt genannt). *Betriebsleiter sind froh über Lebenslange, auf die können sie zählen. Sie eignen sich von ihrem Charakter* (Anm.A.P.: Konflikttäter, Arbeitshaltung draußen bereits erworben, verläßlicher als die große Masse der "Verwahrlosten") *für verantwortungsvolle Tätigkeiten, sind aber auch auf die Anstalt und ihr Wohlwollen besonders angewiesen. Auch in anderen Bereichen nehmen sie wichtige Funktionen ein, z.B. als Sportwart, souveräner Fußballschiedsrichter usw. Ansonsten sind sie in der Hierarchie der Anstalt, nicht aber in der Hierarchie der Subkultur oben, dort herrschen eher die ‚Unterweltler', die meist kürzere Strafen haben.*" (Psychologin)

"*Die Leute werden für spezielle, verantwortungsvollere Tätigkeiten gesucht, als erster Maschinist in der Druckerei, als Zuschneider in der Schneiderei usw.*

Mit der Ablenkung auf eine solche Aufgabe ist der Gefangene auch für das Haus sehr nützlich. Andere Funktionen sind z.B. Betriebsschreiber, der die Arbeitsstunden der Gefangenen abrechnet, einen Vertrauensposten innehat. Das hebt ihn aus der Masse. Mitgefangene akzeptieren, daß er Mitarbeiter des Betriebsleiters ist. Der Betriebsleiter kennt ihn lange und weiß, daß er sich verlassen kann. Die Achse Betriebsleiter, Vorarbeiter und andere Arbeiter ist nicht zu unterscheiden von der in anderen Betrieben draußen. So sind Lebenslange tatsächlich Stützen des Betriebs. Der Betriebsleiter muß sich ja um vieles andere kümmern, vor allem um die Gefangenen .." (Vollzugsleiter)

Am deutlichsten kommt die "berufliche Integration" Lebenslanger in das Anstaltenleben in einem Interview mit einem Betriebsstättenleiter zum Ausdruck. Die Anstalt wird hier "normalisiert" zum Wirtschaftsbetrieb und das Lebenslangen-Schicksal wird durch ungewöhnliche Rollen und Erfolge in diesem Betrieb zu einem, an das man sich zuletzt anscheinend doch ganz gut gewöhnen kann: *"Bei uns ist wirklich ein Betrieb, der ruhig ist, für Leute, die das suchen. Wir brauchen bestimmte, fähige Leute, weil wir ja Arbeiten durchführen für das Bundesministerium für Justiz, für sämtliche Gerichte, Bundesgesetzblätter binden, die Richterzeitung machen etc. Das muß 100%ig funktionieren. Ich habe nachgeschaut. Insgesamt sind 22 Leute bei mir, 7 Lebenslange, 4 mit 20 Jahren, 4 mit 18 Jahren, 2 mit 15 Jahren, 1 mit 12, 9, 7, 6, 4.* (A.P.: Das heißt, es wechselt im Schnitt einer pro Jahr.) *Heuer erwischt es mich besonders stark, da gehen nämlich vier heim. Das ist schwierig. In der Situation ist niemand zu kriegen. Wer zum kriegen ist, sind die, die zum Arbeiten nicht geeignet sind. Was mir am Lebenslangen gefällt ist, wenn man mit dem 10 Jahre beinand ist, kennt man ja seine ganze Einstellung, wie man umgehen muß mit ihm, was man reden kann mit ihm - jeder reagiert ja anders. Ich hab mir das so eingeführt, daß er mit der gewöhnlichen Arbeit anfangt, alles kennenlernt. Und dann sagt er, es tät mich das Buchmachen interessieren. Dann sag ich, wir können's probieren, passen's auf, machen's das anständig. Nach einem Jahr kann er's, nach drei, vier weiß er die Spezialitäten, die Feinheiten. Der nur vier Jahre hat, sagt nach zwei, ein bißchen kann ich schon, jetz geh ich bald heim, jetzt gfreut's mich nicht mehr. Es gibt auch die Ausbildungsmöglichkeit, daß wer die Gesellenprüfung macht. Das machen wir ihm schmackhaft ein bißchen, und es sind schon verschiedene Gefangene, die das gemacht haben und draußen in der Buchbinderei tätig sind. Die Aufstiegsmöglichkeiten sind herin bis zum Vorarbeiter, ich habe sechs. Normalerweise wird jemand zuerst ja nur in A (leichte Hilfsarbeiten) eingestuft."*

Ergänzend zu den Schilderungen wesentlicher Funktionen Lebenslanger in den Anstaltsbetrieben (Schreiber, Materialverwalter) fügt ein Kommandant an: *"Es gibt aber auch einfache angelernte Arbeiter unter den Lebenslangen, die in der Weberei, Tischlerei, Schuhmacherei einfachere Arbeiten verrichten, damit zufrieden sind und zu anderen Funktionen nicht geeignet sind."*

Und von einem Psychologen wird auf eine Diskrepanz zwischen "beruflichem" und "sozialem" Status der Lebenslangen hingewiesen: *"Im Sozialen könnte ich nicht sagen, daß die Leute eine besondere Rolle einnehmen. Sie ziehen sich doch zurück und sind im privaten Durchsetzungsvermögen schwächer wie die*

Kapos. In den Betrieben ist das anders, auch wenn er als letztes Glied anfängt, nach 10, 12 Jahren ist er Nummer eins."
Anders wiederum die Situation in den Sonderanstalten: *"Eine besondere Rolle, wie in anderen Anstalten, nehmen Lebenslange hier nicht ein, einmal weil wir doch von vornherein eher Leute bekommen, die anderswo Schwierigkeiten machen, die auch dort, woher sie kommen, keine hervorstechenden Rollen gespielt haben, zum anderen weil die geschlossene Anhaltung (ohne Lockerungen) hier nur ein kurzes Durchgangsstadium sein soll. Wir haben auch wenige Jobs in dieser Richtung, z.B. Vorarbeiterposten."* (Anstaltsleiter)

6. "Laufbahnen" Lebenslanger, Vollzugsplan

Der Vollzugsplan reduziere sich im wesentlichen auf die Beschaffung einer passenden Arbeitstelle in der Anstalt beim Zugang des Lebenslangen. Ein Wechsel der Arbeitsstelle komme bei Lebenslangen, abgesehen von der ersten Zeit, äußerst selten vor und werde von der Anstalt auch nicht betrieben. Er finde in Einzelfällen statt, wenn ein Gefangener dies infolge von Reibereien mit Mitgefangenen wünsche, oder wenn der Mißbrauch einer Vertrauensstellung erfolgt sei. Die Ursachen dafür werden mehrfach in der geringeren "Ablenkung" Lebenslanger, die weniger "hinausdenken" als Kurzstrafige, also stärker anstaltsorientiert sind, geortet. Während einer der befragten Werkstättenleiter - wie andere Beamte auch - keinen Anlaß erkennt, für mehr als die Arbeitsbeschaffung (bzw. mehr als die Arbeitskräftebeschaffung für den Anstaltsbetrieb) zu sorgen und den Vollzugsplan zu einer Sache des betroffenen Gefangenen erklärt, übt einer der befragten Psychologen doch deutliche Selbstkritik an der Vollzugsplanlosigkeit.

"Der Plan wird weniger vorgegeben, das kann er selbst machen, die Initiative muß schon von ihm selbst kommen. Es wird ihm schon auch vom Betrieb angeboten, in dem er arbeitet, z.B. eine Lehrabschlußprüfung zu machen. Mir ist aber nicht bekannt, daß es einen besonderen Vollzugsplan in irgendeiner Form gibt. Selbststudium wird sehr gerne gemacht, bis zur Matura haben wir schon gehabt. Der Hauptanstoß muß schon von ihm selbst kommen." (Werkstättenleiter)

"Es gibt im Gesetz die Einführung des Vollzugsplans. Wir haben ihn nicht. Man sollte ihn schon haben, auch bei Lebenslangen solche Haftzeiten strukturieren. Es gibt einen Stufenplan, das ist aber nicht das gleiche, sondern ein Relikt. Man sollte sich schon überlegen: was ist unser Ziel, was sollte ein Mensch nach 10 Jahren Haft als Ziel erreicht haben? Derzeit ist es defensiv. Da sitzt einer da und nach 15 Jahren kratzen wir uns ein bißchen und sagen, ja eigentlich hätten Sie etwas lernen können, na machen wir jetzt etwas, bleiben Sie noch ein Jahr da, machen's noch einen Kurs und so. Wir haben keine Struktur, lassen die Leute herankommen." (Psychologe)

7. Schaden an der Haft

Auffällig bei den Antworten zur Frage nach Schäden, die eine lebenslange Haft verursache, ist ein zur Schau gestellter Agnostizismus. Man könne in die Leute nicht hineinsehen, man sei zu regelmäßig mit ihnen beisammen, um kleine Veränderungen zu bemerken, man könne Haftschäden von allgemeinen Alterungs- und Abbauprozessen nicht differenzieren, es hänge von der Person des Betroffenen und seiner Stabilität ab, vieles an Realitätsverlust sei wahrscheinlich durchaus reversibel, aber man verfolge die Leute nach der Haft nicht mehr, vielleicht neige man nur zur stärkeren Pathologisierung bei Lebenslangen usw. usw., lauten die Kommentare. Darüber würden sich die Experten streiten, selbst wolle man sich kein Urteil anmaßen.

Es seien hier nur zwei Interviewpassagen zitiert, eine aus der Antwort eines Anstaltspsychologen, der den Haftschaden in einer typischen Weise relativiert, und eine aus der Antwort eines Anstaltsleiters, der als einziger unter den Befragten imstande ist, unumwunden über Haftschäden zu sprechen.

"*Lebenslange nehmen keinen Schaden an der Haft, der der Gesellschaft schadet. Je länger die Leute eingesperrt werden, desto geringer ist die Rückfallsrate, und bei Lebenslangen ist sie am geringsten. Man kann sagen, grundsätzlich passiert etwas mit diesen Menschen. Manche sagen, sie werden gebrochen. Tatsache ist aber, daß sie aus dem System Kriminalität, Rückfall und so weiter, ausscheiden. Meist kann man mit gutem Gefühl zuschauen, wenn sie gehen. Wir wissen, daß in 99% nichts passieren wird, außer es ist so ein Borderlinefall oder es ist sozial nichts da. Die Leute leben draußen bescheiden, anständig, suchen sich eine Partnerin und das kleinbürgerliche Ideal zu verwirklichen: so dahinleben, ein bißchen Geld verdienen und möglichst wenig auffallen. Welchen Schaden nehmen sie also? ... Normal werden 80% rückfällig, bei Lebenslangen nur 1%. Daraus könnte man die falschen Schlüsse ableiten. Ich würde damit zurückhalten. Ansonsten sehe ich keine große Beeinträchtigung durch die lebenslange Strafe. 18 Jahre z.B. eingesperrt sein, heißt schon danach mit den Umweltgegebenheiten in Schwierigkeiten zu kommen, aber es wirkt sich nicht so aus wie bei anderen. Es führt nicht dazu, daß er sich sagt, es ist ihm alles wurscht und er greift zur Krachn und schießt hinein in die Bank. Das machen Kurzstrafige manchmal, sie sitzen ihre 5 Jahre ab und probieren es. Diese Tendenz der Problemlösung ist beim Lebenslangen nicht da. Sie haben sicher Schwierigkeiten, sie kämpfen aber. Sie leiden, haben Probleme mit der Isolierung, mit dem Selbstwert - Werde ich ernst genommen? Was denken die Leute über mich?*" (Psychologe)

"*Das eine ist die sattsam bekannte Unselbständigkeit, daß die Leute einen sehr eingeengten Lebensvollzug haben, der aber auch Sicherheit gibt. Veränderungen lösen dann leichter Krisen aus. Ich möchte das aber auch nicht dramatisieren, das gibt sich auch wieder. Das andere ist, daß die Leute meist ziemlich alleine sind, und wenn sie irgendwelche Kontaktpersonen haben, dann besteht leicht ein großes Gefälle im Stellenwert, den dieser Kontakt für sie hat und umgekehrt. Was für mich relativ auffällig ist, ist auch dieses Ausmaß an Mißtrauen und paranoiden Tendenzen, daß die Leute eine Weltsicht haben, man darf niemandem vertrauen, und hinter allem, was man sagt, eine andere Botschaft vermuten und auch einen Leger.*" (Anstaltsleiter)

8. Entwicklung der Außenkontakte

Hinsichtlich der Kontakte zur Außenwelt besteht unter den Befragten der Eindruck, daß die lebenslange Strafe die Beziehungen zur Welt jenseits der Mauern stark in Mitleidenschaft zieht. Die Beziehungen zerfallen nicht einfach, sondern werden in einem schmerzlichen Trennungsprozeß, an dem der Gefangene oft aktiven Anteil hat, aufgehoben:

"*Man kann es beobachten, daß es so etwas gibt wie bewußten Rückzug von der Familie. Er läßt sich z.B. scheiden, weil er es der Frau nicht zumuten will, solange zu warten. Die Frau soll sich nicht in der Öffentlichkeit sagen lassen müssen, sie ist verheiratet mit einem Mörder. Das ist eine Art Verpflichtung, die er empfindet, eine Wiedergutmachung, kommt aber nicht von innen her. In Wirklichkeit möchte er, daß alle zu ihm stehen. Es entbindet ihn von Verantwortung, von übler Nachrede. Auch wenn jemand sagt, er wolle keinen Besuch bekommen, kaum kommt der nicht regelmäßig, ist er besorgt, was los ist. Die Angehörigen sind oft bewundernswert. Wir haben z.B. den S. gehabt, der jetzt zum zweiten Mal hier ist. Dessen Frau hat über 25 Jahre zu ihm gehalten. Die Mütter kommen sowieso.*" (Vollzugleiter)

Am stabilsten sind die Kontakte zu den Eltern, den Müttern insbesondere, und allenfalls zu Geschwistern. Manche Befragte beobachten einen späten Kompensationsversuch für die Beziehungsverluste: "*Die meisten haben doch geringere Außenweltkontakte und ziehen sich von ihrem Bekanntenkreis zurück. Irgendwann beginnt dann so eine Art Kompensationsphase und sie beginnen zu schreiben und korrespondieren mit Gott und der Welt, oft nicht persönlich, sondern eher sachlich. Einer schreibt z.B. Gedichte und schickt sie einem Verlag, der andere gehört mehr zur kirchlichen Bewegung und korrespondiert über Glaubensfragen. Ich würde schon von Rückzug sprechen und bei einigen Leuten von Kompensation desselben.*" (Psychologe)

Je reduzierter die Außenweltkontakte, desto größer die Angst vor der Entlassung: "*Die Entlassungsangst ist sehr groß, wenn keine Bezugspersonen mehr da sind. Dann wird der verdammt ruhig in der letzten Zeit. Die brauchen dann wirklich eine Führung.*" (Werkstättenleiter)

9. Beginn der Entlassungsvorbereitung

Eine Frage lautete nach dem Beginn der Beschäftigung des Gefangenen einerseits und der Anstalt andererseits mit Entlassungsvorbereitungen. Über Vorbereitungen durch Gefangene wurden keine generalisierenden Aussagen getroffen, das Ausmaß bloß phantasierender Zukunftsgedanken und konkreter Vorbereitungsschritte variiere hier individuell. Bezüglich der die individuellen Anstrengungen und Möglichkeiten der Gefangenen ergänzenden entlassungsvorbereitenden Maßnahmen durch die Anstalten hingegen wurde übereinstimmend eingestanden, daß sie eigentlich frühestens mit Erfüllung der zeitlichen Entlassungsvoraussetzungen einsetzten. Im Gegensatz zu einigen diesbezüglich "unrealistischen" Gefangenen rechneten die Anstaltsleitungen von vornherein nicht mit einer Entlassung zum frühestmöglichen Zeitpunkt, sodaß zumeist auch nichts in Schritte der Entlassungsvorkehrung investiert und zumindest die erste ablehnende Gerichtsentscheidung abgewartet würde. Diese abwartende Haltung hat einen fatalen zirkulären Effekt. Sie bestätigt das Gericht in seiner ablehnenden Haltung und die Anstalt in ihrer Passivität.

"Die Anstalt beginnt sich in dem Moment mit der Entlassung zu beschäftigen, wenn die zeitlichen Voraussetzungen erfüllt sind. Ab dem Zeitpunkt merkt man erst, wie es draußen ist, wie die Erwartungen des einzelnen sind." (Kommandant)

"Eigentlich beschäftigen wir uns gar nicht mit der Entlassung von Lebenslangen. Das liegt natürlich auch an mir. Wenn sich nicht zufällig etwas ergibt, beginnt ein echtes Überlegen nach 14 Jahren, wenn sie die erste Ablehnung vom Gericht bekommen. Dann gibt es eine Kooperation, machen wir einen gemeinsamen Plan, schauen daß wir z.B. in zwei Jahren so weit kommen, daß etwas herausschaut." (Psychologe)

Eine Sozialarbeiterin berichtet von der Unmöglichkeit, sich bei der Masse der Gefangenen rechtzeitig mit allen zu befassen, wodurch bei der Entlassungsvorbereitung die Nichtfordernden durch den Rost fielen. Die Kapazitätsengpässe der Betreuung würden mit der Einschränkung der Handlungsautonomie der Gefangenen zusammenhängen: *"Die Masse Gefangener macht es unmöglich, sich um alle zu kümmern. Wie weit sich die Leute selbst um die Entlassung kümmern oder nicht, weiß man nicht. Wenn sie nicht kommen, weil sie etwas brauchen, erfährt man oft erst sehr spät von der Entlassung und Problemen. Manche setzen den Sozialarbeiter unheimlich ein und konsumieren seine Dienstleistung fast schamlos. Die Forderungshaltung ist unangenehm, aber aus der künstlichen Situation der Anstalt erklärlich, in der sich der Gefangene wenig selbst richten kann."* (Sozialarbeiterin)

Lediglich der Leiter der Sonderanstalt stellt klar, daß Entlassungsvorbereitung vom ersten Moment an Vollzugsaufgabe sei. Dies hänge damit zusammen, daß die Überstellung Lebenslanger in die Sonderanstalt mit der Notwendigkeit eines Entlassungsvollzugs begründet ist, wie er in Normalvollzugsanstalten eben nicht geboten wird. *"Wir bekommen die Leute aus dem Normalvollzug, wenn absehbar ist, daß sie aufgrund gewisser Umstände in absehbarer Zeit nicht entlassen werden. Die Erwartung ist, daß wir die Voraussetzungen für die Entlassung schaffen, erstens durch psychotherapeutische Betreuung und zweitens durch entlassungsvorbereitende Vollzugslockerungen."* (Anstaltsleiter) Die raren Plätze im Sondervollzug führten zur Vorsicht, daß *"das System nicht verstopft ist und die Leute innerhalb kürzester Zeit wieder draußen sind"*.

Der Druck, sich aus Platzgründen etwas an Entlassungsvorbereitung bei Lebenslangen einfallen lassen zu müssen, besteht im Normalvollzug offenbar nicht. Ein erhöhter Druck zur Entlassung besteht dort allenfalls, wenn Lebenslange bereits unnormal lange angehalten sind.

10. 15 Jahre sind genug

Auf die Frage, welcher Anteil Lebenslanger unter Gesichtspunkten von "Gefährlichkeit" nach 15 Jahren guten Gewissens entlassen werden könnte, lautet die Antwort unisono: alle mit einigen wenigen Ausnahmen. Die Erfahrung mit Rückfallskriminalität spreche für die Lebenslangen. Man sei jedoch froh, nicht selbst entscheiden zu müssen, und wolle über die "kriminalpolitische Frage" der hinreichenden Sühne durch 15 Strafjahre nicht urteilen. "*Von der Person her könnte ich mir vorstellen, daß es gar nicht 15 Jahre braucht. Ob etwas nach 15 Jahren gesühnt ist, da bin ich überfragt, das ist kriminalpolitisch.*" (Vollzugsleiter)

Interessant die Reaktion eines Befragten, der sich hier über Strafrelationen Gedanken macht: "*Eine Entlassung mit 15 Jahren käme einer Revidierung des Urteils gleich, daß man sagt, der hätte eigentlich nicht Lebenslang kriegen sollen. Es könnte z.B. sein bei einem 20jährigen Burschen, der Lebenslang bekommen hat, bei dem man sich mit 35 Jahren sagt, eigentlich war das damals zu hart. Wenn jemand mit 15 oder 16 Jahren geht, dann unter dem Aspekt, daß man das Ersturteil korrigiert. Sonst hat die Entlassung nach 15 Jahren ja die ‚Halbstraffunktion'. Das Gericht sagt beinhart, 15 Jahre entspricht der Halbstrafe. Wir lassen überhaupt niemanden nach halber Strafe aus, also kommt uns auch kein Lebenslanger zum frühesten Termin frei. Mit der rigiden Praxis der bedingten Entlassung, wo es rein nach Vorstrafen gegangen ist, haben wir viele mit langen zeitlichen Freiheitsstrafen gehabt, die länger gesessen sind als Lebenslange. Jetzt hat sich das geändert. Wer für einen Mord 20 Jahre gekriegt hat, kriegt jetzt das Drittel so gut wie sicher. Wenn der Lebenslange jetzt mit 15 Jahren zur Entlassung heransteht, wird er schon zwei Jahre länger gesessen sein als der andere. Die Unterschiede werden größer, das wird sich auch bei Lebenslangen auswirken.*" (Psychologe) Hier wie auch bei anderen Befragten wird in der Antwort auf Erwähnung und Erörterung abstrakter Prinzipien ausgewichen, die in der Tat eher als die Person des Gefangenen für die ersten Entlassungsentscheidungen durch das Gericht bestimmend scheinen.

11. Das Verhältnis zum Vollzugsgericht

Je weiter weg der Beamte von der vollzugsgerichtlichen Entscheidung (wie z.B. ein Werkstättenleiter) ist, desto geringer wird der Einfluß auf das Vollzugsgericht veranschlagt. Anstalts- und Vollzugsleiter sowie Psychologen sehen in gewissem Rahmen Einflußmöglichkeiten auf die Gerichtsentscheidung.

"*Die Einflußmöglichkeiten auf das Gericht würde ich als groß bezeichnen, wenn man das Gericht lang und gut genug kennt und weiß, wie die argumentieren. Man weiß, daß das Gericht in ... Lebenslange nach 16, 17, 18 Jahren entläßt. Wenn man sich darauf einstellt, etwas macht, weiß man, daß es danach funktioniert. Dinge, daß jemand 22, 25 oder 32 Jahre sitzt, lassen sich im Grunde genommen vermeiden.*" (Psychologe) D.h. man kann mit den informellen gerichtlichen Normen hantieren, sich ihrer argumentativ bedienen, sie jedoch nicht ändern oder gar im Sinne der Anstaltskriterien prägen. Außertourliches

Engagement für Gefangene bzw. für normabweichende Gerichtsentscheidungen in Sachen Entlassung hält man deshalb für mäßig erfolgversprechend.

"*Ich habe schon das Gefühl, daß ein Bericht über eine gute Führung oder Ausbildung oder ein Antrag des Anstaltsleiters auf Entlassung bei Gericht nicht so aufgenommen werden, daß sie sagen, da müssen wir auch etwas tun. Daß er sich gut führt, wird ja als Pflicht des Gefangenen betrachtet. Wenn jemand viele Vorstrafen in immer kürzeren Intervallen gehabt hat oder schon begnadigt worden ist, ist der Einfluß des Anstaltsleiters sehr gering. Negatives geht eher in den Beschluß ein, als wenn ich schreibe, der hat einen Beruf erlernt und ist sehr loyal und aufgeschlossen gewesen, dann liest man davon nichts. Nicht immer sagt die Führung etwas aus. ... Aber in den Fällen, wo wir die Führung eines Gefangenen besonders hervorheben, würden wir uns wünschen, daß das doch mehr in die Beschlüsse aufgenommen und beachtet wird. ... Es gibt Fälle, da hat die Anstaltsleitung jemand in den Entlassungsvollzug überstellt (nach neuem Gesetz) und es ist nicht einmal darauf eingegangen worden. Der Richter ist natürlich in einer schwierigen Situation. Ich wüßte nicht, wie ich dort entscheiden würde. Wir kennen die Gefangenen wenigstens persönlich. Natürlich könnte ich das ausschlachten und seitenlange Berichte schreiben, aber wenn darauf nicht eingegangen wird, weil jemand 18 Vorstrafen hat und somit keine besonderen Gründe für die Entlassung sprechen, wozu dann die Arbeit?*" (Vollzugsleiter)

Mit der jüngsten Strafrechtsänderung (StRÄG 1987) ist man nicht restlos glücklich. Die den Anstalten mittlerweile eingeräumte Möglichkeit, gerichtsunabhängig über die Überstellung des Gefangenen in den Entlassungsvollzug zu entscheiden, schafft angesichts der gerichtlichen Kompetenz, via Entlassungszeitpunkt über die Dauer dieses Endvollzugs zu bestimmen, große Unsicherheiten. Zum Teil wird auf die Wahrnehmung der neuen Anstaltsrechte daher informell gleich wieder verzichtet: "*Seit dem StRÄG spielt die Anstaltsleitung eine größere Rolle bei der Überstellung des Gefangenen in den Entlassungsvollzug. Dies war bisher nicht gegeben. Es ist auch problematisch, weil hier eine Verwaltungsbehörde das Gericht präjudiziert. Wenn im Entlassungsvollzug mit seinen nicht rücknehmbaren Lockerungen eine Ablehnung erfolgt, gibt es oft Fluchtprobleme. Daher wurde bis jetzt Konsens mit dem Gericht über die voraussichtliche bedingte Entlassung hergestellt und wird dies vermutlich auch in Zukunft geschehen.*" (Vollzugsleiter)

Ausführlich zur neuen Situation der Sonderanstaltsleiter: "*Für uns wird das Leben schwieriger. Bisher hat das Vollzugsgericht gesagt, der wird voraussichtlich bedingt entlassen werden. Und immer, wenn es dann Probleme gegeben hat, konnte man sagen, das Gericht hat das veranlaßt, und zweitens hat man gewußt, wenn die Vollzugslockerungen funktionieren, dann geht er wirklich. Jetzt müssen wir selbst entscheiden und wissen nicht genau, wie das Gericht reagieren wird, obwohl natürlich das Gericht das schon irgendwie berücksichtigen wird. ... Früher hat es den Teufelskreis gegeben. Wenn vom Gericht kein Hinweis gekommen ist, daß der bedingt entlassen wird, hat die Anstalt nichts gemacht, und weil mit ihm noch nichts geschehen ist, ist er noch nicht entlassen oder in den Entlassungsvollzug überstellt worden. Bei uns ist die Entscheidung insofern relativ folgenschwer, als wir dann wirklich Vollzugslockerungen machen, aber wenn das anderswo nur heißt, der hat eben eine Stunde Besuchszeit wöchentlich ohne Beisein eines Beamten, ist das ein relativ geringes Risiko. Da kann sich die Anstalt sagen, wenn der schon 18 Jahre sitzt, auch wenn ihn das Gericht nicht entläßt, dann ist das wenigstens eine Hafterleichterung. Andererseits ist auch der Fall denkbar, der in der Anstalt ein klasser Bursch ist, bei dem nur eben die bedingte Entlassung bedenklich ist. Dann hat der immer noch die Anstalt hinter sich gehabt, die gesagt hat: Du bist ein guter Arbeiter usw. Wenn die jetzt wegen des Risikos nichts für ihn tut, dann ist es für den katastrophal. Dann sollte man den halt in den Entlassungsvollzug überstellen, und wenn er dort 10 Jahre bleibt und einfach nur mehr Besuch hat als die anderen."*

12. Das Verhältnis zu den Gerichtssachverständigen

Die psychiatrischen Gerichtssachverständigen werden allgemein unverhüllt kritisch beurteilt. Aus der Sicht der Anstalten besteht ein Mißverhältnis zwischen dem Stellenwert, den die Sachverständigengutachten - verglichen mit den Anstaltsäußerungen - in den Entlassungsentscheidungen besitzen, und der Gutachterkenntnis der Gefangenen bzw. der aufgewendeten Sorgfalt der Persönlichkeitserforschung. Gefälligkeitsgesichtspunkte spielten für die Gutachten unübersehbar eine Rolle. Ein paar repräsentative Urteile:

"Die Psychiatrischen Gutachter passen sich an und nicht die Gefangenen. Es macht in Wahrheit keinen Unterschied, ob einer 15 oder mehr Jahre sitzt. Irgendwann einmal kommt aber doch die Situation, daß man jemanden auslassen muß und dann schaut das Gutachten entsprechend aus. Die Psychiater kommen hier hereingestürmt und wollen den Gefangenen in kürzester Zeit besser kennen als wir. Wir haben damit schon oft Probleme gehabt." (Psychologin)

"Psychiatrische Gutacher und Richter wären austauschbar. Man könnte Richter die Gutachten schreiben lassen und es käme das Gleiche heraus. Gericht und Gutachter sind wechselseitig abhängig. Das Gericht ist Auftraggeber und wenn immer wieder herauskommt, was das Gericht nicht wünscht, kommt es zum Gutachterwechsel. Der höhere Stellenwert des gerichtspsychiatrischen Gutachtens gegenüber allen anderen Äußerungen ergibt sich aus dem Gesetz, das den Gerichtssachverständigen verlangt." (Psychologe)

"In der Gutachtensituation vor dem Psychiater sind die Leute sehr aufgeregt. Wenn sich einer bewußt locker gibt, kommt prompt, er hat die Tragweite noch nicht erfaßt. Ist er mißtrauisch, antwortet er nur auf die Fragen, die er kriegt, denkt er lange nach, heißt es, er geht aus sich nicht heraus, es schlummern noch allerhand Aggressionen, die er verbergen will. Ich kann aber Gutachtern keinen Ratschlag geben. Ich habe das nicht gelernt. Was Gefangene mißtrauisch macht, das kann man sagen, ist die relativ kurze Begutachtung. Trotz seitenlanger Gutachten zum Schluß kommen die Leute zurück in den Haftraum und sagen, ich hab 12 Minuten mit ihm gesprochen, ein anderer sagt, er hat ein Glück gehabt, er hat ihn eine halbe Stunde gesprochen. Sie fragen sich zu Recht, kann der in der kurzen Zeit hineinhören, was ich in 15 Jahren

durchgemacht, für einen Wandel hinter mich gebracht habe. Das sind die Gespräche der Gefangenen, die ich wiedergebe." (Vollzugsleiter)

13. Folgen der Entlassungsverweigerung

Die Ablehnung der bedingten Entlassung treffe vor allem Gefangene, die sich gute Chancen ausgerechnet hätten und beim zweiten und dritten Mal eher als im ersten Verfahren. Die Probleme blieben aber subjektiver Natur und infolge des enormen Wohlverhaltensdrucks auf den Lebenslangen disziplinär unmerkbar.

"*Ablehnende Entscheidungen führen wohl zu Enttäuschung, aber kaum zu irgendwelchem Verhalten, das Grund zum Einschreiten gäbe. Die Leute sind heute ja so vernünftig, daß sie wissen, daß sie nicht gleich gehen können, und verschlechtern sich ihre Situation nicht noch mehr durch Auffälligkeit. Daß es zu irgendeinem Zusammenbruch oder zu Fehlreaktionen kommt, ist mir eigentlich nicht bekannt.*" (Kommandant)

"*Die erste Ablehnung verkraftet der Lebenslange, wenn er normal ist, eh ganz gut. Das erste Mal geht es halt nicht, vielleicht klappt es das zweite Mal. Das nehmen sie relativ gelassen hin. Schwer wird es dann, wenn sich z.B. ein Tschopperl - Sie entschuldigen -, der brav da arbeitet, beim Psychiater ungeschickt benimmt und immer und immer wieder abgelehnt wird - für uns vielleicht unverständlich, der Sachverständige hat sicher recht. Der tut einem manchmal leid, jetzt ist er eh schon 20 Jahre da. Disziplinäre Probleme gibt es in diesen Phasen eigentlich nicht, weil wenn es zu solchen käme, schadet er sich eigentlich selbst.*" (Werkstättenleiter)

Wenn es zu manifesten Problemen mit der Anstaltsordnung komme, dann weniger der Ablehnung wegen als aus dem Bedürfnis, eine solche zu provozieren: "*Die nächste kritische Phase* (abgesehen von der Zugangsphase, Anm. A.P.) *ist oft erst dann, wenn er zur Entlassung abgelehnt wird, nicht daß er abgelehnt wird, sondern wie. Der Beschluß, in dem steht, daß er brutal, unter Ausnützung der Umstände ... etc., daß er charakterlich total unten durch ist. Er dachte, nach so langer Zeit hat er gesühnt, und jetzt wird das Ganze wieder aufgerollt. Dies ist nicht so, daß diese Phase disziplinär Schwierigkeiten macht. Es gibt nur manchmal Ausnahmen, wenn Leute, wenn es um die bedingte Entlassung geht, plötzlich Handlungen setzen, die nicht erklärt werden können. Es war z.B. einer lange Zeit Schreiber in einer Betriebskanzlei und beginnt plötzlich die Karteien zu zerreißen. Das ist, weil sich jemand vor der plötzlichen Freiheit fürchtet. Es bedrückt ihn, wie er z.B. als Doppelmörder draußen erwartet wird und er will nun die Sache hinausschieben.*" (Vollzugsleiter)

Die Unauffälligkeit auch der mehrfach zur Entlassung abgelehnten Lebenslangen sollte das Problem nicht übersehen lassen, auf das dieser Vollzugsleiter und insbesondere die befragten Anstaltspsychologen aufmerksam machen - die Stigmatisierung der "Überzeitigen" unter den Lebenslangen:

"*Die Gerichte benutzen es* (Anm. A.P.: das Entlassungsverfahren) *sehr wohl als zweite Verurteilung, indem sie genau die Tatumstände, die Verwerflichkeit der Tat hineinschreiben, auf der die Ablehnung beruht. Man wird ja öfters abgelehnt. Fünf-, sechsmal bis zur Entlassung hat er unter Umständen das*

Gleiche gehört, daß die Gesellschaft vor ihm geschützt werden muß, und das sind natürlich schon dramatische Ablehnungen, die er da hört oder bekommt. Da sind die Leute schon oft verzweifelt und glauben, keine Aussicht mehr zu haben. Wenn die Ablehnung immer gleichlautend ist, sagt er sich, warum sollen sie mich in den nächsten Jahren entlassen. Wir müssen den Leuten dann zureden, lassen Sie sich nicht ins Bockshorn jagen usw." (Psychologe)

"*Das Problem für die Lebenslangen beginnt erst mit 15 Jahren oder noch weit später, wenn die anderen Mörder alle entlassen sind und er gesagt bekommt, er ist der Überarge. Er merkt, er ist anders als die anderen. Er kriegt immer wieder den Beweis, daß er besonders arg ist und kommt immer weiter ins Out. Das gibt ihm zu denken und läßt die Leute unruhig werden oder resignieren. Warum ich gerade? E. z.B. hat keine Anträge auf Entlassung mehr gestellt.*" (Psychologin)

Die Reaktion der Betroffenen sei aber weniger die Übernahme des vermittelten Fremdbildes und manifeste Aggression als vielmehr resignative Verbitterung und ängstliches Ausweichen vor weiteren Entscheidungs- und Wiederverurteilungssituationen.

14. Zusammenfassung

Der Vollzug der lebenslangen Strafe unterscheidet sich nicht grundlegend vom Normalvollzug jeder anderen Freiheitsstrafe. Er geschieht Lebenslangen in Gesellschaft anderer Gefangener. Integrationsdruck auf und Integrationsangebote an lebenslang Gefangene sind jedoch deutlich größer. Lebenslange werden als im allgemeinen gut funktionierende Rädchen im Anstaltssystem beschrieben. Ihre Lebensperspektiven sind stärker auf die innerhalb des Anstaltsbetriebs (vor allem als Arbeitsbetrieb) möglichen reduziert. Problemgefangene gelten als Ausnahmen in der Gruppe der Lebenslangen. Opposition wird in diesen Sonderfällen als politisch-ideologisch oder pathologisch klassifiziert und als besonders kostspielige Leistung der Gefangenen bezeichnet. Es herrscht die Vorstellung, daß die Zeit bei Lebenslangen gegen sie und für die Anstalt arbeite, bei Kurzstrafigen hingegen umgekehrt. Hierin kommt bildlich die außergewöhnliche Abhängigkeit lebenslang Gefangener zum Ausdruck. Dazu tritt eine vollzugsrechtliche Benachteiligung Lebenslanger (7 Jahre Unterstufe), die heute allen Befragten als sinnloses Strafrelikt und Vollzugserschwernis erscheint. Die infolge des Stufenvollzugprinzips depravierte Stellung Lebenslanger wird durch Anerkennung und Bevorzugung in anderen Bereichen tendenziell kompensiert.

Eine längerfristige und von Anfang an auf Entlassungsvorbereitung gezielte Vollzugsplanung gibt es nicht, nicht zuletzt infolge der vollzugsrechtlichen Einschränkungen während des Großteils der lebenslangen Strafzeit, aber auch weil diese Strafe jeden Planungshorizont übersteigt. Vollzugsziel ist vielmehr die Anpassung des Gefangenen an die Situation. Die ist eine Mindeststrafzeit von 15 Jahren in einer Umgebung mit einem sozialen Aktionsradius für "kleinste Zeiten". Die konkrete Straflänge wird gegen Strafende de facto zunehmend unbestimmter. Die Situation ist dann maximale Ungewißheit über externe Entscheidungen bei krassem Mangel an Aktionschancen für Gefangene wie Beamte innerhalb des Vollzugs. Erst nach 15 Jahren Strafe wird der Lebenslange zu einem Gefangenen, mit dem sich der Vollzug als Resozialisierungsvollzug beschäftigt und dabei allen jenen Problemen gegenübersteht, die eine unbestimmte Strafe hinsichtlich wirksamer Entlassungsvorbereitung für sozial bereits extrem desintegrierte Personen aufwirft.

3.1. Exkurs in die Straffolgenforschung: Vollzug lebenslanger Strafen und Persönlichkeitsveränderungen

Nach diesen Stichworten zur "Normalität" des Vollzugs der lebenslangen Strafe stellt sich die Frage: Wie soll man ihn beurteilen? Dafür gibt es mehrere Möglichkeiten bzw. Maßstäbe. Das wäre einmal eine Beurteilung nach Effekten oder "Erfolgen" der Strafe, das wohl gebräuchlichste Vorgehen. Unterschieden werden kann dabei nach kriminalpräventiven Folgen und nach den Nebenfolgen der praktizierten Kriminalprävention für Gesundheit und Persönlichkeit des Gefangenen. Im Hinblick auf die lebenslange Strafe steht außer Diskussion, daß Rückfälle - gar einschlägige - entlassener Lebenslanger eine Rarität sind.[3] Darum soll hier gar nicht weiter darauf eingegangen werden. Kontrovers hingegen wird die Einschätzung der Kostenseite dieser Erfolgsmeldung abgehandelt, die Einschätzung der Persönlichkeitsfolgen einer lebenslangen Strafe.

Man könnte und sollte sich aber wohl auch ganz unabhängig von diesen "erfolgsstatistischen Evaluationsergebnissen" und unabhängig vom Streit um ihre wissenschaftliche Absicherung einfach zu fragen trauen, ob eine Strafe dieser Art und mit der geschilderten Praxis sein soll (vgl. zum Bewertungsproblem Trotha, 1979). Schließlich kann auch der Versuch unternommen werden, eine solche Wertentscheidung mit der empirischen Straffolgenkontrolle zusammenzulegen und beides ineinander aufgehen zu lassen. Welche Probleme dabei entstehen, kann ein kleiner Exkurs in die in der BRD sogar verfassungsjuristisch relevant gewordene Straffolgenforschung über "Lebenslang" zeigen.

Es stellt sich nicht zum ersten Mal die Frage, ob der normale Vollzug der Freiheitsstrafe in ihrer lebenslangen Form möglicherweise außergewöhnliche Folgen hat, die mit den an sich schon problematischen Folgen der Freiheitsstrafe nicht zu vergleichen sind und die lebenslange Strafe sogar verfassungsrechtlich anfechtbar machen. Im Zusammenhang einer vor rund zehn Jahren in einem Verfahren vor dem deutschen Bundesverfassungsgericht gipfelnden (und danach keineswegs beendeten) Diskussion um die Vereinbarkeit der lebenslangen Strafe mit den Grundrechten des Menschen wurde vor allem auch um eine Definition der Persönlichkeitsfolgen dieser Strafe gerungen.[4] "Hat der Vollzug der lebenslangen Strafe in der Regel eine irreparable Schädigung der Persönlichkeit oder Gesundheit der Gefangenen zur Folge?" lautete damals die erste Frage des Gerichts an die bestellten Sachverständigen. Die zweite schloß daran an und bezog sich auf die Form des Vollzugs als schadensdeterminierende Variable: "Gibt es innerhalb des Strafvollzugs geeignete Möglichkeiten, etwaigen Persönlichkeitsschäden entgegenzuwirken?"

Ohne auf die Argumentation zu den beiden obgenannten Fragen im Detail einzugehen, möchte ich das Ergebnis der Erörterungen vor dem deutschen BVG zusammenfassend wiedergeben. Zwei von vier Gutachtern, die beiden ansonsten bekannt differierenden Gerichtspsychiater (Bresser, Rasch), haben die erste Frage nach irreparablen Haftschäden verneint, die anderen zwei, die beiden Vollzugspraktiker (Einsele, Stark) haben sie bejaht.[5] Alle Gutachter setzen sich mit vorhandenen Forschungen auseinander und präsentieren eigene Erfahrungen und Untersuchungen. Die Einschätzungen differieren infolge unterschiedlicher "Persönlichkeitsbegriffe" und Operationalisierungsmethoden für diese Begriffe. Zur zweiten Frage nach der Rolle des Vollzugsregimes für die Persönlichkeitsfolgen nimmt nur einer der Psychiater (Rasch) Stellung. Er führt seine im Vergleich zu älteren Untersuchungen günstigen Befunde an Lebenslangen auf den modernen Resozialisierungsvollzug zurück. Die beiden Experten aus dem Vollzug betonen die Verringerbarkeit der Persönlichkeitsschäden durch Vollzugsgestaltung (vgl. Jescheck/Triffterer, 1978).

Das BVG leitet aus den Expertisen ab, es könne ein regelmäßiger irreparabler Schaden aus der lebenslangen Strafe nicht erwiesen werden, wenn diese Strafe in das Sozialisierungs- und Behandlungskonzept des reformierten Strafvollzugs einbezogen werde. Die wissenschaftlichen Aussagen über Vollzugsfolgen wurden dabei gerichtlich im Sinne freier Beweiswürdigung gehandhabt. Diese Würdigung deckt sich nicht mit den Schlußfolgerungen eines Teils der beigezogenen Sachverständigen und konstituiert als Gerichtsurteil - wohlgemerkt - noch keine wissenschaftliche Wahrheit. Ausgesagt wird nur, daß dem BVG im Augenblick zuwenig Evidenz vorzuliegen scheint, weiterreichende Entscheidungen als die schließlich zur lebenslangen Strafe gefällte zu treffen.

Die rechtsstaatliche Zulässigkeit der lebenslangen Strafe wird im Erkenntnis des BVG somit nur noch zu einer Frage eines adäquaten (Resozialisierungs-) Vollzugs erklärt, der es schafft, sekundäre - quasi chronische - Leiden aus der normalen Last der Strafe hintanzuhalten. Während Androhung und Verhängung der Strafe (und die damit verfolgten gefächerten Zwecke) spruchgemäß als verfassungskonform gelten können, wird die bis dahin herrschende Vollzugspraxis (z.B. ohne Lockerungen im Entlassungsvollzug) und Entlassungspraxis (nur im Gnadenwege) kritisiert (Laubenthal, 1987, 93ff). Dies hat in der Tat zu einer Rechtsnovellierung (§ 57a dStGB, Aussetzung der lebenslangen Strafe zur Bewährung) und zu einer wiederholten höchstrichterlichen Beschäftigung mit vollzugsrechtlichen Entscheidungen bei lebenslang Gefangenen in der BRD geführt (Kerner, 1986). Die Entscheidungsfindung ist hier allerdings nicht mehr mit demselben Aufwand an Sachverstand betrieben worden. Fragen an die empirische Wissenschaft, welche Vollzugspraxis den Namen Resozialisierung gerade noch oder nicht mehr verdiene und das Risiko einer irreparablen Schädigung des Gefangenen unerträglich erhöhe, sind unterblieben. Man hat sich mit weiteren Ableitungen aus dem empirisch informierten Werturteil des ursprünglichen Erkenntnisses begnügt. Damit wird dieses - bei aller seinerzeitigen Sachdiskussion - auch wiederum als Wertentscheidung deutlich.

Eine solche war sie von Anfang an durch die spezifische Fragestellung an die Gutachter. Sie ist übrigens die typische Problemstellung für die Wirkungsforschung zur lebenslangen Strafe als solcher. Man konzentriert sich auf außergewöhnliche Folgen dieser Strafe und setzt sie von den damit unversehens normalisierten Durchschnittsfolgen des Freiheitsentzugs ab. Es geht wesentlich um Wirkungsparallelen zwischen der Sanktion "Lebenslang" und extrem belastenden Katastrophensituationen[6] oder um persönlichkeitsvernichtende Konsequenzen dieser Strafe.[7] Die Forschung über Wirkungen der lebenslangen Strafe ist darin eigentlich nicht mehr Teil der allgemeinen Straffolgenforschung. Problematisch daran ist die Ablenkung des Blicks von den ganz gewöhnlichen, wenn auch vielleicht nicht buchstäblich verheerenden Bedingungen der Vollziehung von Freiheitsstrafe. Übrig bleibt an Interesse für den alltäglichen Vollzug die Frage, ob die schlimmsten Konsequenzen nicht doch durch Reformvarianten für den Strafvollzug gemildert werden könnten. Wenn sich nun - nicht überraschend - herausstellt, daß es immer noch fatalere Katastrophenerfahrungen gibt als die lebenslange Strafe, daß der Mensch sich auch extremen Bedingungen anzupassen versteht und daß die lebenslange Strafe vor Jahren und Jahrzehnten unter einem rigideren und bedrohlicheren Vollzugsregime durchgemacht werden mußte als heute, dann gerät die faktenwissenschaftliche Aussage infolge der schiefen Problemstellung plötzlich zur Rechtfertigung der lebenslangen Strafe - so geschehen im fraglichen BVG-Verfahren.

Läßt sich auf den genannten Entdeckungen tatsächlich eine Rechtfertigung der lebenslangen Strafe aufbauen? Daran ist sehr zu zweifeln, lassen sich doch auch mit der Feststellung, nicht alle Gefolterten ließen sich Geständnisse erpressen, keine Foltermethoden rechtfertigen. Da die zwangsläufige irreparable Persönlichkeitsstörung zum Kriterium der Ablehnung der lebenslangen Freiheitsstrafe gemacht worden ist, ist dieser drastische Vergleich nur zu angebracht. Die Anwendung dieses Kriteriums übersieht, daß heute die Sensibilität für die sozialen und ökologischen Kosten gesellschaftlichen und staatlichen Handelns auf vielen Linien wächst, wachsen muß. "Schadensgrenzwerte" kommen allenthalben in Bewegung, umso stärker, je fraglicher der Nutzen einer zugemuteten Belastung ist. Und der Nutzen (im Vergleich zu anderen Mitteln) der lebenslangen Strafe, selbst einer im modernsten Reformvollzug verbüßten, ist seinerseits noch überhaupt nicht bewiesen worden.

Wenn also die Resultate der Straffolgenforschung auch nicht zwingend zu den vom deutschen BVG gezogenen Schlußfolgerungen hinsichtlich der Übereinstimmung der lebenslangen Strafe mit gesellschaftlichen und rechtlichen Werten führen müssen und sich diese Schlußfolgerungen daher auch nicht teilen lassen, bleibt doch abschließend noch einmal nach der Übertragbarkeit der relevant gewordenen Befunde zur Wirkung der lebenslangen Strafe auf österreichische Verhältnisse zu fragen. Sind die Integration der Mehrzahl Lebenslänglicher in die Anstaltswelt, die Funktionsangebote an die Gefangenen, die zeitliche Strukturierung und Planung des Vollzugs, die Behandlung von Persönlichkeitsdefiziten und -krisen, die Kontaktchancen zur Außenwelt, die Entlassungsvorbereitungen und das Entlassungsverfahren etc. gemäß Darstellung der Interviewpartner in dieser Studie Bestätigung eines Vollzugs, der die Verallgemeinerung von persönlichkeitsdiagnostischen Untersuchungsresultaten aus der BRD zuläßt, nach denen behauptet werden kann, *"dem Vollzug der lebenslangen Freiheitsstrafe (lasse sich) nicht mehr der Einwand einer damit verbundenen zwangsläufigen irreparablen Persönlichkeitsstörung entgegensetzen*" (Laubenthal, 1987, 273)?

Wilfried Rasch, ein fortschrittlicher Vertreter der forensischen Psychiatrie, der mit seiner Person und Untersuchung wahrscheinlich am wesentlichsten zum deutschen BVG-Urteil beigetragen hat, hat in bezug auf seine Berliner Stichprobe lebenslang Gefangener die Haftbedingungen (von denen er positive Auswirkungen vermutet) über folgende Indikatoren beschrieben:

"- *70% der Untersuchten nehmen häufiger an Freizeitveranstaltungen teil.*
- *Etwa die Hälfte beteiligen sich häufiger an Behandlungsprogrammen.*
- *Nur fünf der 53 Untersuchten haben keine Kontakte nach draußen.*
- *Die Zahl der Kontakte nach draußen nimmt mit der Haftdauer ständig zu, ist in der letzten Gruppe am größten.*
- *83% der Gruppe nimmt zumindest einmal in der Woche die Gelegenheit zum Fernsehen wahr.*
- *Die Hälfte der Untersuchten ist der Auffassung, gut oder sogar sehr gut über das informiert zu sein, was in der Welt vorgeht.*
- *Knapp 90% von denen, die gefragt wurden, wußten, zu wem sie im Falle einer Entlassung gehen würden.*
- *80% haben konkrete Vorstellungen über das, was sie auf dem Arbeitsfeld machen könnten, wenn sie entlassen würden.*" (Jescheck/Triffterer, 1978, 39f)

Für die Gefangenen, die derzeit in Österreich eine lebenslange Strafe verbüßen, kann kein entsprechendes Datenmaterial vorgelegt werden, aber wohl die These beträchtlicher Abweichungen vom Vollzugsstandard am Ort der Rasch'schen Studie gewagt werden. Ob deshalb eine Parallelstudie hierzulande zu einem anderen Ergebnis führen würde, muß dahingestellt bleiben. So können sich weder die Verteidiger des Status quo der lebenslangen Freiheitsstrafe umstandslos auf deutsche Befunde berufen, noch die Kritik an der lebenslangen Strafe auf eigene Daten zu den Haftfolgen. Solche Daten würden vermutlich bei Differenzen über Art und Maß von Schädigungen im Detail genauso das Erstaunen über die Widerstandsfähigkeit einzelner Personen gegen die extremen Belastungen einer lebenslangen Strafe hervorrufen. Bresser kleidet dieses Erstaunen - ähnlich manchem Befragten vorliegender Studie - in die Worte: "*Wir waren insgesamt davon überrascht, wie bemerkenswert positiv diese Persönlichkeiten zu beurteilen waren und hatten eigentlich nur in wenigen Fällen ernste Bedenken gegen die Wiedereingliederungschancen.*" (Jescheck/Triffterer, 1987, 15)

Das Beste, was man über alle "agnostischen" Resümees über die Straffolgenforschung zur lebenslangen Strafe ("Persönlichkeitsstörungen sind nicht sicher") sagen kann, ist, daß sie ihr Objekt nicht stigmatisieren, das Kritische, das zu derartigen Schlüssen gesagt werden muß, ist, daß sie die Not der Betroffenen selbst unter den idealsten Strafvollzugsbedingungen ignorieren.

Anmerkungen

1 Es ist nicht möglich gewesen, den Vollzug der lebenslangen Strafe anhand von Aktenaufzeichnungen über Klassifikation, Anstalts-, Abteilungs- und Zellenwechsel, Arbeitslaufbahnen und Bildungsschritte, Vergünstigungen und Abstrafungen, Stufenvollzug und Vollzugslockerungen, Sozialkontakte außerhalb der Anstalt und Gesundheitsentwicklung etc. statistisch und exemplarisch zu beschreiben.

2 § 129 Strafvollzugsgesetz regelt den "Vollzug an Gefangenen, die sich wegen psychischer Besonderheiten nicht für den allgemeinen Strafvollzug eignen". Diese Bestimmung flexibilisiert das StVG beträchtlich: "Würde die Durchführung des Strafvollzugs auf regelmäßige Art einem solchen Strafgefangenen schaden, so hat der Anstaltsleiter die der Eigenart des Stragefangenen angepaßten Abweichungen von den Vorschriften des Bundesgesetzes anzuordnen."

3 Vgl. dazu etwa die bei Laubenthal, 1987, S.233ff angegebene Literatur, oder Rode/Scheld, 1986!

4 Die Vorgeschichte des Verfahrens vor dem deutschen Bundesverfassungsgericht und die mündliche Verhandlung vor demselben am 22. und 23. März 1977 geben Jescheck/Triffterer (1978) dokumentarisch wieder. Dort ist auch über die weiteren und hier vernachlässigten Problemstellungen in diesem Verfahren - die generalpräventive Wirksamkeit der lebenslangen Strafe oder die Morddefinition des deutschen Strafrechts - nachzulesen.

5 Dies scheint mir eine weitere Illustration zum Thema Vollzug versus Gerichtssachverständige.

6 Vgl. z.B. die klassische Studie von Cohen/Taylor, 1972, unter dem Titel "Psychological Survival"! Angesprochen wird das knappe Überleben in KZ- oder schweren Katastrophensituationen und eben auch unter den Bedingungen lebenslanger Strafe!

7 Vgl. z.B. als österreichischen Beitrag dazu Sluga/Grünberger, 1968, der auch in der Europaratsdebatte um Long-term-Imprisonment eine gewisse Rolle gespielt hat (Council of Europe, 1977)!

4. Selbstzeugnisse Lebenslanger

In der Folge kommen die zu Wort, die eine lebenslange Strafe verbüßen. Paul Yvon hat in Vorbereitung auf einen Profil-Artikel zum Thema (erschienen am 24. 7. 1989 unter dem Titel "Die Todesstrafe ist humaner") fünf von ihnen gesprochen. Aus den Aufzeichnungen über insgesamt acht Gesprächsstunden habe ich die hier wiedergegebenen Passagen ausgewählt. Die Fragen und Äußerungen des Interviewers sind - mit dessen Zustimmung - als erstes der erforderlichen Textkürzung zum Opfer gefallen. Sie spiegeln sich immerhin in den Antworten. Die Verantwortung für alle sonstigen Weglassungen liegt ausschließlich bei mir. Ich entschuldige mich, wenn ich den Verständigungsversuch da und dort durch die Fixierung auf die Relevanzkriterien dieser Studie gestört und den Befragten wichtigere Anliegen unter Umständen überhört haben sollte.

Zu den wiedergegebenen Äußerungen sei nur eines bemerkt: Sie kommentieren, wie ich meine, vor allem das Ringen um die Definition der Tat, das zumindest für die Verurteilten noch nicht beendet ist - also das Kapitel 1 dieses Buches - sowie die in Kapitel 3 aus der Sicht der Strafvollzugsbeamten behandelten Anpassungsstrategien und Widerstandsopfer der Gefangenen. In geringerem Maß wird in den Interviews und von den Interviewpartnern Yvons auf die Erfahrungen des gerichtlichen Entlassungsverfahrens und ablehnender Entlassungsentscheidungen eingegangen, die zentraler Gegenstand des 5. Buchkapitels sind. Es mag die akute Abhängigkeit lebenslang Gefangener von fremdem Wohlwollen sein, die dieses Thema als Gesprächsstoff eines Interviews im Gefängnis tendenziell ausschließt.

Jack Unterweger hat einen eigenen Weg gefunden, sich mit seiner lebenslangen Strafe auseinanderzusetzen. Er schreibt seit dem fünften Jahr seiner mittlerweile fast 15jährigen Haft Gedichte, Prosa, Theaterstücke, Kinderbücher etc. und gibt - aus der Strafvollzugsanstalt Stein - die Literaturzeitschrift "Wortbrücke" heraus. Sein Roman "Fegefeuer oder die Reise ins Zuchthaus" ist sogar verfilmt und beim Steirischen Herbst 1988 uraufgeführt worden. Die wenigen hier abgedruckten Texte mögen eine Anregung sein, sich mit Jack Unterwegers Arbeiten und den Ausdrucksmitteln seines "Schreibens um die Freiheit" weiter zu beschäftigen. Wer die literarische Existenz Unterwegers als die willkommene beste Bestätigung des Strafsystems ansieht, weigert sich zu erkennen, wie sehr Unterweger auch gegen die (lebenslange) Strafe anschreibt.

4.1. Im Gespräch mit dem Journalisten Paul Yvon

Herr A., 46 Jahre alt, seit 12 Jahren in Haft

Man macht sich lächerlich, wenn man sagt, unschuldig. Ich fühle mich nicht schuldig, ich habe nie einen Mord begangen. Zu dem Thema habe ich sicher schon zwei-, dreihundertmal das Gleiche erzählt. Nach zwölf Jahren verwischt sich das sowieso. Es kommt jedes Mal ein bißchen ein anderer Eindruck dazu. Im Prinzip, was habe ich gemacht: Ich habe mein Leben mit Waffen nichts zu tun gehabt, hab geheiratet gehabt. Unser Betriebschef hat einen Schießstand errichten wollen ... Ich habe mir auf Grund der Einladung ein Kalibergewehr gekauft und habe es zu Hause liegen gehabt. Ich glaube, mindestens drei Wochen. Ungeöffnet auf einem Kasten. An diesem kritischen Tag, ich war in Krankenstand, war tagsüber zu Hause, war beim Arzt, und habe mich da abschreiben lassen, wollte am nächsten Tag wieder arbeiten gehen. Und bin dann beim Gasthaus vorbei, habe mir ein paar Viertel Wein gekauft. Mein Pech war, daß dort eine große Clique irgendwie eine Verständigung gekriegt hat, daß eine Frau entbunden hat und der Vater dort halt was ausgegeben hat in dem Lokal. Wie gesagt, das hat sich so ergeben. Ich bin dann schon ein bißchen angeheitert nach Hause gekommen und das Verhängnis war das, wenn man das Zustellergeschäft kennt, das geht von zwölf Uhr Mitternacht bis nächsten Tag zwölf Uhr mittags. Wenn man dann nach Hause kommt, um eins schlafen gehen ist immer so eine kritische Sache, um fünf Uhr kommt die Frau nach Hause, und um zwölfe soll man wieder auf. Und da macht man zwangsläufig die Bekanntschaft mit Kaptagon, das ist ein Aufputschmittel, daß man über die Runden kommt. Und da habe ich halt ein bißchen zuviel erwischt. Ich habe es damals nicht gewußt. Ich weiß es heute noch nicht, sechse, zwölfe, keine Ahnung. Habe sie noch mit einem Schluck Kognak runter, ja, und im Gasthaus - das war vielleicht das Plakative - habe ich auf einer Reklame gesehen, ich glaube eine Camel- oder Marlboro-Reklame, da steht einer so mit einem Jagdgewehr im Urwaldgebiet. Da ist mir irgendwie das Gewehr eingefallen. Und da habe ich es runtergeholt und zusammengesetzt und mich selbst beschäftigt damit. Wie gesagt, das war das erste Mal in meinem Leben, daß ich überhaupt ein Gewehr in der Hand gehabt habe. Ich habe dann auf Verkehrstafeln geschossen und da habe ich einen Menschen getroffen und getötet. Keine Täter-Opfer-Beziehung. Das war ein Mann, ein Pole, der hat Reklametafeln umgehabt, und ich hab auf die Tafel gezielt, ich meine, der war 50 Meter weit weg. Ich schwör, ich kann Ihnen das heute sagen, das ist wie, wenn man halt - ein Vergleich - wenn ich mit einem Schneeball anfange zu schießen. Man will zwar wen treffen, aber nicht mehr ... Genau genommen, ist das eine fahrlässige Tötung in meinen Augen. Maximal kann man es vielleicht auf einen Totschlag hintransferieren, aber von Mord kann man da nichts sagen. Es ist klar, ich habe einen Haufen Vorstrafen. Keine kriminellen.

Ich habe zwar wegen Nichtigkeit eine Berufung gemacht. Bei der Berufung ist das rausgekommen, daß man das 21/2[1] weggenommen hat. 21/2 hat der-Psychiater beantragt, dem hat man auch stattgegeben und dann, wie man gesehen hat, die Geschworenen haben sich auf lebenslang sowieso geeinigt, hat man gesagt, es ist nicht notwendig. Nur ein unnötiges Geld... Und das ist auch die Angst, die ich jetzt habe, denn die Gutachten, die damals zur Ausprechung von 21/2 geführt haben, die sind ja nach wie vor irgendwo im Akt, die hat

1 § 21(2), Unterbringung in einer Anstalt für geistig abnorme Rechtsbrecher auf unbestimmte Zeit.

man ja deswegen nicht verbrannt und gesagt, das ist jetzt weg. Und auf die wird man irgendwann zurückgreifen, weil ein Gutachter schreibt vom anderen ab, das ist nichts Neues. ...

Die Hoffnung hat man immer. Man ist grenzenloser Optimist. Für mich war das Frustrierende, daß ich gewußt habe, daß ich eine Strafe habe, für die ich -, ich habe gewußt, durch meine Schuld ist jetzt ein Mensch ums Leben gekommen, aber das könnte mir genauso passieren, wenn ich heute mit dem Auto einen Verkehrsunfall habe. Sei es auch im alkoholisierten Zustand, sicher ist das eine Teilkriminalität, aber ich habe nicht bewußt, gezielt, gewollt gehandelt. Und dafür jetzt lebenslang zu kriegen, da stürzt eine Welt zusammen. Das Leben, das man fünf Minuten vorher mit allen Problemen, die man draußen hat, vom Zinszahlen angefangen bis zum Geburtstag der Frau, hat alles in allem doch einen Sinn gehabt. Das ist plötzlich auf Null. Man hat zwar alle diese Sorgen plötzlich nicht mehr, aber man findet gar keinen Sinn mehr...

Ich debattiere ja oft mit den Leuten da, man hat ja an und für sich ein Parasitendasein in gewissem Sinn, wenn man die zurückgeschraubte Lebensqualität irgendwann akzeptieren lernt, und die lernt man da akzeptieren, man freut sich dann eben über Kleinigkeiten. Man freut sich dann über einen Einkauf, daß man sich einen Kaffee kaufen kann. Das ist eine Relativitätsverschiebung. Draußen hat mich gefreut, wie ich einen neuen Toyota gekriegt habe. Da freut man sich, wenn man ein Weihnachtspackerl kriegt. Die Freude, das Emotionale ist irgendwo das gleiche, also - ich sag halt immer - der Adrenalinstoß ist der gleiche. Da sieht man in Wahrheit wirklich nicht nach dem Wert. Das lernt man da. Sicherlich lernt man dann irgendwo einmal sagen, es ist ganz bequem da. Aber daß man dann sagt, die Sorgen würde ich jetzt gerne wieder haben, wo kommt das Geld her usw., das bleibt.

Ja, ich habe mich persönlichkeitsmäßig sicher geändert und zwar deswegen, weil ich dann am beruflichen Sektor Gewicht zugesprochen gekriegt habe, eben durch meine Tätigkeit da. Obwohl man da herinnen natürlich, das ist wie der Einäugige unter Blinden, ich bin da Fernsehtechniker, draußen wäre ich ganz durchschnittlicher Elektriker, da bin ich natürlich ein bisserl ein Karrieremensch geworden, am Computer. Einige Dinge, die ganz angenehm sind. Das ist ganz logisch, wenn man heute einem Beamten einen Fernseher repariert, daß man da gewisse Toleranzgrenzen eben überschreiten kann, die ein anderer nicht kann. Aber das ist ganz allgemein so, ich bin jetzt nicht repräsentativ für die Leute, die Sie da vielleicht meinen... Und das war für mich ein Persönlichkeitsreifungsprozeß. Ich weiß, daß ich früher, ich möchte fast sagen, Minderwertigkeitskomplexe hatte, die ich heute sicher nicht mehr habe. Oder sicher nicht mehr so ausgeprägt, falls überhaupt noch vorhanden. Und das hat eindeutig durch meine Arbeit stattgefunden, daß ich das Gefühl gehabt habe, ich werde da gebraucht. Auch ein Offizier kommt, der sagt, können Sie mir das Autoradio einbauen. Ist sicher keine hochqualifizierte Tätigkeit, aber man wird gebraucht. ...

Wenn man verhaftet wird, und würde am nächsten Tag zu lebenslang oder gar zum Tode verurteilt werden, dann wäre das wahrscheinlich ein großer Schock. Aber das Ganze vollzieht sich ja in kleinen Schritten. Da ist die U-Haft, dann kommt die Anklage, in der Anklage steht schon mal drinnen "Mord".

Da wird man das erste Mal damit konfrontiert, das ist jetzt keine fahrlässige Tötung, aber das glaubt man ja gar nicht, weil das sagt der Staatsanwalt, und bei der Verhandlung wird es sich herausstellen, aber irgendwann nehmen Sie schon wahr, daß es sein könnte. Und man stellt sich schon mal zweigleisig ein. Wenn Sie dann noch wegen Nichtigkeit berufen, vergehen in der Zwischenzeit wieder Monate. Man paßt sich an. Ist es absolut, da ist man dann ein oder zwei Tage fertig, aber dann beginnt man schon wieder irgendwo zu planen und zu hoffen, jetzt komme ich dorthin, da werde ich schauen, daß ich in die Elektro komme, dort werde ich schauen, daß ich irgendwie einen guten Job kriege, und man plant schon wieder in dieser kleineren Welt mit der reduzierten Lebensqualität, die man da hat, daß man sich da eben profiliert...

Das ist schon das nächste Problem. Es ist leider so, daß von den acht Millionen, ich weiß nicht, wieviel tausend da jetzt eingesperrt sind. Der, der ohnehin in Ordnung ist, der fallt Ihnen nicht auf, der gute Nachbar, der stört Sie nicht, aber der, der vielleicht zu laut Musik spielt, wenn Sie es nicht wollen, der fällt auf. Auch wenn es in dem ganzen Haus vielleicht nur 50 Leute gibt, mit denen es echt schwer zu leben ist, aber die lassen nicht locker davon, so zu sein. Der Angenehme, der tut Ihnen eh nicht weh. Und da gibt es alles von Schlechtigkeit, man lebt schon irgendwo gefährlicher, außer man ist halt ein bisserl diplomatisch und erkennt gewisse Sachen schon im Keim und tut ein bisserl dagegen. Das ist schon ein gewisser Lebenskampf auch.

Ich will das nicht nur auf die Leute beziehen, sondern Sie werden täglich mit Dingen konfrontiert, die Ihnen gegen den Strich gehen. Man ärgert sich kurzfristig darüber, man hat gelernt, das gleich wieder zu verdrängen, aber der Anstoß ist immer wieder da. Es gibt eben Beamte, der eine macht die Tür zu - jetzt haben wir Stahltüren gekriegt -, der andere, der haut die zu, da zaubert's Sie. Ärgert man sich, weil es nicht notwendig wäre. Aber eben durch dieses gewohnheitsmäßige, man weiß, daß der das macht, jetzt ärgert man sich nur mehr über den, objektbezogen, und verdrängt es schon wieder. Aber diese Punkte sind immer wieder gegenwärtig. Und wenn man von dem einmal ausbrechen könnte, ich kann da irgendwann raus, ja dann würde man sich glücklich fühlen, ist klar. Der status quo ist, wenn ich da sitze und mit Ihnen rede, oder ich sitze mit irgendeinem, in dem Moment weiß ich ja gar nicht, ob ich jetzt da sitze oder in einem Gasthaus. Die Summe der Augenblicke macht das Unerträgliche aus. Der Augenblick selbst, da habe ich nicht das Bewußtsein des Eingeengtseins. Was macht das Eingesperrtsein aus? Die Summe des ständigen Bewußtseins, ich kann jetzt nicht raus, wenn ich will. Aber ich will ja im Moment gar nicht, ich will ja da sitzen und mich unterhalten und Karten spielen. Ich habe oft daran gedacht, man sieht heute im Fernsehen, Kalifornien, High-life-feeling, ja, okay. Der Durchschnittsmensch ist es ja auch nicht. Es ist das Natürlichste der Welt, daß man sich anpaßt und daß man eben versucht, aus diesem -, so wie der Inder, der nichts zum Fressen hat, der versucht mit seinem Leben genauso glücklich zu werden, wie ich es hier versuche...

Nein, ich bin immer zu zweit, ich kann nicht allein sein, ich brauche eine Kommunikation. Ich habe in der letzten Zeit immer ein bisserl Pech gehabt mit der Wahl der Partner. Es ist ein Problem, weil man sieht ja das immer erst dann im engen Raum, wie man sich versteht oder nicht. So von einem kurzen vor der Zelle reden, sieht man das ja nicht. Also z.B. mit dem ich jetzt beisammen bin, das ist jetzt mehr persönlich, die Probleme sind natürlich, daß ich über gewisse Themen -. Ein Beispiel: es war da irgendwas angeschnitten über Mexiko. Wo ist das? Südamerika. Ja, wo ist Südamerika? Nur ein Beispiel. Oder der Überbegriff Kirche. Ja, bei uns im Dorf steht auch eine Kirche. Und das ist frustrierend. Das ist jetzt sehr heikel das Thema, aber es muß speziell auf einer Zwei-Mann-Zelle eine gewisse, über eine partnerschaftliche Sympathie hinausgehende Sympathie vorhanden sein, weil dann ist man toleranzfähig. Draußen habe ich noch die Möglichkeit, daß ich hinausgehe, die Türe zuhaue, und sage "leck mi am Arsch". Das kann ich da nicht. Also ich bin da jetzt auf diese acht Quadratmeter, von 7 Uhr abends bis nächsten Tag sieben Uhr früh ist da zu. Ich kann nicht raus, in der Zeit muß ich mich da jetzt in Güte auseinandersetzen können. Und das funktioniert nach meiner Erfahrung nur durch wirklich eine starke Sympathie, die man dem Menschen gegenüber hat oder mit der Zeit gewinnt, egal wie, dann funktioniert das. Und sobald ein Widerstand da ist, dann steigert sich der auf alles, was der tut, und nur wenn er beim Zähneputzen gurgeln tut.

Man muß manche Leute eben akzeptieren - das geht eh nicht, aber diplomatisch begegnen. Da ist einer daher gekommen, hat da einige Leute niedergeschlagen. Ja, man muß sich unterordnen. Von mir hat der die Anerkennung, die er braucht, und somit gibt er eine Ruhe. Solange ich mich nicht selbst erniedrigen muß damit, jederzeit, da funktioniert auch das. In meinem Fall funktioniert es auch wunderbar, weil die Leute ja auch was brauchen, sei es eine Batterie für ein Radio. Die kriegt er eben vom A. "Geh, ich braucht eine Leuchtdiode!" "Na für dich doch sicher." Und so geht das halt, so kann man ein ganz gutes Verhältnis haben... Wer nichts anzubieten hat, hat es ein bisserl schwieriger. Also, der muß sich entweder total unterordnen, also daß er dann eben sagt, er putzt das, wenn ich ihm sag, er muß mir die Schuhe putzen, aber das ist jetzt ganz kraß. ...

Mein Vater ist tot. Meine Mutter, die ist schon im Krieg gestorben gewesen, also 43, ein Jahr nach meiner Geburt. Ich habe dann eine Stiefmutter gehabt, die lebt zwar noch, aber die hat so viel Angst, daß sie beruflich Schwierigkeiten hätte. Sie läßt mir zwar über meine Tante ein bisserl ein Geld anweisen. Auf meine Briefe habe ich aber keine Antworten gekriegt... Da hätte ich schon die Möglichkeit bei meiner Tante, die haben ein Haus. Außerdem ist das ohnehin irgendwie in Aussicht gestellt, daß das einmal mir gehört. So erwartet man schon ein bisserl eine Zukunft.

Herr B., 42 Jahre alt, seit 19 Jahren in Haft

Ich bin weder sozialversichert noch sonstwas, habe 19 Jahre gearbeitet und keine Pension. In den Jahren 1972 bis 1975 hatte ich 39 Schilling pro Monat zur Verfügung - soviel hat man bekommen, wenn man keine Arbeit hatte. Das hat gereicht für vier Bund Landtabak - den rauchen nur die, die kein Geld für die billigsten Zigaretten haben. Es reichte weiter für ein Kilo Zucker, einen Würfel Kochmargarine und zwei Schachteln Zünder. Die habe ich mir mit der

Rasierklinge gespalten, damit ich länger auskomme. Bei sowas entfällt die Körperpflege komplett. Gewaschen hab ich mit einem Schichtziegel, so heißt die Schichtseife drin. Man versucht irgendwie zu leben - die Zeitschriften zum Beispiel haben wir untereinander ausgetauscht als Gegengeschäft: Eine Schachtel Zigaretten gegen viermal "SPIEGEL" im Monat. Eine Tageszeitung war mehr wert, vor allem, wenn man der erste war: Zwei Schachteln "Flirt"-Zigaretten...

Meine Eltern leben noch. Die Mutter ist 78, der Vater 80. Bei denen werde ich wohnen. Die haben mich schon in der Haft ausgezeichnet betreut. Der Abgeordnete G. hat für mich 1988 den Gnadenantrag gestellt, nachdem ich ihm einen Brief von acht Seiten geschrieben habe mit Kritik am Strafvollzug. Dann hab ich die Empfehlung vom Justizministerium bekommen, den "Bittsteller" auch von mir aus zu schreiben. Jetzt bin ich aber doch in den Letztvollzug gekommen, das ist die Entlassungsvorbereitung. Wann ich da wirklich rauskomm, weiß ich nicht, entweder morgen oder in fünf Jahren. Der Zustand ist unmöglich für mich, weil ich mein Leben nicht planen kann. ...

Ich habe zehn Jahre als Detailkonstrukteur in Stein im Zeichenbüro gearbeitet - und morgen fang ich in einer Firma in Wien an, die mich angenommen hat. Der Chef dort weiß, woher ich komme, aber nicht, warum ich eingesperrt war. Ich hab gesagt, ich sitz wegen eines Unfalls. Die Sonderanstalt Favoriten mit den Ausbildungssachen da ist jedenfalls ein Glücksfall. Ich bin über Nacht herverlegt worden. In Stein und den anderen Gefängnissen wissen die Häftlinge nicht einmal über diese Möglichkeiten wirklich Bescheid, weil die Anstalten doch ihre guten Betriebsarbeiter nicht verlieren wollen. Die wollen die guten Leute halten, weil die die Betriebe schupfen. Das sind die Schreiber und Vorarbeiter. Das mit der Arbeit für Firmen ist so: Die Firma zahlt der Anstalt 85 Schilling für die Stunde - und wir kriegen fünf davon, aber auch davon nur die Hälfte ausbezahlt. So kommst samt Prämien monatlich höchstens auf tausend Schilling. Aber besser noch das als gar nichts. So kann man sich halbwegs ein Leben leisten, nicht nur Landtabak. Sogar für weniger Geld hätte ich es getan, denn man stumpft wenigstens dabei nicht ab. ...

Ich hab viele am Boden liegen sehen wegen der Abstumpfung. In Favoriten war einer, der war nach sechzehn Jahren Arbeit nur in der Stickerei sehr zurückgezogen. Der geht einmal als Vorbereitung auf die Entlassung mit einem Beamten bei einem Tor raus auf die Hardtmuthgasse, nur so einmal rund um die Anstalt. Schaut einmal links, einmal rechts und wie der die vielen Autos gesehen hat und den Lärm gehört, ist er zusammengefallen. Mir ist es ja auch nicht anders gegangen - jedesmal, wenn ich zum Augenarzt gebracht worden bin von Stein nach Krems, ist mir der Schädel im Kreis g'rennt, obwohl ich nur im VW-Bus drin war. Dort beim Arzt hat sich der immer sehr bemüht, uns Häftlinge vor den anderen dranzunehmen, aber ich hätt' doch viel gezahlt, wenn ich noch hätt warten dürfen und normale Menschen sehen, obwohl uns die dort in der Anstaltskleidung mit Handschellen und den Beamten in Uniform gesehen haben. Man lernt, das zu ignorieren. Da ist mir einmal passiert, es kommt dort im Wartezimmer so a klans Madl - wie alt, kann ich nicht schätzen, das hab' ich verlernt - und fragt mi: "Warum trägst du das, Onkel?" Die hat die Handschellen gemeint. Na sag ich, "weil ich ein böser, böser Mann bin". Na sagt die Klane "Das glaub ich nicht". Wenn i a Zuckerl ghabt hätt', hätt' ich es der geschenkt. Das sind echt angenehme Sachen. ...

Ich war sechzehneinhalb Jahr in der Einzelzelle und hab das immer als Vorteil empfunden. Erst dreieinhalb Jahre auf "SF" - das heißt Sicherheit, Flucht. Bei dieser Art von Verwahrung habe ich nach einem Fluchtversuch 1975 während neun Monaten insgesamt zweieinviertel Stunden mit Menschen reden können. Zusammengenommen. ... Zur Essensausgabe hält man ja nur die Hand aus dem Gitter, stellt das Geschirr hinaus. Dann kommt aus dem zweiten Gitter draußen eine Hand und nimmt es weg. Da ist alles. So lebt der Polizistenmörder Ernst Karl heute noch, total abgeschieden. Da haben sich dann Haftschäden entwickelt, ich hab nach dreieinhalb Jahren echte Sprachstörungen gehabt, richtig gebellt hab ich. Das war, weil man so wenig Gelegenheit zum Reden hat, daß man dann alles auf einmal in einen Satz gepreßt rausbellen will in der kurzen Zeit, wo man's einmal kann. Man führt Selbstgespräche, flüchtet in eine Scheinwelt. Man hat einen ständigen Film eingespannt. Das war schon so weit, daß der Arzt auf die Zelle gekommen ist. In der ist man ja 23 Stunden am Tag drin, die Stunde Hofgang mußte man einzeln erledigen. Nach den dreieinhalb Jahren bin ich dann "SZ" geworden, das heißt Sicherheit, Zellenarbeit. Da habe ich Petit-Point-Stickerei gemacht. Was anderes wollte ich nicht, wie das Sackelpicken, also das Kleben von Kuverts für den Staat. Des is a miese Hacken - naja, die Arbeit ist in der Anstalt auch ein Statussymbol. ...

Ich war 23einhalb, hatte eine Frau und ein Kind. Ich war Installateur mit Vorstrafen wegen Diebstahl und Einbruch - zusammen dreieinhalb Monate. Ich hab heiraten müssen wegen dem Kind und war wahnsinnig verliebt. Ich war glücklich verheiratet, meine Frau war verheiratet. Das war der ganze Unterschied. Wir haben bei den Schwiegereltern gewohnt, weil wir kein Geld hatten. Aber dann ist die Schwägerin nach ihrer Scheidung auch noch dort eingezogen, und die Frau hat zu der und den Eltern gehalten, gegen mich. Die hat dann die Scheidung eingereicht, aber ich wollte beide nicht verlieren. Ich nehme mir eine Wohnung und versuche sie blitzartig einzurichten, damit wir wegkommen von den Eltern. Gelebt habe ich vom Pfusch und so 800 Schilling die Woche verdient. Da hat man ja schon beim Material dreißig Prozent verdient, die einem der Großhändler nachgelassen hat. Das waren bei 10.000 gleich ein paar Tausender. Aber vorfinanzieren hat man das schon müssen. Das Geld dafür habe ich mir immer von der Großtante ausgeborgt. Einmal, da hatte ich schon das Werkzeug eingesteckt für einen Pfusch im 16. Bezirk, geh ich wieder zu ihr und sie will mir kein Geld mehr borgen und es geht eine wilde Schimpferei los. Ich war schon am Gehen von den zwei alten Leuten, die Tür war offen, und wenn die alte Frau nicht weiter hinter mir hergeschimpft hätte, wär nix passiert. Na, dreh ich mich um und hab die alte Frau wie ein Irrer mit dem Werkzeug geschlagen. Und wie die am Boden liegt, fällt er mir ein: Sie könnte ich noch als Totschlag entschuldigen, hab ich gedacht, aber er ... Er wurde, das muß ich sagen, eiskalt liquidiert als Zeuge. Dann hab ich noch nach Geld gesucht und 42.000 Schilling gefunden und 70.000 übersehen. Am nächsten Tag haben sie mich gehabt. Dann hab ich Lebenslang bekommen, schweren verschärften Kerker, vierteljährlich ein hartes Lager und einen Fasttag; am Jahrestag noch Dunkelhaft dazu, das alles hat es ja bis zur Strafrechtsreform 1975 gegeben. Im Februar 1971 ist das Urteil rechtskräftig geworden.

Der erste Gedanke nach dem Urteil ist: man bringt sich um. "Bevor Di umbringst, gemma bäuli", hat der Schandl Adolf zu mir gesagt, mit dem ich im Landesgericht auf der Zelle war. Aber dort kannst dich ja net unter der Mauer durchgraben. Also probier ich, mir die Adern aufzuschneiden, aber das geht nicht so leicht. Sie glauben nicht, wie schwer das ist, sich die Adern mit einem Scherben aufzuschneiden. Dann bin ich aufgewacht im OP-Saal vom AKH, so a Ironie, den hab ich noch selber eingerichtet als Handwerker. Bin ich also aufgewacht, seh als erstes mich an der Infusion hängen und am Bett einen Justizwachler. Ich war so enttäuscht, daß ich noch leb. A klans Kind kann net trauriger sein, dem man zu Weihnachten des Spielzeug wegnimmt. Dann war ich eine Woche im Gitterbett, da kriegt man die Mahlzeiten rein und die Bettpfanne, net amal aufs Klo darf man. Ich hab an gewissen Haß auf die Justizwache, da bin i net objektiv. Ich hab zu viele Menschen in der Haft zusammenbrechen gesehen. Die hat man in den Keller zur Korrektion gehaut, nur weil sie einen Brief von der Frau gekriegt haben, die nimmer warten will und sich scheiden läßt. Na, da braucht man dem doch nur ein bissl helfen, man stellt an Schnaps auf und redt mit ihm, man nimmt ihn halt für zwei, drei Tage auf die Zelle und redt' ihm gut zu. Aber bei den Sadisten geht da nix; das hab ich ja net nur einmal erlebt. ...

Einzelzelle erkauft man teuer. Es geht nur mit Querulieren oder Selbstmordversuch. Es hängt halt alles zusammen, wie man sich fühlt. Man empfindet Enttäuschung, Verbitterung, Wut, weil alles weg ist. Meine Frau habe ich zuletzt bei der Verhandlung gesehen, seither nie wieder. Kein Schwein interessiert sich für Sie, nur für die vollbrachte Tat, als gäb es nix rundum, nix, was vorher war. Man kann sich heute schon jedes Urteil ausrechnen, wenn man am Sonntag die "Krone" liest. Die bringen die Leute zum Hassen. So wie man am Anfang selber haßt: die Beamten und alle Umstände. Dann beginnt der Versuch zu überleben. Das fangt bei der Nahrung an. Zwölf Monate im LG I habe ich als U-Häftling Ausspeis-Sperre gehabt, mir also nichts zusätzlich kaufen dürfen. Natürlich hab ich immer "die Schmale" kriegt von den Beamten. Drei Zehntelliter Hörnchen soll man bekommen, steht im Gesetz. Na, der hat des im Topf in der Suppen schön locker aufgerührt und mir dann einen Schöpfer gegeben. Da waren dann ein paar Hörnderln drin. Bei der Einlieferung hatte ich 79 Kilo, nach elf Monaten nur noch 62. Groß bin ich einsneunundachtzig. Wenn ich mich gebückt hab, ist mir schon schwarz vor den Augen geworden. War der Arzt da, und sagt, ich soll mehr Brot kriegen. Hat man ihm gesagt, es ist eh genug Brot am Stock, aber gekriegt hab ich es nicht. Und wer Beschwerden schreibt, ist ein "Querulant". Das bedeutet in der Praxis, daß man nicht einmal ein Bleistiftstummerl mehr haben darf als erlaubt. Dann machens einem die Zellenvisite, wenn man auf Rundgang ist. Du kommst zurück in eine echte Baustelle, was die Zelle dann ist. Der hat die umgedreht und Sie räumens dann zwei Stunden lang wieder ein. Dagegen kann man nix machen. Man ändert vielleicht die Gesetze, aber nie die Beamten. ...

Fünf bis sechs Jahre lang hab ich ein Loch gesucht um jeden Preis. Eine Zeitlang war ich so weit: Wenn die sagen, ich werd beim Fluchtversuch sicher erschossen, hätt ich es gemacht. Ich hab mehr Angst gehabt vor der Strafe als vorm Tod. Damals hat Lebenslang schon bedeutet zwanzig Jahre oder mehr. Was sind zwanzig Jahre?, hab ich mir vorzustellen versucht. Ich hab mir ein Todesurteil gewünscht und hätte kein Gnadengesuch gemacht. Die Todesstrafe ist humaner als die Leute einzusperren und zu zerbrechen. Besonders passiert das nach Fluchtversuchen. Den Karl B. habens im LG I nachher angeschnallt am Bett in der Nebenzelle und dann ist das Prügelkommando rein... Haß hilft sehr. Man ist fast auf Null, aber man hat Haßphantasien. Die haben mir doch in der Korrektionszelle neun Monate lang insgesamt drei Bücher zum Lesen gegeben. Kinderbücher. "Pony, das Seepferdchen", "Sieben Esel", und sowas, das hab ich dann sechsmal gelesen. Vier Wände und im Kreis laufen... Ich hab mir halt laut vorzulesen begonnen. Du wachst auf und hast nur Gittter rundum. Die Beamten bumpern in der Nacht ans Gitter, damit du aufwachst und dich bewegst. Wenn man sie dann schimpft, sagt dir einer "i muaß jo a munter sein". Oder in der normalen Zelle nehmen sie dir einfach den Roman weg oder den Tauchsieder oder den Kaffee, den man sich - der war ja nicht erlaubt - schwarz besorgt hat. Einmal war ein Kilo Zucker auf meinem Tisch ausgeleert. "Aus Sicherheitsgründen", grinsen die dich dann an.

Das ist nicht die Regel, aber die Regel ist es bei allen, die sich wehren. Da machens dir Schwierigkeiten, wenn du nur ein gewöhnliches Dreieck aus Plexiglas willst. Oder einer hat sich in Stein die Adern aufgeschnitten, weil er ein Wachstischtuch nicht bekommen hat, das ihm im Osterpaket geschickt worden ist. In meinem ersten Osterpaket hat mir meine Mutter die Pfeife geschickt. Na, die ist mir nicht ausgefolgt worden. Such ich an um Ausfolgung. "Wozu?", sagt der Beamte. Wozu braucht ma a Pfeifn, gell? Aber er will net "nein" sagen, weil das Nein bekämpfbar wäre. Also fragt er. Dann fragt er als nächstes, woher man sie hat, obwohl er ganz genau weiß, daß sie im Packel war. Das geht so hin und her, ich hab halt jeden Tag Rapportzettel geschrieben. Neun Monate später haben sie mir die Pfeife ausgefolgt. Sowas führt dazu, daß man am Anfang von einer Pistole träumt, dann von einer Maschinenpistole, dann von einem Maschinengewehr, dann vom Panzer und am End von einem Flammenwerfer. ...

Nach fünf Jahren bin ich da rausgekommen, weil ich da endlich einen Job in der Druckerei bekommen habe. Aber da hat es eineinhalb Jahre gedauert, bis meine Sprachstörungen weg waren. Dort war es sehr wichtig, endlich einen Zivilisten als Vorgesetzten zu haben statt der Justizbeamten. Der sagt nämlich "Sie" und gibt einem die Hand.

Herr C., 36 Jahre alt, seit 17 Jahren in Haft

Ich war elf Jahre vorher in der Strafanstalt Stein, und vorher einige Monate in Garsten und dann weiter zurück zwei Jahre Untersuchungshaft im Landesgericht I. Das heißt ich bin jetzt im 17. Jahr in der Haft. ...

Ich war im Gymnasium im 11. Bezirk. Beendet habe ich es nicht. Das ging sich nicht bis zum Tod des Vaters aus. Das war in der fünften. Ich hab die

Unterstufe voll abgeschlossen, hab dann als Externist an der Schule Roland gearbeitet am Anfang. Und dann als Autodidakt im Gefängnis weiter. ...

Wie ich das lebenslange Urteil gelesen habe, habe ich mir gedacht, das hängt mit mir eigentlich gar nicht mehr zusammen. Und ich war darauf eingestellt, daß ich nicht mehr lebend aus dem Gefängnis herauskomme. Ich habe mir gedacht, das ist ein abgeschlossener Abschnitt. Ich war gerade 20, wie ich verurteilt worden bin. Wenige Monate vorher, es wäre nicht möglich gewesen. ...

Der Tathergang war folgender: Ich hab im Streit einen mir bekannten Studenten erschlagen. Wobei ich... das ist nur eine vereinfachte Darstellung. Ich habe ihn nicht erschlagen, aber er ist durch einen von mir geführten Schlag in eine Situation gebracht worden, aus der dann eine Rauferei enstanden ist. Und in dieser Rauferei ist er dann verstorben. Wenn auch nicht durch meine Einwirkung allein. ...

Der Fall wäre eindeutig gewesen und man hat mir gesagt, ich bekomme 15 Jahre. Und das ist eine Zusage gewesen. Ich war natürlich entrüstet, weil der Inhalt nicht gestimmt hat des Geständnisses. Denn ich fühle mich ja auch so am Tod des Verstorbenen schuldig, aber wenn ich schon sitze, dann möchte ich schon für das sitzen, was wirklich stattgefunden hat. Bei dem Streit ist es darum gegangen, daß ... das ist heikel vom Thema her... daß er gesagt hat, er möchte meinen Sohn, der damals so groß war (Herr C. zeigt Babygröße) sexuell belästigen. Es war scherzhaft gemeint, und ich hab damals so überreagiert, daß ich diesen Schlag gegen ihn geführt habe. Erst Jahre später, in der Therapie ist das ausgegraben worden, wieso ich da so reagiere. Das ist ja eine Aktion, die nicht angebracht war. Professor Federn hat dann herausgearbeitet: Ich bin in meinem 6. Lebensjahr von einem Mann vergewaltigt worden, der dann auf der Stiege gewohnt hat. Ich habe es verdrängt, das stimmt schon. Mir ist das alles wieder in Erinnerung gekommen. Aber mit wem sollte ich darüber sprechen, die Schande wäre ja größer gewesen als alles andere. Und dann war schon strafbar gewesen von meinem Vater, daß ich mit jemandem Fremden mitgehe. Ich hätte schon gar nicht mit ihm darüber sprechen können. Nachdem der Vater auch gewalttätig war, hätte ich das also nie zugegeben. Das ist in dieser Gesprächssituation, 14 Jahre später, bei dem Studenten aufgetaucht, hat sich zwar nicht auf mich, sondern auf meinen Sohn bezogen, und ich habe halt mit dem Körper eines 20jährigen reagiert auf die Ängste und die Wut, die ich gehabt habe als Sechsjähriger. Unter diesen Voraussetzungen kann ich natürlich schon dazu stehen zur Tat. Das war dann ich. Und die Staatsanwaltschaft hätte es gerne gesehen, daß ich sage, ich wollte einen Raubmord verüben, das heißt, ich wolle einen Raub verüben und es hätte sich dann der Mord ergeben. Also Diebstahl mit tödlichem Ausgang. Unter der Voraussetzung hätten die mir schon 15 Jahre geben können. So habe ich meine Version vertreten, hab auch nicht sagen können, warum ich auf die Worte des Studenten so unnatürlich reagiert habe, weil ich es ja selber nicht gewußt habe. Und darum vielleicht auch, daß die gesagt haben, der reagiert so brutal.

Das mit der Schuld, das ist eine Frage der Therapie. Ich wäre nie in meinem Leben draufgekommen, wieso ich eine Tat begangen habe, die mit dem Tod eines Menschen endet. Das müßte so ein Zufall sein, wer würde sonst in den

Genuß einer Therapie kommen. In Stein war damals als einziger Sozialpsychologe der Professor Federn. Für tausend Leute und der hat in der Woche nur zweieinhalb Tage dafür zur Verfügung gestellt bekommen. Daß er sich mich herausgeholt hat, hat also den Grund, daß ich so interessant war, daß Religion mitspielt - Opfer sind dann Täter - und wahrscheinlich noch, daß auch der sexuelle Trieb vorhanden war, wenn auch nicht bewußt. Das macht es interessant. Das habe ich alles nicht gewußt. Ich habe das im Nachhinein erfahren, und er hat das dann offengelegt. Ich war ja elf Jahre dort und davon neun Jahre in Behandlung. ...

Ich hab vorher durch Bezahlung der Schwiegermutter ganz kurz den Rechtsanwalt Dr. ... gehabt. Der hat allerdings das Hangerl geschmissen und hat gesagt, da ist nichts zum Holen. In der Folge ist mir dann ein Armenverteidiger zugeteilt worden, der auch nicht gekommen ist. Der hat dann eine Vertretung geschickt. Der hat wieder eine Vertretung geschickt und meinen eigentlichen Verteidiger habe ich rund fünf Minuten vor Verhandlungsbeginn gesehen. Der hat dann auch meinen Akt und den meines Komplizen verwechselt. Und da war dann eigentlich nichts mehr zu verhandeln.

Ich habe zuerst 20 Jahre bekommen, mein Komplize 18 Jahre. Und dann ist mein Rechtsmittel gegen das des Staatsanwaltes gestanden und beide Strafen wurden hinaufgesetzt. Und zwar bei meinem Komplizen von 18 auf 20 und bei mir von 20 auf lebenslang. Man hat mir das nicht mitgeteilt. Ich hab das erst ungefähr fünf oder sechs Monate nachher erfahren. Das hat sich von den Wachebeamten niemand getraut, mir mitzuteilen. Weil ich aus psychischen Gründen nicht in der Lage war. Das Urteil ist aufgehoben worden, die haben das alle gewußt, nur mir hat man das nicht gesagt. Ich hab das nachher, ich glaub zwei oder drei Wochen vor meinem Abtransport in das Gefängnis in Garsten, hat man mir das mitgeteilt. Ich hab dann gesagt: Ja, wieso? Die haben gesagt: Rechtsmittel hätten Sie ja eh keines dagegen machen können, aber so haben Sie eine schönere Zeit gehabt. Diese paar Monate, die ich im Landesgericht I war. Ich war nicht schlecht angeschrieben. Ich war auch nicht, was man eine kriminelle Karriere nennt, sondern frischgefangt. ...

In dem Monat vor der Haft war ich immer in totaler Unruhe, habe mich niedergesetzt, bin wieder aufgesprungen, bin herumgerannt bis zur Ermüdung. Habe mich dann wieder hingesetzt, konnte aber nicht sitzenbleiben. Da habe ich mich betäubt, indem ich dann solange herumgerannt bin, bis ich nicht mehr können hab. Ich bin immer nach kurzem Schlaf wachgeworden und habe mir gedacht, ist das wahr oder ist das nicht wahr. Ich wollte es aber nicht überprüfen. ... Ich habe also gewartet, bis jemand kommt. Die Situation war eine derartig zerissene, ich bin damals demontiert worden. Es hat dann nichts mehr gestimmt, keine Lebenserfahrung. Bis zu diesem Zeitpunkt hat alles seinen Platz in der Ordnung gehabt. Und das Tragischste für mich war, ich habe etwas angestellt, was nicht mehr wieder gutzumachen ist. Eine Fensterscheibe kann man zahlen, vieles andere kann man vielleicht reparieren, aber ich habe etwas gemacht, was man überhaupt nicht machen darf. ... In Wirklichkeit bin ich natürlich gestorben, ich selbst, innerhalb dieses Monats. Ich habe für mich selbst gesagt, es gibt kein Überleben mehr, eine derartige Schuld kann man nicht abwehren, die kann man nur herumziehen. Und meine Beerdigung hat stattgefunden... Wenn Sie mich aber fragen, ob das Urteil, weil es ja hoch ausgefallen ist und ich mir der Schuldhaftigkeit bewußt bin, ob das eine Erleichterung war. Es war für mich eine Rechtfertigung vor mir selbst. Ich hätte mich wahrscheinlich selbst viel mehr bestraft, setzen wir den Fall, es wäre niemand draufgekommen, daß ich an dieser Sache die Ursache gewesen wäre. Vielleicht wäre ich schon tot. Es hätte mich ein Auto zusammenführen können, und zwar nicht durch Zufall, sondern weil ich es gewollt hätte. Ich habe immer versucht, einen Ausgleich zu finden. ...

Man hat so Taferl bekommen, das heißt Kopftaferl, aus dem Grund, weil das in früherer Zeit immer am Kopfende des Bettes hängen mußte. Auf diesen kleinen Taferln, die sind ungefähr A6 oder A7, steht der Name, die Gefängnisnummer, steht das Strafende drauf. Und da steht drauf: Strafende Tod. Und das sagt eigentlich schon alles. Aufgrund der Kopftafel, wo draufsteht lebenslang, ist also ersichtlich, wenn man überhaupt noch hinauskommt, dann nicht mehr lebend, sondern tot. Man gehört dann dem Gefängnis. Man gehört dazu. Man wird Teil des Gefängnisses. Man kann sich auch selber nicht mehr vorstellen, daß man existiert, unabhängig und losgelöst. Man hat ja keine Möglichkeiten mehr. ...

Das ist so, die ersten zwei, drei Jahre wird ja das sowieso verdrängt. Man begreift gar nicht, worum es geht. Erst nach dieser Zeit taucht das auf. Und dann ist man so entsetzt, wenn man begreift "lebenslang". Und daß einem das selber betrifft. Da ist man so entsetzt, man muß das einmal realisieren und zwar ohne daß man gleich ausklinkt. Manche Leute setzen dann halt die ersten Selbstverstümmelungsaktionen oder echte Selbstmordversuche. Weil dieses plötzliche Draufkommen, worum es da geht, so schrecklich ist. ... Es gibt aber auch eine Schicht von Gefangenen, die haben nicht diese ganz kurzen Strafen, wie zum Beispiel ein Jahr oder so. Sondern die haben drei, vier, fünf oder sechs Jahre, und das ist eine ganz zwidere Sache. Die können zum Beispiel nie richtig im Gefängnis leben, weil sie mit dem Kopf immer draußen sind. Der Körper ist drinnen, der Kopf ist draußen, das Herz liegt am Stacheldraht. Die kommen nicht durch, die leiden wirklich darunter. Die streiten auch mit dem Personal andauernd um irgendetwas, um des Kaisers Bart, weil sie sich nicht unterdrücken lassen wollen. Die ganz Kurzstrafigen, die kriegen das eigentlich gar nicht mit, die sind schon wieder draußen, bevor sie noch drin waren und die schrecken sich wahrscheinlich erst dann, wenn sie draußen sind. Die besonders Langstrafigen, vielleicht auch die Lebenslangen, entweder sie leben von der Hoffnung, daß sie doch wieder rauskommen. Und dann wollen sie auch überleben herinnen. Oder sie glauben, es ist eh schon alles zu spät, dann resignieren sie. ...

Ich habe auch Glück gehabt, zum Beispiel, daß ich in "gute" Gesellschaft im Gefängnis gekommen bin. Also daß ich nicht in eine verrohte Umgebung gekommen bin, sondern mit einem zusammen, der mit mir im gleichen Alter ist, der annähernd dieselbe Situation hatte, er hatte damals 18 Jahre zum Absitzen. Und der auch bereit ist, in dieser Situation etwas zu leisten, daß er sich für seine Zukunft etwas schafft. Wenn auch die Zukunft sehr weit weg ist. Das war Glück. Ich sage Ihnen jetzt ein Beispiel, damit man den Unterschied kennt: Hier ist jemand nach Stein gekommen, der war bei seiner Einlieferung noch keine 19 Jahre. Und in Stein ist es so, wahrscheinlich in anderen Anstalten auch, daß die alten Zuchthauspflanzen, ich möchte das nicht irgendwie negativ bewerten, sondern nur beschreiben, die da schon lange Zeit gedeihen in diesen Glashäusern, die Zeitungen durchblättern, um zu schauen, wo kommt jemand, den man gerne auf die Zelle haben möchte aus sexuellen Gründen. Nehmen wir uns einen Sklaven, und der war schon auf einer Liste. Der Bub hat davon keine Ahnung gehabt. Und nachdem sie ihn zufälligerweise in den gleichen Betrieb eingeteilt haben, in dem ich schon gearbeitet habe, hab ich gesagt: Das können Sie nicht machen. Der verfallt ja, entweder er geht dann irgendwann in der Anstalt am Strich, das gibt es. ...

Ich bin in der Haft sehr kontaktarm geworden. Wenn Sie die Räumlichkeiten der MTU[2] kennen, bin ich wirklich im Glaskasten drinnengesessen die ganze Zeit, zehn Jahr hindurch. Und ich habe dann schon Kommunikationsschwierigkeiten gehabt. Die Spitze davon war zum Beispiel, es gibt einen Aufzug in diesem Gebäude, wo wir gearbeitet haben. Ich habe mich als menschenscheu in den Aufzug gesetzt und bin zwischen zwei Etagen gefahren, habe dann auf Stopp gedrückt, bis dann jemand den Aufzug geholt hat, weil er ihn gebraucht hat. Der Aufzug war nicht blockiert, aber ich war von den Leuten weg. Ich bin dann irrsinnig menschenscheu geworden. ...

Ich weiß nicht, wie ich reagiere, wenn ich entlassen werde. Ich möchte das gleich einmal sagen. Daß 90 Prozent der davon Betroffenen die gute Absicht haben, die guten Vorsätze, daß sie das Leben schaffen werden, trotz dem bereits Erlebten, das glaube ich schon. Aber wie das dann aussieht, da zweifle ich recht stark dran, daß da sehr viele durchkommen. Von mir selbst kann ich sagen, daß ich hier auf meine therapeutische Behandlung extremen Wert lege. Nicht daß ich im Gefängnis überleben kann, das habe ich selber bewiesen. Ich habe einen der besten Jobs gehabt, ich habe nebenbei noch Sachen machen können, die andere nicht zusammengebracht hätten aus psychischen Gründen. Zum Beispiel das Studieren oder die Kurse machen. Das sind lauter Sachen, die ich für mich selber später einmal herzeigen kann. Ich bin nicht tätowiert, ich bin nicht aufgeschnitten - ich hab zwar meine Haftschäden, das weiß ich schon - aber fürs Gefängnis habe ich mich recht gut erhalten. Und das heißt nicht, daß ich draußen auch so gut überleb. ...

Das Tätowieren ist einmal zuerst fürs Gefängnis, für das Dazugehören. Und zwar zu einer bestimmten Gruppe, das sind meistens die Leute, die - ich will da keine Vorurteile haben - auch das Körperliche in den Vordergrund schieben. Die körperlich stark sind, weil sich der Mensch hier in einer anderen Art Verteidigungsposition befindet. Er wird dauernd angegriffen. Das ist wie in einem Krieg zwischen zwei Angriffen. So kommen sich die Leute wirklich vor. Wir haben eine bewaffnete und uniformierte Kontrollmacht, die hineinschauen kann in die intimsten Sphären. Die zerreißen das Bett und schauen, ob irgendwas im Bett eingelegt ist. Oder sie durchstöbern die Post und schauen, was man gegessen hat oder was man essen wird. Und die können einen noch Verhören unterziehen und die können im Zuge dieser Verhöre etwas glauben und etwas mitteilen. Das macht eben die bewaffnete, wirklich bewaffnete, unifor-

2 Betrieb des Unternehmens MTU in Stein.

mierte Macht. Und daß sich die Leute dann auftrainieren, daß sie wirklich Körper haben, mit denen sie im Prater als Hutschenschleuderer, wenn Sie den Ausdruck kennen, gehen könnten. Aber was machen die Leute mit den Körpern, auf die Beamten hauen sie eh nicht hin. Jetzt hauen sie dann aufeinander hin. Und wenn jemand tätowiert ist, das ist wie eine Stammeszeichnung. Da gibt es die Hierarchie, die in Gefängnissen daraus entsteht. Die Betrüger auf der einen Seite, die Diebe auf der anderen, die Gewalttäter führen das an. Die Mörder stehen eigenartigerweise an der Spitze. Weil man immer nach dem Namen geht, nicht nach dem Inhalt. Man geht nach der Etikette. Die Etikett besagt, daß eben Gewalt das Führende ist. Daher kommt es auch so, daß manche ihre Delikte verstecken müssen, zum Beispiel Sexualdelikte werden immer versteckt, weil auch das dem Tabu im Gefängnis unterliegt. ...

Ich bin sehr vorsichtig, mir kommt es nicht darauf an, möglichst schnell entlassen zu werden. Also kaum sind diese 15 Jahre, die ich ohnehin überschritten habe, erreicht, ich möchte nicht gleich hinaushüpfen, weil ich nicht weiß, ob ich dann lebensfähig bin. Mir kommt es mehr darauf an, daß ich hier diese Möglichkeiten, die sich bieten in der Anstalt, nütze, um wirklich zu trainieren. Es gibt ja den Begriff des Sozialtrainings. Das heißt ich kann in Begleitung meines eigenen Therapeuten hinausgehen und schauen, wie ich mich draußen verhalte. Das ist für jemanden, der leutescheu ist, jemand der sich in einem Aufzug einsperrt, weil er niemanden sehen will - ist das etwas sehr Wichtiges. Ich werde zum Beispiel in Begleitung in ein vollbesetztes Kaufhaus gehen. Das ist sehr wichtig. Oder ich werde auf den Naschmarkt gehen, wo eine Drängerei ist. Und ich werde auch schauen, wenn ich Geld einstecken habe, und zwar Bargeld - momentan gibt es das Geld immer nur auf Papierzetteln und hat eigentlich keinen Wert -, wie ich mit meinem Geld umgehe. Ich werde das mit ein paar hundert Schilling üben, die ich mir selber erspart habe, und dann sehen. Das Geld, das ich in 17 Jahren verdient hab, beträgt rund 40.000 Schilling. Dann möchte ich sicher sein, daß ich das Geld nicht gleich ausgebe. Das kann man alles trainieren.

Herr D., 42 Jahre alt, seit 14 Jahren in Haft

Ich habe damals mit einer Frau gelebt, sonst keinen Beruf gehabt. ...

Ich war damals, das war der 11. Juni 1975, war ich mit einem Bekannten und einem Mädchen, waren wir da ein bisserl unterwegs und haben auch was getrunken gehabt und sind dann in ein Lokal gegangen, im 7. Bezirk, und da haben wir bestellt, Getränke, Campari und Kaffee. Der Kaffee war kalt, der Campari warm. Auf einmal war da ein Wortgefecht und das ist dann in Tätlichkeiten ausgeartet. Mein Bekannter hat mit dem Gastwirt gerauft, mich ist einer von der Seite angesprungen, da gab es eine Pistole und die habe ich ihm auf den Kopf geschlagen, dann wollte ich das Lokal verlassen. ... Da bin ich von rückwärts angesprungen worden, hat mir jemand die Hand an den Rücken gedreht, und während ich nach rückwärts falle, ist ein Schuß losgegangen. Nachher habe ich erfahren, daß zwei Personen auf mir waren, aber die haben mich nicht derhalten. Da bin ich zurückgefallen und da ist ein Schuß losgegangen. ... Am nächsten Tag habe ich erfahren, was da passiert ist, daß es einen Toten gegeben hat. Ich habe geglaubt, mich trifft der Schlag. Und dann bin ich verhaftet worden, ins Landesgericht eingeliefert worden. Und die Anklage war auf Körperverletzung mit tödlichem Ausgang. Und ich habe den Paragraph 39 dabeigehabt, das ist der Erschwernisparagraph, da kann man die Strafe um die Hälfte hinaufsetzen, aber das ist ein neues Gesetz seit 1. Jänner 1975.

Der Vorsitzende war der Dr. C. Und zwar hat der die Frage auf Mord aufgenommen, hat abschließend die Verhandlung auf lebenslang geführt. Ich habe geglaubt, mich trifft der Schlag. Die Anklage Paragraph 87, Absatz 2. Dann die Verhandlung und die Geschworenen. Schwere absichtliche Körperverletzung - nein. 7:1. ... Der Dr. C. hat gar nicht richtig verhandelt, der hat die Zeugen unter Druck gesetzt, die haben sich gar nicht mehr aussagen getraut. Dann hab ich gehabt die Frau Staatsanwältin N., die war ja ein Wahnsinn. Die hat eine Pistole, also auch bei der Verhandlung, ich habe eine Pistole gesehen bei ihr, ein Anwalt hat bestätigt, daß sie eine Waffe mitgehabt hat. ...

Die ersten Tage habe ich überhaupt nichts begriffen, und dann, wie ich überlegt habe, habe ich mir gedacht, das Urteil kann doch nicht halten. Dann habe ich mir den Dr. Michael Stern genommen, das ist ein Anwalt. ... Und der hat sich wirklich bemüht, und, ich bin überzeugt davon, keine Chance gehabt. ...

Ich habe mich eigentlich gehen lassen damals, mir war eine Zeitlang alles wurscht. Ich bin von einem Hoch ins Tief immer gewackelt, wieder von einem ja, da geht vielleicht was durch, dann war ich wieder in einer Hochstimmung, dann bin ich wieder total zusammengefallen. Von einem Hoch wieder ins Tief, und wieder retour, das hat sich immer so wellenförmig gezogen. Dann 1981, das war für mich ein Jahr, da habe ich mich ganz mies gefühlt. Da habe ich mir gedacht, ich höre auf überhaupt. Ja, da habe ich so Gedanken gehabt. Oder ich reiße mich eben total zusammen und schaue, daß das irgendwie mit der Strafe, - im Hinterkopf habe ich halt immer noch die Hoffnung gehabt auf eine Wiederaufnahme. Und dann habe ich mit allem aufgehört, keine Tabletten mehr genommen bis dato, nichts mehr, aus. Von einem Tag auf den anderen. Es war eigentlich ein Zufall, mein Zellenkollege, der hat auch aufgehört, und da habe ich mir gedacht, ja, hörst auch auf, der hat wieder angefangen, der hat nicht durchgehalten. Ich war irgendwie stolz darauf, da habe ich mich halt irgendwie aufgebaut. Und so hat sich eines nach dem anderen ergeben, am Schluß habe ich sogar Gymnastik gemacht. So habe ich es überstanden bis dato. Schauen Sie, da kommt natürlich eine Ablehnung dann wieder, aber durch die Jahre, weil ich doch schon öfter wieder ein Ende gesehen habe - ...

Nein, nichts. Ich habe keinen einzigen Beschwerdebrief geschrieben, nichts. Ich habe keinen Fluchtversuch gemacht. Das hört sich jetzt komisch an, ich habe an und für sich schon an die Flucht gedacht, ganz automatisch. Aber weil ich mit der Wiederaufnahme, habe ich gedacht, ich kann nur warten, und so sind die Jahre vergangen, und dann war es eben so weit, daß ich es nicht mehr - ...

Am schlimmsten ist die Hilflosigkeit. Ausweg habe ich keinen, es interessiert keinen Menschen. Die kommen dauernd mit ihren Beschwichtigungstaktiken, man sieht direkt, das interessiert sie überhaupt nicht. Die wollen ihre Ruhe haben und aus. Und das ist immer dasselbe. Bist hilflos, es hört dir keiner zu, es gibt niemanden. Wenn du wo hinschreibst ins Ministerium oder was, das ist ja alles ein Papier. Ich habe da keine gute Erfahrung. ...

Meine Eltern haben sich immer um mich gekümmert. Sie sind mich auch besuchen gekommen. Die sind über 60. Ich bin 42. Den 30. und den 40. habe ich gefeiert - unter Anführungszeichen - im Sicherheitstrakt. Jetzt[3] kann mich meine Mutter jeden Tag eine Stunde besuchen, das ist natürlich Spitze, in Stein hätte ich haben können alle drei Wochen eine Viertelstunde. Das ist zwar erweitert worden auf länger, das bekommt fast jeder. Aber wie gesagt, normal ist alle drei Wochen eine Viertelstunde.

Manche haben alles oder sehr viel und die anderen haben überhaupt nichts, und für die Leute, die überhaupt nichts gehabt haben, zum Beispiel der Ernst Karl, das ist ein Wahnsinn. Man muß sich vorstellen, was die aufgeführt haben mit dem. Der wird gehalten wie ein Tier. Aus, da gibt es keine andere Bezeichnung. ... Ich habe mit ihm ganz normal geredet, der ist neben mir gestanden, und da gibt es nichts. Das soll nicht heißen, daß man ihm einen Zweiten gibt, weil ich will nicht mit ihm zusammensein, da wüßte ich nicht, was er macht, aber tagsüber kann man ihn ruhig in einen Betrieb geben, der kann gar nichts machen. In irgendeinen Betrieb, wo Körbe geflochten werden oder irgendwas. ...

Und die Leute zerbrechen effektiv, ich habe das bei manchen bemerkt, wie die zerbrochen sind. Ich bin mit Leuten kommen am Anfang, wie die gesehen haben lebenslang, dann ist es komplett aus. Ich habe das immer so betrachtet wie Tauben, die am Anfang lebhaft sind und dann kriechen sie so eng her und flattern ein bisserl, dann fallen sie um und sind tot. Eine Zeitlang hat es mich auch ganz schön gerissen und dann war es aus. Man darf sich nicht gehen lassen, wenn man sich da gehen läßt, dann ist es aus. Man muß irgendein Ziel verfolgen. Ich habe da doch ein gewisses Anfangskapital gehabt, das macht sehr viel aus. Der andere hat vielleicht so eine lange Strafe vor sich, bekommt kein Paket, nichts, kein Mensch kümmert sich um ihn, der weiß genau, draußen ist wirklich nichts, das ist schon ein Unterschied. ...

Man darf sich nicht gehen lassen, wenn man zum Beispiel dem Rauschgift verfällt in Stein und man braucht das viele Geld, dann sehe ich mich auch nicht hinaus. Ich habe ein konsequentes Leben geführt, ich habe nicht viel gebraucht, ich hätte mir oft noch mehr leisten können, als ich eigentlich gebraucht habe. Ich habe ca. 10.000 Schilling, wenn ich hinauskomme. Das ist nicht so viel, ich habe mir Zähne machen lassen. Ich glaube um 6.000, 7.000, dann ein paarmal Gläser. Die kosten jedesmal 2.500. Und so summiert es sich. Der Verdienst ist hier ja mehr als mager.

3 Im Entlassungsvollzug am Mittersteig.

Herr E., 61 Jahre alt, seit 31 Jahren in Haft

Ich sag immer, lebenslang soll lebenslang sein und die Todesstrafe ist auch in Ordnung. Lebenslang ist rechtlich, denn es ist ja von den Parteien im Parlament zum Recht gemacht worden. Wer sich nicht beherrschen kann, muß beherrscht werden, hat die Marie von Ebner-Eschenbach gesagt. Und mein Erzieher im Heim hat mir's gezeigt, der ist mit dem Kopf zur Wand, hat ihn dagegengedrückt und mich dann gefragt, was stärker ist. Na, die Mauer natürlich. ...

Was heißt unmenschlich? Ich hab 45 bis 54 unter dem Direktor Engels in Stein gelebt. Bei besonders schweren Delikten und insbesondere Flucht bist vier Wochen in den Keller gekommen und zur Verschärfung hast über die besonders dicke Stoffhose eine Eisenmanschette bekommen, die wurde verschlossen. Daran ist an einer Kette eine richtige Eisenkugel gehangen, die haben wir beim Gehen dann aufheben müssen und man hat sie gehört "bumm-bumm", wenn wir zum Arzt gegangen sind oder so. Damit haben dann die Russen aufgeräumt.

Ich hätte nach 20 Jahren noch eine Arbeits- und Wohnmöglichkeit nachweisen können, also soll sich jetzt die Justiz um mich kümmern. Seit ich Freigang habe, ist es für mich ein bissel eine schmerzhafte Freude zu sehen, was man sich nicht mehr leisten kann. ...

Am Anfang war ich uneinsichtig, um nicht zu sagen aggressiv aufgrund der Umgebung und Behandlung. Aber geteiltes Leid ist eine Erleichterung. Und man ist doch noch irgendwie in Ordnung bei den anderen, denn ein Kinderschänder oder so... Was auch bei uns in Mörderkreisen noch mieser ist. ...

Die Frustrierung ist arg, weil man alle zwei Jahre abgelehnt wird zur Entlassung: Hoffnung-Frustriert-Hoffnung-Frustriert, das ist arg. Da sucht man lieber nicht mehr an. Natürlich wäre ich aber lieber frei. Ich bekäme draußen 4.200 Schilling Notstandshilfe, die Wohnung käme auf 1.500, der Rest bleibt fürs Leben. Das geht doch nicht. Das ist Strafe übers Ende hinaus, so wie die fünf Jahre, die ich nicht wählen darf nachher. ...

Herinnen stört mich nichts mehr, denn die vielen Jahre sind zur Gewohnheit geworden. Ich rebelliere gegen nichts mehr. Es wird einem auch abgewöhnt, solidarisch zu sein. Man darf zum Beispiel nie zu zweit eine Beschwerde schreiben. ...

Angeblich soll jetzt einmal der Doktor Groß zu mir kommen, bei dem war ich schon als kleiner Waisenbub Patient in der Klinik Am Spiegelgrund. Dort ist die Hälfte der Kinder umgebracht worden. Ich habe es überlebt, weil ich beim Test wenigstens ein Muttertagsgedicht hab aufsagen können trotz meiner Angst. Meine Mutter war ja taubstumm gewesen, da war ich vor Angst ganz starr. "Na", sagt die Ärztin dort zu mir, "du kannst ja gar nichts" und spannt einen Bogen in die Schreibmaschine. Da fallt mir vom Himmel das Gedicht ein, ich sag zwei Strophen auf und sie reißt das Blatt wieder aus der Maschine, zerreißt es und sagt "Kannst gehen". Jetzt sehe ich den Herrn Doktor Groß also hier wieder. ...

Wissen Sie, ich bin vorsichtig mit dem, was ich sage. Denn kann sein, ein Richter liest das, der für mich zuständig ist und erkennt mich. Da ist nicht egal, was ich gesagt habe...

Führung durchs Gefängnis

zuerst werden die
gitterlosen neubauten
gezeigt
und diese bauten
lächeln wie die freiheit

dann werden arbeitsbetriebe
gezeigt
und dort wird programmiert
gearbeitet

dann führen sie die besucher
durch den zellenbau
unzählige gitter stehen offen
die sonst versperrt sind

die flure funkeln
wie polierte schönheit
weil sie vorbereitet wurden

endlich werden
- ausgewählte -
häftlinge
gezeigt

und die nicken zustimmung
um den mund ein lächeln
nur die augen bleiben
erloschen
in ihnen bleibt die lüge
verliererin

die besucher verlassen zufrieden lächelnd
die vergitterte welt
an augen
erinnern sie sich nicht.

aus: Jack Unterweger, Tobendes Ich. Lyrisches Tagebuch aus dem Gefängnis. St. Michael, Ktn., Bläschke-Verlag, 1982

Eiszeit

nachdenken über die Worte
die ein Justizvertreter
im Fernsehen und Hörfunk
über den Alltag und das Leben
im Zuchthaus - in seinem Zuchthaus
gesagt hat in Ehrung seiner Aufgabe

und was er gesagt hat
wie ein Häftling zu sein hat
wenn er die Haft problemlos
für die Justiz wohlwollend
hinter sich bringen möchte
anstandslos, nur keine Ansprüche

er hat Recht und ich verstehe
in mir tobende Ohnmacht
die Erklärungen sind Lüge
und sind auch Wahrheit
ein Widerspruch der keiner ist
seine Worte sind mein Leben

ich soll schweigen
in diesem Lärm Aufträge ausführen
nur keine Selbständigkeiten
in dieser Zeit erwünscht
anziehen was sie mir geben
zustimmend nicken gegen mich

später, beim Kampf um die Freiheit
wird er wieder Worte über mich finden
niedergeschrieben als Bericht
meine Wunschlosigkeit
als passives Verhalten -
zu meiner Strafe - auslegen

diese Einstellung sei falsch
schreibt dann das Vollzugsgericht
und beginne ich zu fragen
stelle ich Forderungen
gelte ich als Querulant
auf keinen Fall entlassungsreif

die stummen Schreie in mir
der Spott für meine Feigheit
weil ich schweige
nicht laut gestehe
nach welchem Leben
ich mich sehne

erfrorene Gefühle Jahr um Jahr
Eiszeiten auch im Sommer
die Vollzugsordnung bestimmt
und irgendwo soll Leben sein
aber nicht in diesen Mauern
von denen er spricht

dort wo er die Worte verbreitet
dafür ist gesorgt
gibt es keine Mauern
Häftlinge zu sehen
seine Reden wurden aufgenommen
schweinslederne Couch im Blickfeld

Ausführungen an die Öffentlichkeit
werden verboten, verhindert
wo eine Meinung befürchtet wird
wer schweigt darf hinaus
dem anderen wird es abgelehnt
- wegen Beispielsfolgen

aus: Jack Unterweger, Endstation Zuchthaus/Kerkerzeit.
Drama und Prosaische Lyrik. Frankfurt, Haag + Herchen Verlag, 1984, S 103 f

Kopftafel

von der Vollzugsordnung vorgeschrieben
das Abnehmen der Tafel ist verboten
sie hängt vor der Tür
für Besucher sichtbar
als Ausweis des Raubtiers innen
wie im Zoo, auch im Stall:
Nummer, Name, Gattung
den Besuchern wird erklärt
Person beschränkt sich
auf den Inhalt des Schildes

die zweite Tafel
Perversion perfekt
hängt an meinem Spind im Raum
blankpoliert der Nagel
schicksalhaft als Blickfang
meiner Augen:
Lebenslang und die Strafe
endet - mit dem Tod

aus: Jack Unterweger, Endstation Zuchthaus/Kerkerzeit.
Drama und Prosaische Lyrik. Frankfurt, Haag + Herchen Verlag, 1984, S 92

Schuldloser Körper

die dunklen Stunden
leblos - bewegungslos
überwach im Kerkeralltag

das Erlösende:
Briefe schreiben
sich bewegen
Liegestütz, Beugen, Standlauf
auf engstem Raum
als Chance
dem ewigen Herbst
zu entkommen

sich in Bewegung halten
auf diesem Weg
kein stumpfes Brüten keimen lassen
mit Nachtschatten im Kopf
dem Körper Helle geben
er hat keine Schuld
die Strafe geht ihn
nichts an

aus: Jack Unterweger, Endstation Zuchthaus/Kerkerzeit.
Drama und Prosaische Lyrik. Frankfurt, Haag + Herchen Verlag, 1984, S 115

Mittag

Der Lärm am Flur kündigt die Essensausgabe an. Das Freßloch in der Türmitte wird aufgesperrt, ich halte mein Geschirr hinaus, ein anderer Häftling füllt es und kaum habe ich den Teller zurückgezogen, knallt ein Beamter die Luke wieder zu, schließt ab. Von "Mahlzeit" keine Atmosphäre.

Nach einigen Bissen habe ich keinen Hunger mehr, der Magen ist leer, die Nerven angespannt und was ich nicht esse, werfe ich ins Klo, spüle nach. Es ist die einzige Möglichkeit der Speiseresteentfernung.

Es folgt die Postverteilung. Täglich um die gleiche Zeit, wie alles andere. Ich warte seit Wochen auf einen Brief, auf ihren Brief. Meine Hände zittern, heute bin ich dabei, ein Brief wird mir durch die Luke gereicht, das Herz hat Angst vor dem Inhalt. Noch habe ich Hoffnung. Der letzte Besuch war schön, ihre Augen klar und ihre Hände streichelten, einen Augenblick nur, länger ist verboten, beim Abschied meinen Nacken. Der letzte Kuß in der Erinnerung ...

Ich zögere mit dem Öffnen des Briefes.

"Idiot! Feigling"! sage ich laut in mein Spiegelbild und entferne mit dem Fingernagel die Klammer im Umschlag, welche in der Zensurstelle eingebracht wurde und kurz ärgere ich mich, weil Beamte den Inhalt des Briefes vor mir erfahren haben.

Ich lese Briefe immer gleich: zuerst die Anrede und den ersten Satz und dann das Ende, den Abschied und darin erkenne ich den Inhalt des restlichen Briefes. Der letzte Satz, heute: "...wünsche ich Dir für die Zukunft alles Gute und sei mir nicht böse..."

Aus. Vorbei. Es war einmal. Ahnungen wurden Gewißheit. Hoffnungen sind Traum. Ich weiß es und weigere mich, alles zu begreifen, den ganzen Brief zu lesen. Es ist vorbei. Tränen. Hoch oben im Gaumen sammelt sich die Trauer. Ich beginne hin und her zu rennen, werfe mich aufs Bett, nimm das Foto an mich, ihr Foto, haste weiter. Leere. Verzweiflung. Ich weine hemmungslos. Kopfschütteln und Weigerung, diese Endgültigkeit anzunehmen. Sie war mein einziger, letzter Halt. Ich trommele gegen die Mauer. Zwecklos. Alle vier Wochen, über Jahre hinweg, erlaubt das Gesetz eine Viertelstunde Besuchszeit. Überwacht. Als Alibi einer verlogenen Humanität. Alles ist auf ein Minimum begrenzt, aber im Gesetz steht, und somit auch über die Medien in den Köpfen der Gesellschaft, es gibt Besuch. Von Zeit und Raum und Gefühl ist nie die Rede. Entfremdungen werden größer, auch sie hatte dem Wunsch nach erfülltem Leben nicht länger entkommen können.

Wütend trete ich gegen die Tür, planlos beginne ich mit Händen und Füßen zuzuschlagen. Nur keine Stille jetzt, keine Einsamkeit.

"Verrückt, was!" Er schreit vor der Tür.

Ich höre nicht auf.

"Drehst du durch, oder was?"

Ich gebe nicht auf.

"In der Mittagszeit herumzubrüllen, das paßt zu ihm!"

Seine Worte sind für mich sinnlos. "Ich will den Offizier!"

"Mittags ist niemand zu erreichen", sagt der Wärter vor der Tür verärgert.

"Is' doch mir scheißegal, irgendjemand muß im Haus sein!"

"Nicht jetzt! Nachmittag ..."

"Jetzt! Sofort!" Ich höre meine hysterische Stimme und bin unfähig, mich zu kontrollieren. Tränenblind springe ich zum Waschbecken, nehme die Rasierklinge und setze sie an die linke Vene in der Ellebogenbeuge. "oder ..."

"Idiot!"

"Leckt mich, ihr Schweine! Ich dreh' durch, ich zertrümmere die Zelle, ich schneid' mir die Venen auf!"

"Hör' auf, bist verrückt!" Der Beamte vor der Tür beginnt mit dem amtlichen Beruhigungston. "Ich werd' sehen, ob wer im Haus ist."

"Ich habe genug vom Warten! Meine Zeit ist vorbei. Aus! Endgültig aus! Da!" Ich setze die Rasierklinge fester an. "Ich will den Offizier, sofort! Mir ist alles scheißegal!"

Meine Forderung wird eine Erpressung, aber es ist nicht meine Schuld, daß das Strafsystem alles unterbindet, was Beziehungen fördern würde. Ich will sie anrufen! Telefonieren ist streng verboten und ich bin bereit, mein Leben dagegen zu setzen. Sie müssen mich anrufen lassen.

"Ein wenig warten muß er schon", sagt der Beamte in meine kurze Überlegungsphase, "vielleicht ist der Psychiater im Haus."

"Mir egal! Aus. Aus!" Verluste erwürgen jeden nüchternen Gedanken. Ich zittere am ganzen Körper. Müde, zerschlagen lasse ich mich wieder aufs Bett fallen, nachdem der Beamte geht. Geistlos. Leblos. Was noch erscheint, sind Bildfetzen im Blitzlichtgewitter. Ich nehme die Klinge zwischen Daumen und Zeigefinger und lächle. Bin ich verrückt? Zeit vergeht, sie ist für mich raumlos geworden.

"... haben Sie Zeit, Herr Doktor?" Der Beamte stand also die ganze Zeit vor der Tür, hat beobachtet und seinen Kollegen zum Psychiater geschickt.

"Ich muß ja."

"Sie allein für fast tausend Leute", antwortet der Beamte anbiedernd und schließt meine Tür auf.

Der Psychiater, großgewachsen, sportlich, das Hemd bis über die Brust hinunter offen, braungebrannt, ein Bild des Lebens, tritt ein und vor den Spiegel, wo er sich die Haare mit den Händen zurechtlegt.

"Soll ich warten?" Der Beamte steht, seinen Schlüssel im Schloß stecken lassend, sich daran festhaltend, im Türrahmen.

"Nicht nötig", sagt der Seelenforscher mit einem Seitenblick zu mir, "lange wird's ja nicht dauern."

Der Beamte geht und ich starre den Psychiater an wie eine Schlange ihr Opfer.

"Um was geht's? Ich hab' leider nicht allzulange Zeit."

Ich übergebe ihm wortlos Brief und Foto. Er liest und ich kann meine Tränen nicht besiegen.

"Na, sowas passiert täglich, auch in Freiheit!"

"Aber ich ..."

"Das ist doch normal bei so langer Strafzeit. Im Gegenteil, alles andere wäre irreal." Seine Stimme ist ruhig, aber nicht beruhigend. "Du kannst ihr keinen Vorwurf machen, daß du hier bist. Sie hat ein Recht auf ihre Freiheit, die du durch deine Tat verspielt hast. Daran mußt du denken."

Was hilft Denken, wenn das Herz eigene Wege geht. "Sie ist alles, was ich noch habe. Alles. Hoffnung. Lebensinhalt." Bevor er antworten, mich unterbrechen kann, rede ich weiter, hastig, durcheinander, im wilden Versuch, durch gesagte Worte etwas zurückholen zu können. "Etwas mehr Besuchszeit, mehr Kontakt, nicht nur in diesem brutalen, Beziehungen tötenden Vierwochenrhythmus, nicht nur jenseits dieses breiten Tisches mit Bariere und wir hätten sicher durchgehalten. Zweihundertsechzehn Briefe und Karten in kaum mehr als zwei Jahren, es war unsere Liebe und sie wollte auf mich warten, mit mir auf das Ende meiner Zeit ..."

"Damit mußt du fertigwerden. Das Leben geht weiter und wenn er sich umbringt, regt das niemanden auf. Zwei Zeilen als Meldung in der Zeitung. Nicht mehr. Selbstmord ist eine Feigheit, eine Flucht." Er redet abwechselnd im vertraulichen Duton und im Konjunktiv, beides ist ehrlich. Er will auch nur seine Ruhe, die Mittel spielen keine wichtige Rolle.

"Ich will sie anrufen!" Ich beuge mich vor, zu groß ist die Sehnsucht, der Wahn, sie mit meiner Stimme umstimmen zu können.

"Unmöglich. Du kannst ihr schreiben." Er gibt mir Brief und Foto zurück. "Nur halte ich das für wenig sinnvoll, schreibt sie doch, sie will keine Post mehr, weil ihr neuer Freund dagegen ist und sie glücklich ist bei ihm. Unterdrücke er seinen Egoismus, den verletzten Stolz und zeige er sich groß, als ein guter Verlierer."

"Sie hat fest versprochen, ..., ich hab' die Wohnung auf sie umschreiben lassen, sie hat alle meine Sachen und lebt mit dem anderen in meinen Räumen ..."

"Du hast doch noch eine lange Strafe, was willst denn von ihr? Das sind doch alles nur Ausreden, die nichts mehr mit Liebe zu tun haben und sie schreibt doch, als Freund bist immer willkommen. Lieben heißt auch verzichten, dem anderen Glück wünschen, auch wenn es schmerzt."

"Ich habe nur sie ..."

"Zerstöre jetzt nicht ihr neues Leben! Und wenn es sein muß, kann ich ihm eine neue Kontaktadresse zu einer Familie geben ..."

"Nein! Ich brauche niemanden."

"Reden wir morgen weiter, schlafe jetzt einmal eine Nacht drüber hinweg. Stell' dich der neuen Lage als Mann und nicht als Heulfigur. Denk an die Zeit nachher."

"Wie denn? Hier ist nichts, was Zeit ausfüllt. Alles ist Stumpfsinn. Vertrottelt. Leblos. Beschäftigungslos und schikaniert. Immer streng nach den Vorschriften, und wie die ausgelegt werden, bestimmen immer die, die an der Macht sind."

"Viel ist nur Einbildung, weil er sich in einer logischen Opposition zum System befindet. Sicher ist Freiheitsentzug nach wie vor hart, aber du hast hier die Möglichkeit, etwas für dich zu tun."

Ich lache wütend auf. Für mich sind seine Worte Zynismus in Reinkultur. "Und wie? Alles ist verboten, alles wird abgenommen." Ich lache auf. "Ich ersticke hier drinnen!"

"Zuerst mußt du dein eigenes Gefängnis, die von dir selbst erbauten Mauern verlassen, herauskommen aus dir selbst, sonst gehst du an dir selbst kaputt. Niemand zwingt dich, so zu sein, werden, wie es leider viele wurden und sind hier drinnen. Niemand kann dir die geistige Freiheit entziehen, daran richte dich auf. Nicht an den Äußerlichkeiten."

"Alles ist so still, alles stinkt nach Verlogenheit ..." Ich suche nach Worten, um meine Augenblicke zu beschreiben und scheitere im Feuer meiner Erlebnisse.

"Verlaß' dich nicht auf andere, hilf dir selbst, zieh dich an den eigenen Haaren aus dem Dreck ..., mehr kann ich dir nicht vorschlagen. Ja, wenn's sein muß, kann ich dir etwas zum Schlafen verschreiben. Danach sieht alles ganz anders aus."

Während er spricht, verläßt er die Zelle und kaum steht er auf dem Flur, ist der Beamte zur Stelle, schließt ab. Spontanes Aufstehen und Gehen. Ich bin allein und starre fragend zur verschlossenen Tür. Mit Drogen die Liebe vergessen! Ich zerreiße den Brief, wirf ihn ins Klos, spüle nach. Endgültig vorbei. Ich streichle das Foto und lege es wie einen wertvollen Besitz unter mein Kissen. Die Stimme des Psychiaters hallt in meinem Kopf und findet keine Aufnahme. "... etwas zum Schlafen verschreiben", äffe ich ihm nach und spucke auf den Boden. Verachtungsspeichel. Er hat keine Zeit für tiefgreifende Gespräche, Behandlungen, er ist allein und soll uns alle versorgen. Ich verstehe ihn und kann nichts daran ändern. Verbrecher gehören weggesperrt, schreit die, von Blutjournalisten aufgestachelte Volksseele, und gemeinsam heulen sie verständnislos auf, wenn aus dieser Struktur ein seelisches Monster in die Freiheit kommt ...

Gehen die Gedanken mit mir, oder ich mit ihnen im Kreis? Ich weiß es nicht. Es ist so. Keine Briefe mehr. Totale Stille jetzt. Auch nach draußen. Keine Besuche und kein Inhalt im Zeitablauf.

aus: Jack Unterweger, Bagno. Erzählung. Wortbrücke, Literatur und Berichte, STVA Stein, 1987, S 21 - 27

5. Das gerichtliche Entlassungsverfahren

Was eine lebenslange, nach oben hin unbestimmte Strafe real bedeutet, wird wesentlich von den Vollzugsgerichten entschieden, welche über den Zeitpunkt der bedingten Entlassung Gefangener bestimmen. Mit dem Urteil auf lebenslange Freiheitsstrafe sind zwar nicht unterschreitbare 15 Jahre Gefangenschaft festgelegt (zumal eine auf dem Gandenweg mögliche stärkere Strafkürzung bei lebenslangen Strafen de facto nie geschieht). Was aber von Lebenslangen z.T. bis zum Doppelten der Mindestzeit konkret im Gefängnis zugebracht wird, liegt in der Hand der Gerichte am Ort der Vollzugsanstalten. Die Vollzugsgerichtspraxis bei der Entlassung aus lebenslanger Haft wird daher hier besonders genau in Augenschein genommen.

Um dem vollzugsgerichtlichen Entscheidungsprozeß über die bedingte Entlassung lebenslang Gefangener nachzugehen, wurden alle Personalakten der Lebenslangen eingesehen, die zum Stichtag 30.6.1988 in den großen österreichischen Vollzugsanstalten Stein, Graz und Garsten sowie in der Frauenstrafvollzugsanstalt Schwarzau[1] oder in den Justizanstalten Mittersteig und Göllersdorf sowie der Sonderanstalt Favoriten angehalten wurden, obwohl sie den zeitlichen Voraussetzungen für eine Entlassung (mindestens 15 verbüßte Haftjahre) bereits genügten und über ihre fortgesetzte Anhaltung daher bereits zumindest einmal gerichtlich befunden werden mußte. Dies waren 33 Personen bzw. Akten über sie. Ferner wurden die zwischen dem 1.1.1987 und dem 30.6.1988 aus eben diesen Anstalten tatsächlich bedingt entlassenen Lebenslangen in die Untersuchung einbezogen - zusätzliche 11, zusammen somit 44 Personen. Ausgewertet wurden die im Personalakt des Gefangenen zur gerichtlichen Entlassungsentscheidung enthaltenen Dokumente.[2]

In den 39 Personen-Fällen, in denen vollständige Information[3] über die Zahl von ihnen durchlaufener Entscheidungsverfahren zu gewinnen gewesen war, waren es 161 (zumeist schon abgeschlossene) Prozeduren, die das Untersuchungsmaterial dieses Abschnitts darstellen. 59 dieser Verfahren sind durch zwei Instanzen gegangen. D.h. es wurden in diesen 39 Fällen Gefangener insgesamt 220 vollzugsgerichtliche Beschlüsse produziert. Davon haben 11 (5%) die bedingte Entlassung bewilligt, alle anderen verweigert.[4] So oft haben die untersuchten Gefangenen ein Urteil über ihre Person und die Notwendigkeit der Fortsetzung des Strafvollzugs aus spezial- und/oder generalpräventiven Gründen vernommen.

Von den 161 dokumentierten Verfahren sind 39 in Hinblick auf die voraussichtliche bedingte Entlassung (VBE) zum ehestmöglichen Zeitpunkt und die Überstellung in den einjährigen Entlassungsvollzug (nach 14 Jahren Gefangenschaft) und 38 (eines ist noch offen gewesen) in Hinblick auf die bedingte Entlassung nach 15 Jahren Strafe von der Vollzugsanstalt amtswegig initiiert worden. 84 Verfahren liegt, wie bis auf fünf (für die zumindest genauso auch der Staatsanwalt eingetreten ist) der 59 Beschwerdeverfahren bei den Oberlandesgerichten, die alleinige Initiative des Gefangenen (Entlassungsantrag, Beschwerde) zugrunde.

5.1. Gesetzliche Regelungen und Usancen

Die hier untersuchten vollzugsgerichtlichen Entlassungsverfahren, denen Lebenslange unterworfen werden, fallen überwiegend in die Zeit vor Verabschiedung und Inkrafttreten des Strafrechtsänderungsgesetzes (StRÄG) 1987. Sie wurden also auf einer gesetzlichen Grundlage abgewickelt, die durch die Große Strafrechtsreform und das StGB 1974 geschaffen worden war.[5] Von den 220 vollzugsgerichtlichen Beschlüssen erster und zweiter Instanz, die Gegenstand dieses Untersuchungsabschnitts sind, haben sich 24 nach Beschluß des Strafrechtsänderungsgesetzes ereignet (die Hälfte davon nach Inkrafttreten des Gesetzes am 1.3.1988). Neun Zehntel der Entscheidungen liegt § 46 StGB 1974 zugrunde samt den flankierenden Verfahrens- und Vollzugsbestimmungen. Darauf soll hier deshalb genauer eingegangen werden.

International und auch in Österreich schon im letzten Viertel des 19. Jahrhunderts als fällige Strafreformmaßnahme in Diskussion, wurde das Institut der bedingten Entlassung hierzulande erst sehr spät (nämlich mit dem Gesetz über die bedingte Verurteilung 1920) und mit vergleichsweise mäßigem Start- und Durchsetzungserfolg eingeführt (vgl. Stangl, 1988). In den Grundzügen hat sich seither trotz mehrmaliger Korrekturen am Gesetz an den Regelungen der bedingten Entlassung speziell aus lebenslanger Haft nicht allzuviel verändert. Die ins Gewicht fallenden Reformen am Institut der bedingten Entlassung haben lebenslang Gefangene bisher nicht wesentlich oder sogar in negativer Weise tangiert.

Das Strafrechtsänderungsgesetz 1960 war die erste Revision des Gesetzes über die bedingte Verurteilung und benachteiligte Lebenslange bewußt. Dieses Gesetz entstand unter dem Eindruck einiger aufsehenerregender Mordprozesse und reagierte auf öffentliche Kritik an "nahezu automatischer" bedingter Entlassung auch von "Schwerstkriminellen" bei Erfüllung der zeitlichen Voraussetzungen für probeweise Strafentlassung. Im wesentlichen brachte es eine Hinaufsetzung der Mindeststrafzeit für Lebenslange von 15 auf 20 Jahre und eine Verlagerung der Entscheidung über die bedingte Entlassung von einer administrativen (wiewohl auch mit Gerichtspräsidenten und Staatsanwalt besetzen) Vollzugskommission auf ein Vollzugsgericht (Drei-Richter-Senat bei schöffen- und geschwornengerichtlich Verurteilten). *"Diese Kritik* (an der Vollzugskommissionstätigkeit, A.P.), *die sich im wesentlichen auf die Handhabung der bedingten Entlassung bei Schwerstverbrechern bezogen hat, dürfte jedoch mit ein Grund gewesen sein, daß die Gerichte in der Folge den Gesetzesauftrag in einer betont restriktiven Haltung zur Institution der bedingten Entlassung überhaupt verstanden haben. Diese restriktive Haltung zur Institution der bedingten Entlassung führte in der Folge in der praktischen Anwendung zu einem Rückgang der bedingten Entlassungen um mehr als die Hälfte der früheren Entlassungsziffern. Wie spätere Untersuchungen jedoch beweisen sollten, zeigte diese Praxis der Gerichte nicht den gewünschten Erfolg."* (Kresnik, 1977)

An dieser Wende zur Übervorsicht der Gerichte und zur Verschleuderung des kriminalpräventiven Potentials der bedingten Entlassung[6] hat die Strafrechtsreform ihrerseits wieder korrigierend angesetzt. Diese Reform hat zwar insgesamt wichtige Neuerungen, etwa die Möglichkeit der bedingten Entlassung schon nach der Halbstrafe und die Herabsetzung des zu verbüßenden Strafminimums auf sechs Monate gebracht, die Lebenslangen jedoch im Grunde nur in den Stand vor 1960 versetzt. § 46 Abs 4 StGB lautet im StGB 1974:

"Ein Rechtsbrecher, der zu einer lebenslangen Freiheitsstrafe verurteilt worden ist, darf nicht bedingt entlassen werden, bevor er fünfzehn Jahre verbüßt hat. Trifft diese Voraussetzung zu, so ist er gleichwohl nur dann bedingt zu entlassen, wenn es trotz der Schwere der Tat nicht der weiteren Vollstrekkung bedarf, um der Begehung strafbarer Handlungen durch andere entgegenzuwirken, und aus besonderen Gründen Gewähr dafür geboten ist, daß der Rechtsbrecher in der Freiheit keine weiteren strafbaren Handlungen begehen werde."

Essentiell an dieser Bestimmung ist das Zusammentreffen dreier Erfordernisse, zeitlicher, general- und spezialpräventiver Art, wobei die Reihenfolge ihrer Nennung im Gesetz von manchen Juristen auch als Gewichtung verstanden wird. Hinsichtlich des zeitlichen Erfordernisses sind die Anrechnung von Vorhaftzeiten und die Berücksichtigung zusätzlicher nachträglicher Verurteilungen wichtig, die die 15 Mindestjahre Lebenslänglicher um entsprechende Strafteile aus anderen Verurteilungen verlängern können.

Hinsichtlich der spezialpräventiven Bedingungen für die bedingte Entlassung Lebenslänglicher ist zu bemerken, daß es sich um jene Bedingungen handelt, die im allgemeinen für die Entlassung schon nach halber Strafzeit gelten. Diese frühe Entlassung ist gesetzlich als besondere Ausnahme gekennzeichnet und ist es auch in der Praxis geblieben. Es braucht "besondere Gründe", um jemanden nach der Hälfte der Strafe zu entlassen, d.h. - so die Formel - *"... daß bestimmte, nicht regelmäßig oder sehr oft gegebene, sondern gerade dem Einzelfall eigentümliche Umstände für künftiges Wohlverhalten sprechen müssen."* (Wr. Kommentar zum StGB, § 46, RZ 33)[7] Trotz gleicher Formulierung des spezialpräventiven Erfordernisses für die begünstige bedingte Entlassung nach halber Strafe und die Entlassung aus lebenslanger Strafe spricht sich der Wiener Kommentar zum StGB gegen den gänzlich gleichen, strengen Maßstab in beiden Fällen aus: *"... jedoch geht es im Fall des Abs. 2 um eine begünstige bedingte Entlassung, hier darum, ob überhaupt bedingt entlassen wird. Auch wird man der Drohung mit dem Vollzug des ‚Strafrests' einer lebenslangen Strafe allemal mehr Gewicht beimessen können als der Drohung mit dem Vollzug der Hälfte einer zeitlichen Strafe. So gesehen scheint es trotz gelegentlich gegenläufiger Tendenzen, wie sie etwa noch im StrafrechtsänderungsG 1960 zum Ausdruck gebracht worden sind, vertretbar, bei der Entlassung aus einer lebenslangen Freiheitsstrafe nicht denselben strengen Maßstab anzulegen"* (RZ 37) - dies wohl insbesondere dann, wenn die zeitliche Voraussetzung für eine Entlassung bereits seit langem erfüllt und schon weit überschritten ist.

Nichtsdestoweniger wird bei Lebenslangen, wie die nachfolgende Analyse zeigen wird, jene restriktive, auf die Halbzeitentlassung zugeschnittene Fassung des spezialpräventiven Entlassungskriteriums, wie sie ebenfalls im Wiener Kommentar zu lesen ist, voll wirksam: *"Daß der Strafe die erste Verurteilung eines bisher unbescholtenen Rechtsbrechers zugrundeliegt oder daß es sich um die erstmalige Verbüßung einer Freiheitsstrafe handelt, stellt für sich allein noch keinen besonderen Grund für eine begünstigte bedingte Entlassung dar, kann aber im Zusammenhalt mit anderen Gründen dafür ausschlaggebend sein. Nach der RV wird die erforderliche qualifiziert günstige Prognose in aller Regel Schuldeinsicht und Reue voraussetzen und damit den Nachlaß eines großen Teils der Strafe nach dem allgemeinen Rechtsempfinden vertretbar sein lassen. Liegt keine der eben erwähnten Voraussetzungen vor, so wird eine begünstigte bedingte Entlassung nur in ganz besonders gelagerten Ausnahmefällen in Betracht kommen, zB im Zusammenhang mit einer schweren und dauernden Verschlechterung im Gesundheitszustand des Rechtsbrechers."* (RZ 33)

Schließlich zum generalpräventiven Erfordernis: Es gilt bis zum 31.3.1988 (bis zum StRÄG 1987) noch unterschiedslos für die bedingte Entlassung aus einer zeitlichen wie aus einer lebenslangen Strafe. Unter der Generalpräventionsklausel, "wenn es nicht der Vollstreckung des Strafrests bedarf, um der Begehung strafbarer Handlungen durch andere entgegenzuwirken", verfolgt das Instrument der bedingten Entlassung theoretisch zwar einen primär spezialpräventiven Zweck: *"Der Verzicht auf die weitere Vollstreckung kann eine Angleichung oder Annäherung der Vollzugsdauer an das vom Standpunkt einer rein spezialpräventiven Zielsetzung wünschenswerte Ausmaß ermöglichen und vermeidet die aus dem weiteren Vollzug der Spezialprävention entgegenwirkenden Gefahren."* (Wr.Kommentar zum StGB, § 46, RZ 5) Mit der Verweigerung der bedingten Entlassung, so wie mit der Strafzumessung an sich, generalpräventive Ziele als solche (Abschreckung) zu verfolgen oder nachträglich nochmals der Tatschwere Rechnung zu tragen, ist gesetzlich - so wird man belehrt - nicht intendiert. Es wird vielmehr als Regel betrachtet, daß das generalpräventive Bedürfnis nach Verbüßung von zwei Dritteln (mindestens 6 Monaten) einer Strafe abgedeckt ist, wenn von einem Gefangenen künftiges Wohlverhalten angenommen werden kann (vgl. Wr.Kommentar zum StGB, § 46, RZ 5, 28). Je eher das soziale Wohlverhalten eines zu Entlassenden garantiert ist, desto unbedenklicher scheint auch die Verallgemeinerung dieser Regel auf Langstrafige und Lebenslange.

In der Auslegung des Wiener Kommentars zum StGB sind generalpräventive Bedenken bei der bedingten Entlassung eigentlich immer nur in Verbindung mit spezialpräventiven Unzulänglichkeiten angebracht. Je höher die Strafe war, desto weniger kann bei auch nur kleinen Unklarheiten über die Sozialprognose des Gefangenen davon ausgegangen werden, daß die (allgemein angenommene) generalpräventive Unbedenklichkeit der bedingten Entlassung auch in diesem Fall gilt. *"Einen Anhaltspunkt für die um der Generalprävention im allgemeinen willen erforderlichen Einschränkungen der bedingten Entlassung gibt die für die Zulässigkeit in Abs 4 getroffene Regelung: Wenn bei lebenslangen Strafen trotz der Schwere der Tat die Entlassung zulässig ist, wenn aus besonderen Gründen Gewähr für die spezialpräventive Zulänglichkeit besteht, dann wird auch sonst ein Vollzug umso eher geboten sein, je höher wegen der Schwere der Tat die Strafe ausgefallen ist und je weniger besondere Gründe für die spezialpräventive Zulänglichkeit der bloß teilweisen Strafverbüßung angeführt werden können."* (RZ 29) In der Praxis der Entlassungsentscheidungen bei

Lebenslangen wird diese Abhängigkeit zwischen general- und spezialpräventivem Kalkül jedoch häufig übersehen. Auch anerkannt seitens des Gefangenen hochgradig erfüllte spezialpräventive Voraussetzungen lassen generalpräventive Bedenken des Vollzugsgerichtes häufig unberührt. Die Erfüllung der generalpräventiven Entlassungsbedingung wird, wie sich zeigen wird, regelmäßig unabhängig von der Entwicklung des Gefangenen einzuschätzen versucht und als eigenes strenges Entlassungskriterium wirksam.

Das StRÄG 1987, der nächste große Einschnitt im Recht der bedingten Entlassung, hat ebenfalls den zu zeitlichen Strafen Verurteilten mehr Vorteile gebracht als den lebenslang Gefangenen. Eine bedingte Entlassung ist nun auch schon nach drei Monaten Strafverbüßung möglich (auch wenn damit erst die Hälfte der Strafe vollzogen ist). Die vorzeitige Entlassung nach der Strafhälfte wird zur Norm, *"wenn anzunehmen ist, daß es nicht der Vollstreckung des Strafrestes bedarf, um den Rechtsbrecher von weiteren strafbaren Handlungen abzuhalten."* Daß besondere Gründe für die Gewähr künftigen Wohlverhaltens des Entlassenen sprechen, ist nicht mehr erforderlich. Die Entlassung nach zwei Strafdritteln kann in spezialpräventiver Hinsicht nur abgelehnt werden, "wenn besondere Gründe befürchten lassen, der Rechtsbrecher werde in Freiheit weitere strafbare Handlungen begehen." In generalpräventiver Hinsicht sind ablehnende Entlassungsentscheidungen (auch nach erst der Hälfte einer zeitlichen Freiheitsstrafe) in Hinkunft qualifiziert zu begründen. *"Bei jeder Entscheidung über eine bedingte Entlassung sind die Person des Rechtsbrechers, sein Vorleben, seine Aussichten auf ein redliches Fortkommen und seine Aufführung während der Vollstreckung sowie der Umstand zu berücksichtigen, ob es aus* ***besonderen Gründen*** (Hervorh. A.P.) *der Vollstreckung des Strafrestes bedarf, um der Begehung strafbarer Handlungen durch andere entgegenzuwirken."*

An der Bedeutung des generalpräventiven Gesichtspunkts bei der Entlassungsentscheidung im Fall lebenslanger Strafen hat sich hingegen nichts verändert. Diesbezüglich bleibt die Gesetzesformulierung des § 46, wie sie war. Die Prüfung der möglichen generalpräventiven Folgen einer bedingten Entlassung aus der Maximalstrafe ist nach wie vor verlangt, während sie nun bei kürzeren Strafen explizit zur Nebensache wird.

Geändert hat sich hingegen die Spezialpräventionsklausel. Die bedingte Entlassung eines Lebenslangen aus der Haft ist nun auch zulässig, *"wenn nach seiner Person, seinem Vorleben, seinen Aussichten auf ein redliches Fortkommen und seiner Aufführung während der Vollstreckung* ***anzunehmen*** (Hervorh. A.P.) *ist, daß er in Freiheit keine weiteren strafbaren Handlungen begehen werde und es trotz der Schwere der Tat nicht der weiteren Vollstreckung bedarf, um der Begehung strafbarer Handlungen durch andere entgegenzuwirken."* (§ 46 Abs 5 StGB) Das Erfordernis einer einfachen Wohlverhaltensannahme tritt hier an die Stelle des Erfordernisses einer qualifiziert günstigen Sozialprognose. In der Praxis wird eine durchschnittlich günstige Wohlverhaltensprognose zwar nichts an der üblichen Vorrangigkeit generalpräventiver Erwägungen in den ersten Entlassungsverfahren nach Verbüßung der Mindestzeit von 15 Jahren einer lebenslangen Strafe ändern. Auch besondere Gründe für die Gewähr künftigen Wohlverhaltens (auch wenn sie nicht weiter als unbedingte Entlassungsvoraussetzung verlangt sind) werden in diesen frühen Verfahren - so wie bisher - schwerlich Bedenken generalpräventiver Natur bei den Vollzugsgerichten aufwiegen können. Einfacher wird die Situation jedoch möglicherweise für lange "überzeitige" Lebenslange, denen bisher zum Teil gerade wegen der zunehmend nachteiligen Haftfolgen Sachverständige ein qualifiziert günstiges Zeugnis versagt haben.

Zuständig für die Entscheidung der Entlassungsfrage ist gem. § 16 (2) Zif. 12 StVG das Vollzugsgericht, d.h. der in Strafsachen tätige Gerichtshof erster Instanz, in dessen Sprengel die Freiheitsstrafe vollzogen wird. Um dem Gefangenen vor seiner Rückkehr in die Freiheit in vermehrtem Maß erzieherische und fürsorgerische Betreuung angedeihen zu lassen, sieht das StVG in § 144 einen gelockerten Entlassungsvollzug vor. Er beginnt nach dem Ausmaß der zu vollziehenden Freiheitsstrafe drei bis zwölf Monate vor der voraussichtlichen Entlassung. Wenngleich das Gesetz keine präzisen Fristen enthält, hat sich in der Praxis (und erhärtet durch Erlaß des BMfJ) für Strafen von über 10 Jahren (also auch für lebenslange Strafen) ein einjähriger Entlassungsvollzug institutionalisiert. Um diesen Entlassungsvollzug durchführen zu können, ist das Gericht bis zum StRÄG 1987 aufgerufen gewesen, auch über die voraussichtliche bedingte Entlassung zu befinden. Der "Erlaß vom 7. Nov. 1974 (JABl 1975/2) über die Vorbereitung und Durchführung der mit einer bedingten Entlassung zusammenhängenden Entscheidungen" hat geregelt, daß das Vollzugsgericht zwei Monate vor dem frühestmöglichen Beginn des Entlassungsvollzugs mit der Frage der voraussichtlichen bedingten Entlassung (VBE) zu befassen ist. Konkret bedeutete dies, daß für den Lebenslangen nach 13 Jahren und 10 Monaten Strafe das erste Entlassungsverfahren begann, indem die Anstalt dem Vollzugsgericht seinen Akt zur Prüfung vorlegte. Ein positiver Verfahrensausgang, die Inaussichtnahme der bedingten Entlassung, implizierte zugleich die Anordnung der Überstellung in den Entlassungsvollzug.[8]

Die Überstellung eines Gefangenen in den Entlassungsvollzug als Vorbedingung für die Durchführung gezielter Entlassungsvorbereitungen (z.B. auf dem Wege des Freigangs) ist seit dem StRÄG 1987, das auch § 145 StVG ("Beginn des Entlassungsvollzugs") reformiert hat, in die Kompetenz des Anstaltsleiters übertragen. Sieht der Anstaltsleiter die baldige bedingte Entlassung eines Gefangenen als möglich voraus, kann er, ohne die Entscheidung des Vollzugsgerichts abzuwarten, einen Gefangenen in den verhältnismäßig offenen Entlassungsvollzug überstellen und in diesem soziale Trainings- und Erprobungsmaßnahmen setzen, die die Entscheidungsgrundlage des Gerichts wesentlich verbessern. Einen Gefangenen aus seinem Verhalten im Normalvollzug zu beurteilen, ist für risikoscheue Richter und Gutachter wesentlich schwerer als eine Beurteilung aus der kalkulierten Risikosituation des Entlassungsvollzugs heraus. Damit hängen viele ablehnende Entscheidungen über die bedingte Entlassung mangels Gewißheit über die Persönlichkeit und Zukunft eines lebenslang Gefangenen zusammen. Die Anstaltsleitung und deren Mitarbeiter(innen), mit dem Strafgefagenen vertrauter als das Gericht, bekommen nun wieder ein wesentlich größeres Stück Entscheidungsbefugnis in Sachen Entlassung, was sich aller

Wahrscheinlichkeit zugunsten vieler der betroffenen Gefangenen auswirken wird. Voraussetzung dafür ist, daß die Anstalten aus dieser neuen Befugnis nicht sogleich ein Instrument der Differenzierung zwischen und der Disziplinierung von Gefangenen machen oder ihrer Entscheidung auch wiederum nur die alten gerichtlichen Entlassungkriterien zugrundelegen. Gegenüber Gefangenen wird es jedoch in den Anstalten schwieriger werden, sich bei Entlassungsverweigerung einfach auf ein entferntes Gericht zu berufen. Diese Verfahrensveränderung ist möglicherweise der wichtigste Punkt im StRÄG in bezug auf die bedingte Entlassung Lebenslanger.

Ein zweites Mal ist das Gericht nach der alten Rechtslage ein Jahr später, nämlich zwei Monate vor Ablauf des 15. Strafjahres, mit der Entlassungsfrage zu konfrontieren gewesen. Das ist der Zeitpunkt, zu dem nunmehr (nach dem StRÄG 1987) das erste gerichtliche Entlassungsverfahren einsetzt. Das Vollzugsgericht in weiterer Folge regelmäßig mit der Entscheidung über die bedingte Entlassung eines Lebenslangen zu beschäftigen, trifft die Anstaltsleitung hingegen keine Verpflichtung. Jedoch kann der Gefangene dann jederzeit als Bittsteller um die bedingte Entlassung an das Gericht herantreten. Ob er dies tut, bleibt ihm allein überlassen.

Das Entlassungsverfahren ist ein sehr vereinfachtes. Es sieht die gerichtliche Einsichtnahme in Strafakt und Personalakt des Gefangenen sowie auf jeden Fall die Einholung von schriftlichen Äußerungen des Anstaltsleiters und des Staatsanwalts sowie des Gefangenen vor, allenfalls auch des Anstaltsarztes oder -psychologen und eines Gerichtssachverständigen. Die mündliche Anhörung des Gefangenen durfte bis zum StRÄG 1987 ganz unterbleiben, soferne sie nicht zur Vorhersage des künftigen Verhaltens zweckmäßig erschien. De facto unterblieb die persönliche Anhörung Gefangener durch das Vollzugsgericht fast immer. Aus den in dieser Untersuchung eingesehenen Akten wurde ersichtlich, daß es ein einziges Mal zu einem persönlichen Zusammentreffen zwischen einem dieser Lebenslangen und dem Vollzugsgericht in einem Entlassungsverfahren gekommen ist.

Seit dem StRÄG gibt es die Vorschrift der persönlichen Anhörung der Entlassungskandidaten nach zwei Strafdritteln bzw. nach 15 Jahren einer lebenslangen Strafe oder bei der ersten Beantragung der bedingten Entlassung durch den Gefangenen - es sei denn, das Gericht bewilligt die Entlassung ohnehin (§ 152a StVG). Die Anhörung erfolgt nicht in Form einer parteiöffentlichen Verhandlung. Es besteht lediglich die Chance der mündlichen Darlegung ihrer Argumente durch den Gefangenen und gegebenenfalls durch andere Auskunftspersonen wie Anstaltsleiter, -psychologen etc. vor dem Richter. Zur Vermeidung größeren Aufwands genügt ein einfacher Protokollvermerk über die Anhörung. Welche Auswirkungen von dieser Verfahrensänderung wirklich ausgehen werden, kann heute noch nicht beantwortet werden.

5.2. Anzahl und Dauer der Entlassungsverfahren

Die durchschnittliche Zahl der von den erfaßten lebenslänglich Gefangenen durchlaufenen Entlassungsverfahren ist 4, bei gesonderter Zählung der zweitinstanzlichen Verfahren vor den entsprechenden Oberlandesgerichten 5,5. Und die meisten der betreffenden Gefangenen haben noch mehrere solcher Verfahren vor sich. Bei gesonderter Betrachtung der 11 bedingt Entlassenen unter den untersuchten Lebenslangen ergibt sich eine mittlere Zahl von 5 bzw. 7 (inklusive Beschwerdeprozessen) Gerichtsverfahren über die Entlassungsfrage, ehe sie eine positive Beantwortung fand.

Lebenslang Gefangene mit längeren "Überzeiten" haben naturgemäß mehr Erfahrung mit Gerichtsbeschlüssen. Wie oft ein Gefangener hinsichtlich seiner Entlassungswürdigkeit beurteilt wird, hängt also von der Zeit der Strafverbüßung ab, aber auch von der Initiative bzw. dem Prozeßverhalten des Betroffenen. Im allgemeinen wird bei Lebenslangen ungefähr einmal im Jahr über die Entlassung auf Probe befunden. Es gibt aber auch z.B. den Extremfall, der innerhalb von rund 6 Jahren 12 Entlassungsbeschlüsse herbeiführt (wie schon die zwei ersten, offizial bewirkten, alle ablehnend; Pb. 3), oder die Fälle, die innerhalb von 7 bis 10 Jahren nur je vier solcher Reaktionen bekommen, weil sie so gut wie keine Eingabe entsprechender Art an das Vollzugsgericht machen (Pbn. 23, 24 und 29). Mit diesen Extrembeispielen intensiver Entscheidungssuche und hochgradiger Passivität werde ich mich im Zusammenhang mit der Zeitstruktur der Entlassungsverfahren nochmals beschäftigen.

Die Tabellen 13 und 14 machen deutlich, daß die am längsten inhaftierte Gruppe Lebenslanger sich eher durch passive und resignative (oder auch verweigernde) Haltung gegenüber dem Vollzugsgericht auszeichnet. Die durchschnittliche Zahl absolvierter Entlassungsverfahren ist bei den am längsten Angehaltenen niedriger, als man es nach der Zeit ihres Freiheitsentzugs erwarten würde. Es bleibt quasi eine Gruppe von imkompetenten, inaktiven oder kooperationsunwilligen Langzeitgefangenen übrig, die wahrscheinlich nicht nur die rein formale Voraussetzung (Antrag bei Gericht) für eine bedingte Entlassung nicht erfüllt, sondern auch sonst von der Außenwelt abgeschnitten existiert. Unter den über 21 Jahre Inhaftierten scheint diese Gruppe der "Untergetauchten" besonders stark repräsentiert.

Tabelle 13:
Strafdauer und erlebte Entlassungsentscheidungen

Strafe	Anzahl der Verfahren *) 1	2	3	4	5	6	7	8	9	unbek.	Mittelw.
15-<16	2	2	1								1,8
16-<17		2	4							1	2,7
17-<18			2		1					1	3,7
18-<19		1	2	5	1	1					3,9
19-<20				1	3	1				1	5,0
20-<21						1			1		7,5
21-<22				2			2		1		6,2
22-<23											
23-<24						1					6,0
24-<25				1		1					5,0
länger										1	
unbek.										1	
Summe	2	5	9	9	5	5	2		2	5	

*) inkl. d. Entscheidung ü. d. "voraussichtl. bed. Entlassg." nach 15 J., ohne Beschwerdeverf.

Tabelle 14:
Strafdauer und erlebte Entlassungsentscheidungen

Strafe	Anzahl der Verfahren *) 1	2	3	4	5	6	7	8	9	10	11	12	13	14	unbek.	Mittelw.
15-<16	1	1	1	2												2,3
16-<17		1	2		3										1	3,8
17-<18			1		1		1								1	5,0
18-<19		1	1	2	1	3	1	1								5,1
19-<20					1	2	2								1	6,2
20-<21								1						1		11,0
21-<22				1	1					2	1					8,0
22-<23																
23-<24								1								8,0
24-<25						1					1					8,5
länger															1	
unbek.															1	
Summe	1	3	5	5	7	6	4	3		2	2			1	5	

*) inkl. Entscheidungen ü. d. "voraussichtl. bed. Entlassg." nach 15 J., inkl. Beschwerdeverf.

Grafik zu Tabelle 13 und Tabelle 14:

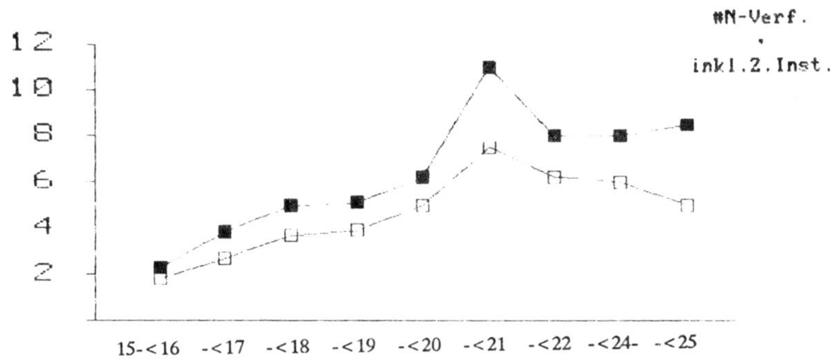

Bei 140 abgeschlossenen Verfahren 1. Instanz sowie 54 abgeschlossenen Verfahren 2. Instanz sind Informationen über die Verfahrensdauer verfügbar gewesen. Gemessen vom Zeitpunkt der Eingabe durch die Vollzugsanstalt an das Gericht bis zum Datum des Beschlusses, vergeht insgesamt folgende Zeit:

Innerhalb eines Monats sind 11% der Verfahren über die bedingte Entlassung Lebenslänglicher entschieden, innerhalb von 3 Monaten 55%, innerhalb eines halben Jahres 84% und binnen Jahresfrist 98%. Anders ausgedrückt - 2% der Verfahren verzögern sich länger als ein Jahr, 16% länger als ein halbes Jahr und 45% zumindest drei Monate lang (Tab. 15).

Am durchschnittlich längsten braucht das erste Verfahren, das kurz vor Ablauf von 14 Jahren Strafe beginnt und in dem (als Voraussetzung für die Überstellung des Gefangenen in den einjährigen Entlassungsvollzug) über die Möglichkeit der positiven Entlassungsentscheidung nach Verbüßung der 15 Jahre gesetzlicher Mindeststrafe befunden wird. Die erste, unabhängig von der Antragstätigkeit des Gefangenen zu treffende endgültige Entscheidung über die bedingte Entlassung zum frühesten Zeitpunkt selbst, ist dagegen die am raschesten gefällte. Die Entscheidungen über Gesuche des Gefangenen, in die bedingte Freiheit entlassen zu werden, liegen hinsichtlich Verfahrensdauer in der Mitte.

Auf die Entscheidung über die voraussichtliche bedingte Entlassung warten 85% der betroffenen Gefangenen länger als zwei Monate. Das bedeutet bei einer Praxis der Anstalten, zwei Monate vor Beginn des letzten der 15 Mindeststrafjahre Lebenslanger bei Gericht die entsprechende Eingabe zu machen, daß aus verfahrenstechnischen Gründen der Entlassungsvollzug bei höchstens 15% der Gefangenen zum frühestmöglichen Zeitpunkt hätte einsetzen können.[9] 68% haben länger als drei Monate, 26% länger als sechs Monate und ein Gefangener hat länger als ein Jahr auf die erste Aussage des Vollzugsgerichts über eine Entlassungschance gewartet (Tab. 16).

Umso rascher fällt dann die erste Entscheidung über die bedingte Entlassung selbst. Sie wird in aller Regel nach 14 Jahren und 10 Monaten anrechenbarer Strafe von der Anstalt bei Gericht eingefordert und ist dann in 69% der Fälle tatsächlich binnen zwei Monaten da, in 97% binnen drei Monaten - also noch im ersten Monat der "Strafüberzeit".[10] Diese zweite Offizialentscheidung ist tendenziell nur noch Formsache und wiederholt eigentlich nur die erste: Es ist seinerzeit schon beschlossen worden, daß eine bedingte Entlassung nach "nur" 15 Jahren voraussichtlich nicht in Betracht kommen wird, und das Vollzugsgericht hält sich nun durchwegs an diese (in allen Fällen in erster Instanz negative) Entscheidung. Der Mühe weiterer Vorausschau auf einen denkbaren späteren Entlassungszeitpunkt unterzieht es sich in diesem Moment nicht. Die Entlassungsentscheidung nach 15 Jahren Strafe wird nicht zur gleichen Zeit als Entscheidung über die voraussichtliche bedingte Entlassung nach 16 Jahren oder zu einem bestimmten späteren Zeitpunkt verstanden. Damit wird wiederum Zeit versäumt, die Vorteile des Entlassungsvollzugs so bald wie möglich zu nutzen.

Die meisten der überprüften Entlassungsentscheidungen sind von den Gefangenen selbst gesucht worden. Antwort auf Bittanträge um bedingte Entlassung bekommen die Antragsteller zu 53% nicht vor einem Vierteljahr, zu 19% nicht vor einem Halbjahr und zu 3% erst nach über einem Jahr (Tab. 17). Hierbei ist mitzuberücksichtigen, daß von der Formulierung des Entlassungsgesuchs bis zu dessen Weiterleitung an das Vollzugsgericht mit den entsprechenden Stellungnahmen der Anstalt einige Wochen und vom Gerichtsbeschluß bis zu dessen Bekanntgabe an den Gefangenen auch noch der eine oder andere Tag vergehen. In toto ist die Zeit der Ungewißheit für den Gefangenen also etwas länger, als es die angeführten Zahlen vermitteln.

Die leicht überdurchschnittliche Dauer der durch Bittanträge des Gefangenen in Gang gesetzten Verfahren resultiert nicht daraus, daß die Vollzugsgerichte solche Verfahren eher verschleppen als andere, etwa um so einer zu hohen Frequenz von Antragsverfahren vorzubeugen. Was die Dauer der Verfahren betrifft, scheint ein Faktor der allein auschlaggebende - der gerichtliche Sachverständige. Ein solcher wird am häufigsten beigezogen, wenn es um die voraussichtliche bedingte Entlassung nach 15 Strafjahren geht (in 59%), aber auch in 51% der Antragsverfahren, jedoch in nur 6% der Erstverfahren über die bedingte Entlassung. Vergleicht man nur jene Verfahren, in denen es zur Einschaltung eines Sachverständigen gekommen ist, werden Antragsverfahren sogar tendenziell rascher abgewickelt als amtswegige Verfahren.

Die gerichtssachverständige Begutachtung des Gefangenen schafft eine merkliche Verfahrensverlängerung. Der Median der Dauer von Verfahren mit Einholung eines Sachverständigengutachten liegt bei 5 Monaten (die Hälfte aller Verfahren braucht länger als diese Zeit), der Median der Verfahrensdauer, wenn kein Gutachter beigezogen worden ist, liegt bei unter 2 Monaten. Ein Sechstel der Sachverständige involvierenden Verfahren hat mehr als acht Monate Zeit (allein in erster Instanz!) in Anspruch genommen, hingegen kein einziges der auf Gutachter verzichtenden Verfahren. Im Extremfall mußte auf einen gutachtensgestützten Gerichtsbeschluß fast 16 Monate gewartet werden. Während dieser Zeit befinden sich die Begutachteten wohlgemerkt in Strafhaft, die meisten weit über 15 Jahre und schon mit dem Anspruch, bei Zutreffen bestimmter Voraussetzungen bedingt entlassen zu werden.

Sehr prompt entschieden wird im allgemeinen in zweiter Instanz. Auch das längste Beschwerdeverfahren dauert kürzer als vier Monate, 89% der Verfahren sind in maximal zwei Monaten entschieden, 35% sogar innerhalb eines Monats.

Nur in einem einzigen Fall hat das Beschwerdegericht von sich aus einen Sachverständigen bemüht, ohne daß die Beschlußfassung dadurch in diesem Fall wesentlich hinausgeschoben wurde.[11]

Tabelle 15:

Verfahrensdauer, alle Verfahren

Dauer	N-Verf.	mit SV	ohne SV	%	% mit SV	% ohne SV
- 1Mo	15	1	14			
- 2Mo	35		35			
- 3Mo	27	5	22			
>0- 3Mo	77	6	71	55	10	90
- 4Mo	17	12	5			
- 5Mo	14	13	1			
- 6Mo	9	8	1			
>3- 6Mo	40	33	7	29	54	9
- 7Mo	7	7				
- 8Mo	6	5	1			
- 9Mo	4	4				
- 10Mo	1	1				
- 11Mo						
- 12Mo	2	2				
>6-12Mo	20	19	1	14	31	1
- 13Mo	1	1				
- 14Mo						
- 15Mo						
- 16Mo	2	2				
> 12Mo	3	3		2	5	
Summe	140	61	79	100	100	100

Grafik zu Tabelle 15:

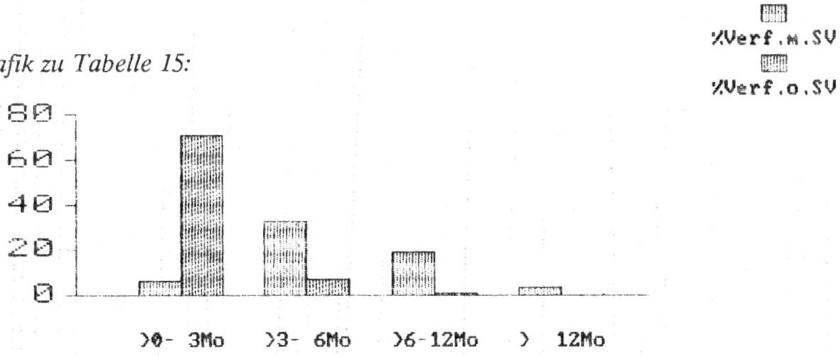

Tabelle 16:
Verfahrensdauer, voraussichtliche bedingte Entlassung

Dauer	N-Verf.	mit SV	ohne SV	%	% mit SV	% ohne SV
>0- 3Mo	11	1	10	32	5	77
>3- 6Mo	14	11	3	41	52	23
>6-12Mo	8	8		24	38	
> 12Mo	1	1		3	4	
Summe	34	21	13	100	100	100

Tabelle 17:
Verfahrensdauer, Antragsverfahren

Dauer	N-Verf.	mit SV	ohne SV	%	% mit SV	% ohne SV
>0- 3Mo	35	3	32	47	8	89
>3- 6Mo	25	22	3	34	58	8
>6-12Mo	12	11	1	16	29	3
> 12Mo	2	2		3	5	
Summe	74	38	36	100	100	100

Es steht jedem Gefangenen frei, nach der Ablehnung seiner bedingten Entlassung durch das Vollzugsgericht oder das Beschwerdegericht neuerlich einen Antrag auf Entlassung zu stellen. Es ist keine Frist vorgeschrieben, die bis zum Vorbringen neuer Argumente oder auch nur Bitten abzuwarten wäre. Der allzu "ungeduldige" Bittsteller läuft allerdings Gefahr, durch einen kurzen Verweis auf den letzten Beschluß und das Fehlen eines die Umstände hinreichend verändernden Zeitablaufs abgefertigt zu werden. Das Antragsverhalten des Gefangenen kann ja selbst als Persönlichkeitsmerkmal, als Merkmal der Einsicht in die Richtigkeit des Strafurteils und der ablehnenden Entlassungsbeschlüsse interpretiert werden. Es ist also ein gewisses Risiko mit der Antragstellung verbunden, zumal jede neuerliche Ablehnung wieder festschreibt, daß noch nicht genügend Strafzeit verstrichen ist, der Gefangene sich selbst noch immer falsch einschätzt und zunächst einmal zu warten hat.
In dieser Situation hat sich offenbar so etwas wie eine informelle Norm gebildet, zwischen etwa einem halben und einem Jahr zuzuwarten, bis ein Bittantrag gestellt wird. Fast die Hälfte aller "Wartezeiten" zwischen gerichtlicher Ablehnung der Entlassung und neuem Antrag des Abgelehnten ist so lang. Weniger als ein halbes Jahr wartet ein weiteres (starkes) Viertel der betroffenen Gefangenen. Die übrigen in dieser Studie feststellbar gewesenen Zeiten des Verzichts auf Entlassungsbitten sind länger als ein Jahr und zum Teil sogar extrem lange.

In einem Fall hat ein lebenslang Gefangener erst nach 75 Monaten und 16 Tagen einen Entlassungsantrag an das Gericht gestellt, in einem anderen Fall liegt die letzte Antragstellung schon mehr als 5 1/2 Jahre zurück und immer noch kein aktuelles Gesuch vor. Hieran zeigt sich die Problematik, die Überprüfung der Entlassungsfrage (abgesehen von den ersten beiden Malen nach 14 und 15 Jahren Haft) der Initiative des Gefangenen zu überlassen. Immerhin 10% aller "Wartezeiten" bis zu einem Bittantrag betragen über 2 Jahre.

Tabelle 18:
"Wartezeiten" bis zum Bittantrag auf Entlassung

Zeit	N	%	N offen *)
- 3Mo		9	8
> 3- 6Mo	16	21	4
> 6- 9Mo	14	18	1
> 9-12Mo	21	27	
>12-18Mo	7	9	
>18-24Mo	5	6	
>24-36Mo	2	3	
>36-48Mo	2	3	
>48-60Mo	2	3	
>60-72Mo			1
>72Mo	1	1	
Summe	77	100	14

*) zur Zeit kein Antrag gestellt seit ...

Es gibt Gefangene, an deren von ihnen mitgesteuerter Entlassungsverfahrenskarriere sich beide beobachtbaren Verhaltensweisen - die hektische Suche nach einem positiven Gerichtsentscheid und die völlige Resignation - zeigen. Letztere folgt oft einer Phase vergeblicher Anstrengungen, möglichst unmittelbar nach Erfüllung der zeitlichen Voraussetzungen entlassen zu werden.

Ein Beispiel dafür ist ein Gefangener (Pb.1), der bereits fast 25 Jahre in Haft zubringt. Er ist seit 68 Monaten, als er die letzte Ablehnung seiner Entlassung erfuhr, nicht wieder bei Gericht um ein Ende der Strafzeit eingekommen. Das letzte Verfahren hatte in erster Instanz genau ein Jahr gedauert und war das sechste seiner Art gewesen (vier davon beantragt). Schon auf die Einleitung dieses letzten Verfahrens hatte der Gefangene mit seinem Antrag 2 Jahre und 11 Monate gewartet. Dies nach einer anfänglich intensiven Prozeßführung: Innerhalb von 2 1/2 Jahren (im 15.-17. Strafjahr) hatte der Gefangene 5 Verfahren durch beide Instanzen durchlaufen und dabei 10 ablehnende Beschlüsse erhalten. In diesen 2 1/2 Jahren betrug die Prozeßzeit 17 Monate, die Zeit zwischen den einzelnen Verfahren dreimal einen, einmal zehn Monate.

Ein weniger krasses Beispiel (Pb. VI)[12] aus der Gruppe der letztendlich bedingt Entlassenen (nach über 21 Jahren Haft) zeichnet sich durch 9 durchlaufene Entscheidungsverfahren aus, bis auf eines alle nur in einer Instanz geführt, im Ergebnis also beschwerdelos hingenommen. Während 5 1/2 Jahren hatte der Gefangene die ersten beiden Male ohne sein Zutun ein Verfahren erlebt und danach sechsmal und immer wieder nach relativ kurzer Wartezeit (nach höchstens einem halben Jahr) vergeblich eine Gerichtsentscheidung pro Entlassung herbeizuführen gesucht. In dieser Periode hielten sich Verfahrens- und Wartezeiten stets ziemlich die Waage. Nach der achten Ablehnung der bedingten Entlassung (einmal in zwei Instanzen) und über 19 Jahren Haft verzichtete der Gefangene erstmals längere Zeit, nämlich fast 20 Monate auf einen Entlassungsantrag. Dieser neunte und lange aufgeschobene Antrag führte schließlich zum gewünschten Erfolg. Dieses Muster steigender Ängstlichkeit und Vorsicht bei den Entlassungsgesuchen ist nicht untypisch für die Gruppe der bedingt Entlassenen (Pbn. II, IX, XI), die erst relativ spät das Gefängnis verlassen.

Auf der anderen Seite gibt es gar nicht so wenige Gefangene, die es von vornherein sehr lange nicht zu versuchen wagen, das Gericht zu einer Entlassungsentscheidung aufzurufen. Diese Gefangenen sind lange über die Mindestzeit im Gefängnis, ohne daß sie entsprechend viele Entscheidungsverfahren durchlaufen (oder durchlitten) haben. So entfallen beispielsweise auf einen etwa 2O Jahre Angehaltenen (Pb. 8) nur 4 Verfahren, dessen erstes von ihm selbst beantragtes erst nach 4 Jahren und einem Monat nach Ablehnung der bedingten Entlassung nach den 15 Jahren Mindestgefangenschaft in Gang gebracht worden ist. Seit den 78 Monaten, in denen bei diesem Gefangenen von den zeitlichen Voraussetzungen her die Entlassung theoretisch zumindest zur Diskussion steht und diskutiert werden könnte, hat der Gefangene 60 Monate stillgehalten und von sich aus die Entlassungsfrage nicht thematisiert. Noch extremer sind hier die Fälle (Pbn. 23, 24) zweier Gefangener, die schon über 21 bzw. über 24 Jahre der Freiheit beraubt sind und deren weiterer Freiheitsentzug jeweils erst viermal überprüft worden ist. Zwischen Entlassungsverweigerungen und Neuanträgen des einen stehen Wartezeiten von 6 und 59 Monaten und des anderen von 74 und 38 Monaten. In beiden Fällen ist die Zeit der Gerichtsanhängigkeit der Entlassungsentscheidung sehr kurz, gemessen an der seit dem vollendeten 14. Strafjahr verbüßten Strafe: einmal 11 von 87 Monaten, das andere Mal 15 von 131 Monaten.

5.3. Die Begründungsmuster in den ablehnenden Gerichtsbeschlüssen

Gesichtspunkte für die Inhaltsanalyse der Beschlüsse

Damit ein lebenslang Gefangener neben den zeitlichen alle anderen Voraussetzungen für eine bedingte Entlassung erbringt, müssen general- wie spezialpräventive Bedingungen erfüllt sein. Das Fehlen einer dieser Bedingungen allein genügt schon, daß eine Entlassung abgelehnt werden kann.

Es ist eine Grundposition dieser Arbeit (siehe Vorwort sowie Kap. 6.), daß in einem Resozialisierungsstrafrecht die Generalprävention als Kriterium für die Entlassung selbst bei lebenslanger Haft fehl am Platz ist. Von dieser Position aus interessieren hier vor allem einmal die generalpräventiven Argumentationsmuster für die Ablehnung der bedingten Entlassung. Die Legitimation der Entlassungsverweigerung mit der Generalprävention ist dort besonders problematisch, wo für eine spezialpräventive Skepsis hinsichtlich der Persönlichkeitsentwicklung des Gefangenen keine Ansatzpunkte bestehen. In welchen Fällen und in welcher Form kommt es zu einer Spannung zwischen spezialpräventiv positivem Urteil und generalpräventiven Einwänden gegen eine Entlassung?

Um dieser Frage nachzugehen, wurden alle eingesehenen vollzugsgerichtlichen Beschlüsse gegen die bedingte Entlassung Lebenslanger zunächst danach ausgewertet, ob sie dem general- und dem spezialpräventiven Argument ungleiches oder gleiches Gewicht einräumen. Die Beschlüsse wurden je nach Gewichtung beider Motive 5 Kategorien zugeteilt:

- ausschließlich generalpräventiv
- vorwiegend generalpräventiv (spezialpräventive Vorbehalte gegen die Entlassung werden genannt, die generalpräventiven Motive werden jedoch explizit als die entscheidenden bezeichnet oder sind deutlich sorgfältiger ausgeführt)
- gleichrangig general- und spezialpräventiv
- vorwiegend spezialpräventiv und
- ausschließlich spezialpräventiv argumentierend.

Die mit beiden grundlegenden Argumentationslinien angesprochenen Fakten, die "empirische" Basis der Beschlüsse, wurde nochmals differenziert. Im Bereich der generalpräventiven Begründungsmuster sind Bezugnahmen auf Fakten folgender Art gängig:

1. die Tat (Schwere der Folgen, der Schuld, Verwerflichkeit der Motive, Brutalität der Ausführung, damaliger Aufruhr der Öffentlichkeit etc.),
2. die Kriminalitätssituation (empirische Aussagen über Kriminalitätsentwicklung und Abschreckungsbedarf) und
3. das Bewußtsein der Bevölkerung (Rechts- und Sicherheitsgefühl, legitimer Anspruch auf strenge Justiz etc.).

In den spezialpräventiv argumentierenden Passagen der Beschlüsse wiederum finden sich empirische Bezüge auf:

1. die Biographie des Gefangenen vor Strafantritt (hier ist zu unterscheiden zwischen dem Strafregister per se und den um weitere soziale Informationen ergänzten Vorgeschichten),
2. das Verhalten im Strafvollzug (Führung, Arbeitsleistung, Bildungsanstrengungen, Ressourcen für die Reintegration),
3. die Gutachten von gerichtlichen "Persönlichkeitssachverständigen" (Gutachten unterschiedlicher Aktualität von Gerichtsmedizinern, Psychiatern, Psychologen).

Da angenommen werden kann, daß sich mit zunehmender Strafzeit die Begründungen für die Fortsetzung der lebenslangen Haft verschieben, wurden die Beschlüsse über die voraussichtliche bedingte Entlassung nach 15 Jahren sowie die Beschlüsse in Antragsverfahren, eingeleitet im 16. und 17. Strafjahr einerseits und in späteren Strafjahren andererseits, gesondert auf die gewählten Begründungsfiguren hin untersucht. Es wurde davon ausgegangen, daß mit fortschreitender Strafe generalpräventive Argumente in den Beschlüssen seltener und zugleich stärker um Fundierung bemüht auftreten und ebenso im Bereich der spezialpräventiven Argumentation der jüngeren Entwicklung des Gefangenen und seiner sozialen Situation nach Entlassung stärker Augenmerk geschenkt werden.

Im Anschluß an die inhaltliche Analyse der Beschlüsse zu verschiedenen Phasen der "Strafüberzeiten" Lebenslanger werden die Perseveranz und die Wandlungen der Argumentation gegenüber einzelnen Gefangenen untersucht, die nach einer meist längeren Karriere des Mißerfolgs vor dem Vollzugsgericht schließlich doch in Freiheit entlassen werden. Was hat in ihren Fällen den Umschwung in der gerichtlichen Beurteilung bewirkt? (Vgl. Kap. 5.4.)

Schlußendlich wird eine Reihe von Fällen behandelt, in denen die Verweigerung der bedingten Entlassung bis zum Zeitpunkt der Studie vor dem Hintergrund der gesetzlichen und (davor analysierten) rechtspraktischen Entscheidungskriterien unverständlich und problematisch wirkt. Diese Fälle zeigen im Vergleich so geringe Unterschiede zu den bedingt Entlassenen, daß sie Zweifel an der Rationalität und Berechenbarkeit vollzugsgerichtlicher Entscheidungen nähren. (Vgl. Kap. 5.5.)

Begründungen für die Ablehnung der voraussichtlichen bedingten Entlassung nach 15 (Mindest-)Jahren Strafe

In 36 von 44 Fällen konnte die Ablehnung der bedingten Entlassung inhaltlich analysiert werden.[13] Dabei erfolgte die Ablehnung (in erster Instanz) aus Gründen

- ausschließlich generalpräventiver Art	in 1 Fall
- vorwiegend generalpräventiver Art	in 4 Fällen
- general- und spezialpräventiver Art	in 18 Fällen
- vorwiegend spezialpräventiver Art	in 5 Fällen
- ausschließlich spezialpräventiver Art	in 8 Fällen.

D.h. in der Mehrzahl der Beschlüsse wurden general- wie spezialpräventive Motive angesprochen. Einige Male begnügte sich das Gericht damit, primär oder nur mit dem Generalpräventionsbedarf zu argumentieren (insgesamt 5 Fälle). Etwas häufiger verzichtete das Gericht überhaupt auf Überlegungen zu den generalpräventiven Implikationen einer Entlassung (8 Fälle). In 64% der Beschlüsse wurde die Generalprävention, in 86% die Spezialprävention, in 75% wurden beide (in 50% beide gleichwertig) als Argument für eine ablehnende Entlassungsentscheidung bemüht.

Vorwiegend generalpräventiv motivierte Ablehnungen

Bei näherer Betrachtung zeigt sich, daß bei jenen fünf Fällen, in denen die Person des Betroffenen gar nicht oder nur nebenbei gewürdigt wird und das generalpräventive Kalkül im Vordergrund steht, dies nicht wegen besonders überzeugender, spezialpräventive Erwägungen entbehrlich machender Argumente für die Notwendigkeit der Generalprävention geschieht. In allen fünf Fällen wird lediglich auf die besondere Schwere der Mordstraftat verwiesen und daraus abstrakt ein Generalpräventionsbedarf (ebenfalls nicht näher bezeichneter Art) abgeleitet. In vier dieser fünf Fälle (Pbn. 1, 15, 20, 27) wird auf die Einholung eines gerichtspsychiatrischen Sachverständigengutachtens verzichtet, wird die Frage der Persönlichkeitsveränderung des Gefangenen gar nicht geprüft oder das Spezialpräventionsthema nur en passent anhand des Strafregisterauszugs gestreift.

Ein besonders krasses Beispiel dafür bietet der Fall Pb. 15 (aus dem Jahr 1984), bei dem das Gericht in erster und auf Beschwerde des Staatsanwalts auch in zweiter Instanz dessen Forderung nach Beiziehung eines Gerichtssachverständigen zur Klärung der Prognosefrage zurückweist. Der Hinweis auf Merkmale der Tat (reifliche Überlegung des Raubmords, Geständnis erst nach Überführung, fehlendes innerliches Schuldbekenntnis, ableitbar aus zweimaligem Wiederaufnahmeantrag) reicht hier aus, die Erforderlichkeit eines genaueren Persönlichkeitsbildes zu verneinen. Aus dem OLG-Beschluß (Graz, 1984) kann hier folgende entscheidende Passage zitiert werden: "*... so ergibt sich, daß schon allein mit Rücksicht auf die Schwere der Tat (Raubmord) Gründe der Generalprävention einer vorzeitigen Entlassung zum erstmöglichen Termin entgegenstehen. Es ist daher in der Unterlassung der Einholung eines psychiatrischen Gutachtens über die Persönlichkeit ... kein Verfahrensmangel zu erblicken, weil es derzeit mit Rücksicht auf die wirkende Generalprävention der Einholung eines solchen Gutachtens für die Entscheidung nicht bedarf.*"

Nicht anders ergeht es einem anderen, 46jährigen Gefangenen (Pb. 1), der bis zu diesem Jahr exakt sein halbes Leben in Gefangenschaft zugebracht hat. Bei ihm wird im Gerichtsbeschluß ausschließlich auf die Tat (sadistischer Mord an einem 10jährigen Mädchen, wiederholte Überfälle auf Frauen und Tötungsversuche, Diebstähle und Raubüberfall) und auf die Vorstrafen (mit dem Ergebnis von insgesamt 8 Jahren und 10 Monaten Haft und Arbeitshausaufenthalt, aus dem er zuletzt bedingt entlassen worden war) hingewiesen, seine Vorgeschichte aber nicht nur general-, sondern auch spezialpräventiv kommentiert. Die Vorstrafen seien offenbar wirkungslos geblieben, was gegen die Erwartung künftigen Wohlverhaltens spräche. Das Verlangen des Gefangenen in seiner Beschwerde an das OLG, medizinisch-psychiatrisch untersucht zu werden, wird gleichfalls abgewiesen. Das OLG Wien befindet (im Jahr 1977): "*Eine psychiatrische Untersuchung ist schließlich im Hinblick auf die eingehenden Gutachten, welche von den Sachverständigen ... über die Persönlichkeit des Beschwerdeführers im Erkenntnisverfahren abgegeben wurden, nicht geboten, weil sich aus diesen die psychopathische, gefährliche Veranlagung des damals immerhin schon 32jährigen Verurteilten ergibt und innerhalb der seither vergangenen Zeit ein tiefgreifender Persönlichkeitswandel aller Erfahrung nach nicht erfolgt sein kann."*

Diese Beschlußpassage aus einem Rechtsmittelgericht ist ob ihrer kühnen Festschreibung eines "Charakters" bemerkenswert und spricht für sich. Sie enthält auch ein eigentümliches Urteil über den Strafvollzug. Das OLG lehnt die bedingte Entlassung unter Bedachtnahme auf das Bedürfnis der Allgemeinheit nach Schutz vor derartigen Verbrechen ab, die wegen ihrer besonderen Grausamkeit noch in der Erinnerung der Bevölkerung lebten. Potentielle Täter müßten abgeschreckt werden. Ferner sprächen Vorstrafen vor und während der Haft (trotz der sehr guten Führung in den letzten neun Jahren) gegen die bedingte Entlassung. Man macht sich hier das spezialpräventive Urteil sehr leicht.

In den drei weiteren Fällen, in denen die Ablehnung der voraussichtlichen bedingten Entlassung schwergewichtig generalpräventiv formuliert wird, liegt dies an der sichtbaren "Schwäche" spezialpräventiver Begründungen. In diesen drei Fällen spricht nämlich vieles für eine eingetretene günstige Veränderung des Gefangenen während der Haftzeit. In einem Fall (Nr. 14) bestätigt der psychiatrische Gerichtssachverständige, daß "die kriminoresistenten Faktoren überwiegen" und sich die Persönlichkeit in positiver Richtung gewandelt hätte. Aus dem Umstand, daß der Gefangene selbst nicht in den Entlassungsvollzug drängt, leitet der Gutachter allerdings eine gewisse Unsicherheit und Ängstlichkeit ab, die dem Gefangenen im Beschluß zum Nachteil ausgelegt wird.

In einem weiteren Fall (Nr. 27, der nach drei bedingten Vorstrafen mit 20 Jahren, also sehr jung, zu lebenslangem Freiheitsentzug verurteilt worden ist) liegt zwar kein Gutachten eines Gerichtssachverständigen vor, wohl aber ausführliche Information durch den Gefangenen und die Anstalt. Das Gericht anerkennt die weitgediehenen Maturavorbereitungen des nunmehr 34jährigen Gefangenen, seine Teilnahme an im kirchlichen Bereich beruflich verwertbaren theologischen Kursen, die Fortschritte in Einzel- und gruppentherapeutischer Behandlung (Entwicklung zur Führungspersönlichkeit) sowie im Arbeitsbereich der Anstalt, ohne diese Fakten an den Maßstäben des § 46 (4) zu bewerten. Die Entscheidung schließt mit dem Satz: "*Der Verurteilung liegt ein besonders brutaler Raubmord zugrunde, sodaß es des Vollzugs der gesamten* (sic! A.P.) *urteilsmäßig verhängten Freiheitsstrafe bedarf, um der Begehung gleichartiger Delikte durch andere entgegenzuwirken.*" Und das OLG-Wien (1987) sekundiert: "*Unter dem Blickpunkt der bei der lebenslangen Freiheitsstrafe besonders streng zu prüfenden generalpräventiven Erwägungen kann es auf sich beruhen, daß der Beschwerdeführer nunmehr eine ausgezeichnete Arbeitsleistung vollbringt, ein ausgezeichnetes Sozialverhalten gegeben ist ... und vom Beschwerdeführer eine weitere Tätigkeit im kirchlichen Bereiche angestrebt wird, hat er doch selbst einen Theologiestudenten niedergeschlagen ... und erwürgt.*" Die Erwägungen generalpräventiver Art, die hier postuliert werden, bleiben dem Beschlußleser allerdings verborgen. Die Zeichen der Resozialisierung, ein vielleicht hilfloser Versuch "tätiger Reue" und die Aussöhnung des Gefangenen mit der Mutter des Opfers werden ignoriert.

Der letzte Fall dieser Gruppe (Nr. 20) kann weder ein positives psychiatrisches Gutachten noch eine so auffällige persönliche Auseinandersetzung mit der

Straftat vorweisen, immerhin aber - bei sehr niedrigem mitgebrachtem Bildungsniveau - eine der gar nicht so häufigen abgeschlossenen beruflichen Qualifikationen (Gesellenprüfung als Schuhmacher).

Gleichermaßen general- wie spezialpräventiv motivierte Ablehnungen

Nun zu den mehrheitlichen, zu jenen 18 Fällen (50% der Gesamtheit), in denen die generalpräventive Argumentation keine größere, aber auch keine geringere Rolle spielt als die spezialpräventive. In wenigstens 5 dieser Fälle (gegenüber keinem in der zuvor behandelten Gruppe), wenn auch nicht öfter, wird zumindest ansatzweise versucht, die Annahme eines Bedarfs an Generalprävention auch empirisch zu begründen. In immerhin 11 Fällen, wenn auch nicht häufiger, wird ein psychologisches Gutachten zur Person des zu Entlassenden bestellt.

Die typische "empirische" Begründung für die Ablehnung der bedingten Entlassung aus der lebenslangen Haft aus generalpräventiven Erwägungen lautet etwa so: *"Wegen des noch immer hohen Standes der Raubkriminalität bedarf es der weiteren Vollstreckung, um der Begehung strafbarer Handlungen durch andere entgegenzuwirken."* (Pb. 2) Oder eines der häufigeren Beispiele für Argumentationen mit der "positiven Generalprävention": § 46(4) stelle zum Unterschied zu § 43 oder 46(1) StGB die Generalprävention an die erste Stelle, womit der Gesetzgeber bei der Regelung der bedingten Entlassung aus der lebenslangen Strafe auf das öffentliche Bewußtsein abstelle. *"Durch die bedingte Entlassung zum frühesten Zeitpunkt könnte in der Bevölkerung der Eindruck entstehen, daß selbst die schwersten Straftaten nicht mehr mit der für die Aufrechterhaltung der Rechtstreue der Bevölkerung erforderlichen Strenge geahndet würden."* (Pb. 6) Ungewöhlicher ist der Argumentationsgang im Fall Pb. IV, in dem vom Gericht eine Erschütterung des allgemeinen Rechtsbewußtseins befürchtet wird, *"wenn ein Mörder mit elf Vorstrafen ... zum frühest möglichen Zeitpunkt entlassen würde und andere Mörder ohne Vorstrafen - man denke etwa an Morde im Rahmen sogenannter Familientragödien - nicht entlassen würden."*[14]

In den allermeisten Beschlüssen - 13 von 18 dieser Gruppe spezial- und generalpräventiv "ausgewogener" Beschlüsse - unterbleibt bei der Berufung auf generalpräventive Entscheidungskalküle aber überhaupt jede empirische Bezugnahme.

Exkurs 1:

Kritik am Argumentationsniveau in Sachen Generalprävention

Der bloße Verweis auf die Umstände der Tat, so regelmäßig er erfolgt, ist an sich keine dem Gesetz genügende empirische Begründung eines Beschlusses, denn § 46 (4) StGB 1974 (bzw. § 46 (5) StRÄG 1987) sieht zwar vor, daß in Hinblick auf die besondere Schwere der Tat (die ja auch der Zumessung einer lebenslangen Strafe zugrundeliegt) das Gericht eben auch Aspekte der Generalprävention überprüft. Angesichts der gravierenden Straftaten, um die es hier in jedem Fall geht, meint das Gesetz, kann nicht - wie seit dem StRÄG 1987 normalerweise bei zeitlichen Strafen - darauf verzichtet werden, überindividuell kriminalpräventiv zu kalkulieren. Das Gewicht der Tat für sich aber sollte bei der Entlassungsentscheidung nach 15 Jahren keine Bedeutung haben, wenn nicht in konkreter Weise - die Tat berücksichtigend - mit dem Erfordernis negativer oder positiver Generalprävention argumentiert werden kann. Tatsächliche Feststellungen, die Entwicklung der Kriminalität (und ihren Zusammenhang nicht nur mit der Strafen-, sondern mit der Vollzugspraxis) betreffend, müßten also in den Beschlüssen zu erwarten sein.

Die gebräuchliche generalpräventive Argumentation entspricht jedoch mitnichten den gesetzlichen Begründungserfordernissen und ist nicht schlüssig. Näher als in obigen Beispielen gezeigt, lassen sich die Vollzugsgerichte in keinem einzigen Fall auf die äußerst diffizile Generalpräventionsdiskussion ein. Es werden keine Angaben z.B. zum Stand der oft beschworenen Raubkriminalität gemacht, es wird nicht etwa ein Vergleich zwischen Raubkriminalitätsziffern zum Zeitpunkt der Verurteilung des Gefangenen und zum gegenwärtigen Moment durchgeführt und ins Verhältnis zur Strafenpolitik gegenüber Raub gesetzt. Noch wird z.B. darüber reflektiert, ob und warum es ausgerechnet die schwersten Straftaten sein sollten, die "(rechts)bewußtseinspolitisch" besonders bearbeitet werden müßten und generalpräventiven Maßnahmen wirksam zugänglich gemacht werden könnten.

Natürlich würde es schwer fallen, ja unmöglich sein, und kann deshalb auch nicht verlangt werden, von jeder einzelnen Entscheidung der Strafjustiz die generalpräventive Effizienz zu bestimmen. Immerhin aber müßte sich zur Frage Stellung beziehen lassen, wie weit es bestimmte Entscheidungsmuster sind - z.B. die praktisch generelle Verweigerung bedingter Entlassung von Lebenslangen nach 15 Strafjahren -, die zur (nicht zu leugnenden, aber auch nicht zu überschätzenden und zudem wohl differenzierten) allgemeinen "abhaltenden Kraft von gesetzlichen Strafdrohungen" beitragen. Dazu werden keine Untersuchungen zitiert oder Expertisen in Auftrag gegeben. Der Anstrich von gesicherter Empirie in den generalpräventiv phrasierten Aussagen der Gerichtsbeschlüsse kann deshalb keineswegs über den dogmatischen Charakter derselben hinwegtäuschen. Zu Ende der Strafmindestzeit Lebenslanger wagt einfach kein Vollzugsgericht, die generalpräventive Belanglosigkeit weiterer Strafvollstrekkung zu behaupten. Aus Beweisschwierigkeiten für die Tatsache, daß es im Einzelfall "trotz der Schwere der Tat nicht der weiteren Vollstreckung bedarf, um der Begehung strafbarer Handlungen durch andere entgegenzuwirken" (was zu prüfen, das Gesetz verlangen würde) flüchtet man sich in die - in dieser Abstraktheit letztlich schwer anfechtbare - Position, die Justiz könnte sich von der generalpräventiven Wirksamkeit ihrer Praxis etwas vergeben, wenn Lebenslang des öfteren nur 15 Jahre Strafe bedeuten würde. Durch diese Methode der "Beweislastverteilung" enthebt man sich des Zwanges, mehr an Tatsachenforschung zu betreiben, als in den zitierten Beschlüssen geschieht.

Was die spezialpräventive Argumentation in dieser Mittelgruppe von Beschlüssen der Gerichte betrifft, ist sie stärker gutachtengestützt. Doch in 7 Fällen bezieht sich das Gericht lediglich auf die Vorstrafendaten und gelegentlich noch auf biographisches Zusatzmaterial. Die "kriminelle Karriere" vor der aktuellen Freiheitsstrafe steht in 6 von diesen 7 Fällen (die bis auf eine Ausnahme weit über 10 Vorstrafen aufweisen) im Mittelpunkt der ablehnenden Argumentation. In einem weiteren dieser 7 Fälle ist es vor allem die anstaltsärztliche Stellungnahme ("Borderline-Persönlichkeit"), die eine gerichtsgutächtliche Prüfung offenbar überflüssig scheinen läßt (Pb. IX). In drei weiteren Beschlüssen (Pbn. 16, 23, 26) wird hier ferner mit seinerzeitigen psychiatrischen Diagnosen aus dem Strafprozeß gearbeitet, einmal davon wiederum trotz Beschwerde der Staatsanwaltschaft dagegen auch in zweiter Instanz. Extrem ist die Abstempelung eines Gefangenen (Pb. 23) bloß anhand seines Aktes zum geborenen Verbrecher: *".. seine bisherigen 15 Aburteilungen lassen den typischen Lebensweg eines unverbesserlichen, asozialen Menschen erkennen. Er ist mit seinen verschiedenartigen schlechten Neigungen von Geburt an belastet und kann daher grundsätzlich nicht mehr geändert werden. Er hat sich während der jetzigen Anhaltung schlecht aufgeführt und der Unrechtsgehalt seiner letzten Tat ist ein sehr bedeutsamer,"* sodaß er keine einzige der Bedingungen des § 46 StGB erfüllt.

Exkurs 2:

Kritik am Argumentationsniveau in Sachen Spezialprävention

Solche spezialpräventive Bezugnahmen auf das "Vorleben" der Gefangenen weisen häufig Parallelen zu den kritisierten generalpräventiven Argumentationsmustern auf. Vorverurteilungen, insbesondere die der gegenständlichen Freiheitsstrafe zugrundeliegende, werden als so gravierend eingestuft, daß einerseits (häufig unspezifisiert angeführte) generalpräventive Erwägungen eine bedingte Entlassung verwehren, andererseits allein aus dem "Vorleben" Zweifel an der Sozialisierung des Gefangenen und hinsichtlich seiner Sozialprognose abgeleitet werden.

In Anbetracht von 15 Jahren Haftverbüßung sind solche Begründungen für eine Ablehnung der Entlassung mindestens dann äußerst problematisch, wenn es bei ihnen allein bleibt und der aktuelle Status des zu Beurteilenden gar nicht angesprochen wird, wenn das Verhalten im Vollzug überhaupt nicht beachtet und auch kein Sachverständigengutachten eingeholt wird. Insbesondere im Zusammenhang mit einer pauschalen, schuldbezogenen generalpräventiven Aussage zur Entlassungsfrage sind solche primär oder ausschließlich vergangenheitsbezogenen spezialpräventiven Feststellungen absolut ungenügend. Dies gilt auch für Beschlüsse, die sich hinsichtlich der Persönlichkeitsdiagnose und Wohlverhaltensprognose auf veraltetes gerichtsgutachtliches Material stützen.

In den 11 Fällen spezial- und generalpräventiv gleichgewichtiger Ablehnungsbeschlüsse, in denen ein Gutachten eines Gerichtssachverständigen eingeholt worden ist, sind die Gutachten (mit 3 Ausnahmen) selbst mehrheitlich gar nicht negativ, sondern eher vage oder sogar positiv. Sie reichen dem Gericht aber nicht aus, um - von den generalpräventiven Einwänden einmal abgesehen - alle spezialpräventiven Bedenken zu zerstreuen.

Zwei der Gutachten sind ausdrücklich positiv (Pbn. I, IV), womit sich das Gericht auf seine Art auseinandersetzt. Der Fall eines Gefangenen (Pb. I) kann die Argumentationsprobleme in einer solchen Situation am besten illustrieren: Der 59jährige ist infolge einer zweiten sechsjährigen Strafe neben der lebenslangen tatsächlich seit 18 Jahren in Haft, ehe erstmals über seine voraussichtliche bedingte Entlassung entschieden wird. Schon vor dieser Strafe hat er ca. 12 Jahre (aus 9 Vorstrafen) in Gefängnissen verbracht, ist diesmal "seelsorgerisch außergewöhnlich betreut" worden, hat ein besonders gutes Zeugnis der Anstalt und eine gesicherte Arbeit und Unterkunft nach Entlassung in einem Kloster. Das Sachverständigengutachten sieht keine Defekt- und Krankheitszeichen, keine Hinweise auf Suchtprobleme, jedoch Resignation und allgemeine Verlangsamung. Eine Neigung zu Kurzschlußhandlungen und neuerlichen Tötungsdelikten sei nicht zu erwarten, Vermögensdelikte nur dann, wenn ein fehlender geschützter Arbeitsplatz und Unterhaltsprobleme Druck und Versuchung erzeugen würden. Im Beschluß wird darauf so reagiert: *"Das Gutachten ist insgesamt nicht als negatives aufzufassen, jedoch kann noch nicht abgeleitet werden, daß die Persönlichkeitsentwicklung so weit in positive Richtung fortgeschritten wäre, daß nunmehr die Begehung einer neuerlichen Straftat höchst unwahrscheinlich wäre. Das Gericht ist derzeit zur Überzeugung gelangt, daß durch den Sachverständigen eine positive Entwicklung erreicht werden konnte* (sic! A.P.), *daß diese jedoch noch nicht einen solchen Grad erreicht hat, daß sie gemeinsam mit den konstellativen Faktoren, nämlich der eventuell vorhandenen Arbeits- und Wohnmöglichkeit, Gewähr für künftiges Wohlverhalten geben."*

Zuvor noch hat es gesetzesexegetisch geheißen: *"Da in Hinblick auf die Vielfalt möglicher Konfliktlagen von niemandem mit Bestimmtheit gesagt werden kann, daß er sich in Zukunft nicht strafbar machen werde, fordert der Gesetzgeber auch nicht absolute Sicherheit für ein künftiges Wohlverhalten, weil sonst das Instrument der bedingten Entlassung ad absurdum geführt würde. Eine Prognose für künftiges Verhalten kann jedoch nur aufgrund bestimmter Prämissen erstellt werden. Hierzu ist vor allem das Vorleben des Rechtsbrechers und seine menschliche Entwicklung geeignet."* Es folgt eine Schilderung trister Kindheitsverhältnisse, der Heimkarriere und neun Vorstrafen des Gefangenen, die ihn nicht von den gegenständlichen Straftaten hätten abhalten können. Beschwerde gegen die Ablehnung der Entlassung wird nicht erhoben.

6 der 11 Gutachten bleiben eher undeutlich und regen entweder noch eine therapeutische Zusatzmaßnahme zur Abrundung und Sicherung des Strafvollzugserfolgs an (zweimal) oder betonen in Anbetracht des strengen Prognoseerfordernisses in § 46(4) StGB von 1974 die Unsicherheit psychiatrischer Prognostik. Im Beschluß zu Fall Pb. VII z.B. heißt es, das Gutachten weise keine Haltlosigkeit mehr nach, *"weist aber ausdrücklich auf die Grenzen der psychiatrischen Erfaßbarkeit der Persönlichkeitsstruktur hin."* In einem anderen Fall (Pb. XI) liest sich das psychiatrische Gutachten aus Sicht des Gerichts so: *"Trotz günstiger Persönlichkeitsentwicklung während der Haft - insbesondere auch guter Führung und Arbeitsleistung - ist der Verurteilte nicht frei von emotionalen Spannungen und besitzt auch die Neigung zu Kurzschlußreaktionen*

und Impulshandlungen." (In seiner verworfenen Beschwerde an das OLG führt der Gefangene seine Verspannung auf die Belastung der Testsituation zurück.)

Es fällt den bestellten Gutachtern in all diesen Beispielen sichtlich nicht leicht, ein eindeutig positives Urteil zu äußern und damit das Gericht in Verlegenheit zu bringen, welches Lebenslange zum frühestmöglichen Zeitpunkt eben nicht zu entlassen pflegt. Man kann diese Gutachten als solche einstufen, die zwar keine qualifiziert günstige Wohlverhaltensprognose abgeben wollen, wie sie das StGB vor dem StRÄG 1987 gefordert hat, als Gutachten jedoch, die immerhin die begründete Annahme künftigen Legalverhaltens zulassen und u.U. den Prognoseerfordernissen des mit 1.3.1988 inkraft getretenen Gesetzes für eine Entlassung genügen würden.

Vorwiegend spezialpräventiv motivierte Ablehnungen

Die letzte Gruppe von lebenslang Gefangenen ist die, deren voraussichtliche bedingte Entlassung aus primär oder ausschließlich spezialpräventiven Gründen abgelehnt worden ist. Diese Gruppe umfaßt 13 Fälle. In 2 dieser Fälle (Pbn. 3, 22) resultiert die nur spezialpräventiv motivierte Ablehnung allein aus Ansehung der früheren Lebensgeschichte des zu Entlassenden und wird kein aktuelles Gutachten erstellt. 18 Vorstrafen ließen keine qualifiziert günstige Prognose zu, heißt es im ersten dieser Beschlüsse, der keinerlei weiteres Argument bemüht, 8 frühere Aburteilungen und die alles andere als einwandfreie Führung verwehrten die Entlassung, heißt es im zweiten. Hier ergänzt das Beschwerdegericht Linz (1986) die Ablehnungsmotive durch ausführlichste Zitate aus dem psychiatrischen Gutachten im Strafakt. Nach der Wiederinszenierung eines 14 Jahre alten Scherbengerichts ("Antriebslahmheit", "Willensschwäche", "haltschwache aggressive Verhaltensweisen", "ausgesprochene Gefühlskälte", "primitive Persönlichkeitsstruktur", "Wertwelt und kulturelles Streben bestehen nicht", "Befriedigung animalischer Bedürfnisse steht im Vordergrund" ...) kommt der Trost des Gerichts (auf unklarer Erkenntnisbasis): *"Trotzdem geht das OLG von erheblicher Nachreifung aus, welche eines Tages zu der in § 46 (4) geforderten günstigen Prognose führen könnte"* und es regt für die Zukunft (warum eigentlich erst für diese?) die Stellungnahme des Psychologisches Dienstes der Anstalt und die Einholung eines Sachverständigengutachtens an.

In den 11 anderen Fällen ist stets ein Gerichtssachverständiger herangezogen worden und mit seinem Urteil ausschlaggebend dafür, gar keine besonderen Erwägungen generalpräventiver Natur anzustellen. Aus den negativen Gutachten (8 Fälle), welche die Gerichte gegen eine bedingte Entlassung einnehmen, sei an dieser Stelle nicht weiter zitiert. Interessant sind hier wiederum die vereinzelten neutralen Gutachten (3 Fälle). Bei einem Gefangenen (Pb. 8) wird in Hinblick auf die Geschichte seiner Tat festgestellt: *"Bei Fehlen entsprechender Ordnungsstrukturen legte der Verurteilte keine besondere Anstrengungsbereitschaft im Arbeits- und Sozialbereich an den Tag."* Und hinsichtlich gegenwärtigem Status: *"Er ist zwar in der Lage, auf Grund seiner intellektuellen Befähigung einen Erkenntnisprozeß durchzumachen, es bedarf aber auf Grund dieser Persönlichkeitszüge* (‚abgesehen von Haltlosigkeit und leichter Beeinflußbarkeit keine Abnormität', Anm. A.P.) *einer intensiven Betreuung des Strafgefangenen sowohl vor als auch nach einer eventuellen bedingten Entlassung."*

In einem weiteren Fall (Pb. 9) liest sich das unbestimmte Gutachten (zitiert nach Beschluß) folgendermaßen: *"Die Schwierigkeit für eine Beurteilung seines künftigen Verhaltens liegt darin, daß bei der letzten Tat doch triebhafte Durchbrüche hervorgekommen sind, die auf eine, wenn vielleicht auch nur vorübergehende schwere Störung im Bereich der Emotionalität schließen lassen. ... Dieser Umstand, daß es sich einerseits nicht um ein persönlichkeitsfremdes, andererseits nicht um ein wiederholt hervorgekommenes Verhaltensrepertoire handelt, läßt eine mit hoher Wahrscheinlichkeit behaftete Aussage über das künftige Verhalten nicht zu."* In diesem wie im vorigen Fall genügt dem Gericht die Unschärfe und Unsicherheit in den Gutachten (es werden nicht etwa klärende Zweitgutachten angefordert) nebst dem Verweis auf kleinere Vorstrafen und die Charakteristik der Tat, um die Gefangenen als "unberechenbar" und "mangelnd charakterfest" zu qualifizieren und gegen die Entlassung zu votieren. Im dritten dieser Fälle (Pb. VIII) wird ausdrücklich die durch altersmäßig abgeklungene Aggressivität annehmbare "einfache Wahrscheinlichkeit künftigen Wohlverhaltens" gerichtlich bestätigt, Wohlverhaltensgewähr infolge der 12 Vorstrafen und der Gutachtenaussagen jedoch verneint. Das OLG schließt sich dieser Meinung an, nicht ohne zu konstatieren, daß die Persönlichkeitsentwicklung in absehbarer Zeit erneut zu prüfen sein werde.

Zwischenergebnis

Um die Darstellung der Entscheidungskalküle im ersten Verfahren, das ein Lebenslanger in Sachen bedingte Entlassung durchläuft, zusammenzufassen, kann folgende Tabelle (Tab. 19) hilfreich sein. Sie zeigt die Beschränkungen, um nicht zu sagen Defizite, der Ablehnungsbeschlüsse. In nur 23 der 36 untersuchten Fälle wird ein psychiatrischer Gerichtssachverständiger befragt. Eine durch ein explizit negatives Gutachten (wie gut immer) begründete Ablehnung der bedingten Entlassung nach 15 Jahren Strafe erfolgt in 11 Fällen, in 9 Fällen fundieren die Gutachten eine Ablehnung insofern, als bis zum StRÄG 1987 nicht nur eine gute, sondern eine qualifiziert positive Wohlverhaltensprognose gefordert ist, welche abzugeben den Gutachter überfordert. In 3 Fällen wird mit Verweis auf frühere kriminelle Karrieren und generalpräventive Erfordernisse gegen ausdrücklich positive Persönlichkeitsgutachten entschieden. In den Fällen, in denen die Begutachtung kein eindeutig negatives Resultat zeitigt, wird stets auch mit generalpräventiven Ablehnungsargumenten operiert. Bei den negativ begutachteten Gefangenen beschränkt sich die Argumentation meist (7 von 11 Fällen) gänzlich auf das spezialpräventive Kalkül. Man erspart sich hier, wo die Fakten in spezialpräventiver Hinsicht klar scheinen, die empirisch grundsätzlich schwieriger zu untermauernde generalpräventive Aussage.

In 13 Fällen wird die Entlassung ohne Einholung einer Sachverständigenmeinung verweigert und wird dabei die Ablehnung der Entlassung (relativ stärker noch als bei positiven oder zumindest neutralen Gutachtensergebnissen) von generalpräventiven Argumenten dominiert. Die entsprechende Argumentationsweise ist überwiegend dogmatisch oder allenfalls scheinempirisch. Die auch ohne Sachverständigen häufig genug gewagten spezialpräventiven Argumente sind in diesen Fällen im wesentlichen an der kriminellen Vorvergangenheit des zu Entlassenden und in nicht weniger als 5 Fällen gar entscheidend an psychiatrischen Gutachten aus dem Erkenntnisverfahren orientiert. Mehr braucht zur Problematik der Entscheidungsbegründungen in den Verfahren über die voraussichtliche bedingte Entlassung nach 15 Jahren Haft nicht gesagt zu werden.

Tabelle 19:
Ablehnungsgründe - voraussichtliche bedingte Entlassung

	Ablehnungsbegründungen					
	nur genpräv.	primär genpräv.	genpräv. u.spezpräv.	primär spezpräv.	nur spezpräv.	Summe
kein GA	1	3	7	1	1	13
neg. GA			3	1	7	11
unb. GA			6	3		9
pos. GA		1	2			3
Summe	1	4	18	5	8	36

Die Begründungen für die Ablehnung der bedingten Entlassung in Antragsverfahren während des 16. und 17. Strafjahres und während späterer Strafabschnitte

Da sich herausgestellt hat, daß die Verfahren zur Entscheidung der bedingten Entlassung nach 15 Jahren Mindeststrafe de facto lediglich eine Doppelung der nach 14 Strafjahren eingeleiteten Verfahren zur Prüfung der voraussichtlichen bedingten Entlassung darstellen, wurde auf die nähere Beschäftigung mit diesen ebenfalls von der Anstalt einzuleitenden Entscheidungsverfahren verzichtet. Das Ergebnis einer solchen Beschäftigung hätte sich von dem zuvor Berichteten kaum unterschieden. Einem näheren Studium wurden jedoch die Behandlungen der Anträge Gefangener auf Entlassung unterzogen. Dabei wurde zwischen Antragsverfahren unterschieden, die im 16. und 17. Strafjahr Lebenslanger zu einem Beschluß führten, und solchen, die später beendet wurden.

32 der inhaltlich analysierbaren und analysierten vollzugsgerichtlichen Verfahren, die auf Antrag des Gefangenen die Entlassungsfrage zu klären hatten, wurden im 16. oder 17. Jahr der lebenslangen Strafe der Untersuchungspopulation entschieden, 46 Verfahren im 18. oder in einem späteren Strafjahr.

Die Argumente der Ablehnung der bedingten Entlassung waren

	Frequenz im 16./17. Strafjahr	in späteren Jahren
- ausschließlich generalpräventiv	2	0
- primär generalpräventiv	5	3
- general- und spezialpräventiv	13	14
- primär spezialpräventiv	6	10
- ausschließlich spezialpräventiv	6	19.

Aus diesen Zahlen geht hervor, daß die generalpräventive Argumentationsweise gegen probeweise Entlassungen Lebenslänglicher mit Fortschreiten der Strafzeit nicht sehr rasch an Aktualität verliert. Der Anteil der Beschlußfälle, in denen die Erfordernisse der Generalprävention als Ablehnungsgrund für die Entlassung erwähnt werden, ist im 16./17. um nichts niedriger als im 15. Strafjahr. Erst ab dem 18. Jahr der Strafe tritt die generalpräventive Legitimation der Entlassungsverweigerung deutlich in den Hintergrund. Bei den länger als 17 Jahre inhaftierten Lebenslangen wird in immerhin 63% der Fälle davon Abstand genommen, sich in den antragsabweisenden Beschlüssen auf generalpräventive Belange zu berufen, bei den kürzer Inhaftierten (im 16./17. Strafjahr befindlichen Gefangenen) wird in lediglich 38% der Entscheidungen auf explizite generalpräventive Rücksichten verzichtet.

Vorwiegend generalpräventiv motivierte Ablehnungen

Welche Fälle sind es nun, bei denen über längere Zeit hin die gerichtliche Auseinandersetzung mit der Person des zu Entlassenden allenfalls oberflächlich erfolgt und hinter die Behandlung der Generalpräventionsfrage zurückgestellt wird? Es sind hier im wesentlichen zwei Gruppen zu unterscheiden. Es handelt sich entweder um solche Fälle, die bereits ein "positives" oder zumindest nicht "negatives" (ein lediglich eine sog. "einfache Wahrscheinlichkeit" von Wohlverhalten annehmendes) gerichtspsychiatrisches Zeugnis über ihre Persönlichkeitsentwicklung in Händen haben und kurz vor ihrer Entlassung stehen, im ersten oder zweiten Jahr der Übermindeststrafe aber mit Verweis auf Vorbeugungs- und Rechtsordnungsbedarf noch nicht entlassen werden. Dies trifft für vier der fünf im 16. und 17. Strafjahr trotz vorliegender Gutachten primär oder ausschließlich generalpräventiv motivierten Ablehnungen von Entlassungen zu. (In einem Fall ist es ein negatives psychiatrisches Gutachten, das selbst als solches nur nachrangig in die Argumentation gegen die bedingte Entlassung eingebaut wird, in der generalpräventive Gesichtspunkte dominieren.) Oder es handelt sich um Fälle, in denen die Prüfung der Wohlverhaltensprognose in Hinblick auf das Fehlen generalpräventiver Entlassungsvoraussetzungen unterbleibt und die Basis für eine spezialpräventive Aussage daher schwach ist. Für die erste Gruppe ein paar typische Beispiele:

Der Fall eines Gefangenen (Pb. VII) verdient hier besondere Erwähnung. Er weist eine Vorstrafe am JGH Wien auf (10 Monate unbedingte Freiheitsstrafe), ist seit Jahren ohne Ordnungsstrafe und Schreiber in der Tischlerei der Anstalt, die ihm ausgezeichnete Führung und Arbeitsleistung bescheinigt. Überdies liegt ein gerichtspsychiatrisches Gutachten bereits aus dem ersten Entlassungsverfahren vor, welches vom Gericht als günstig beurteilt wird. Eine Rückkehr in seine Familie ist nach Entlassung gesichert. Aus generalpräventiven Gründen wird jedoch eine bedingte Entlassung in erster Instanz verworfen. Die Brutalität der Tatausführung (gesellschaftlicher Raubmord mit zwei Opfern) wird hierbei als Argument verwendet. Auf Beschwerde hin befindet das OLG (Graz, 1986): *"Da die generalpräventiven Erfordernisse mit zunehmender Dauer des Strafvollzugs nach und nach in den Hintergrund treten, wird zu einem späteren Zeitpunkt einer bedingten Entlassung des ... insoweit nähergetreten werden können, als auf Grund eines neu einzuholenden Gutachtens sich eine besonders günstige Verhaltensprognose für den Strafgefagenen erstellen lassen sollte. In diesem Fall wird es sich jedoch als zweckmäßig erweisen, der Entlassung einen einjährigen Entlassungsvollzug vorangehen zu lassen."* Ein halbes Jahr später wird vom Entlassungsgericht bei Vorliegen einer qualifiziert günstigen Prognose des neuerlich beigezogenen Gerichtssachverständigen entschieden: *"Bei Berücksichtigung des in der Allgemeinheit lebendingen Rechtsempfindens sind bei einer bedingten Entlassung oder auch bei Überstellung des Strafgefangenen in den Entlassungsvollzug negative Auswirkungen - bei Annahme der Kenntnis der Umstände, die zur Tat geführt haben - auf Dritte zu befürchten."* Der ablehnende Beschluß wird gegen die Stimme des Staatsanwalts gefaßt. (Ein Jahr später nach 18 Jahren Haft - wird der Gefangene nach einem dritten gleichlautend positiven Gutachten dann prompt ohne Erfahrung des Entlassungsvollzugs bedingt entlassen.)

In einem anderen Fall (Pb. V) eines 65jährigen Gefangenen wird das vorrangig generalpräventive Argument durch eine Umdeutung der positiven Urteile des Gerichts- und des Anstaltspsychiaters gestützt: *"Allerdings hat im Laufe der Haft die Merkfähigkeit, Umstellungsfähigkeit und Flexibilität abgenommen und liegen neben depressiven Tendenzen Hinweise für ein organisches Psychosyndrom und eine Einengung der Persönlichkeit vor."* Mit diesem Argument hatte der Psychiater der Anstalt für eine Entlassung plädiert, während der Gerichtspsychiater von altersbedingter hoher Wahrscheinlichkeit künftiger Straffreiheit spricht. (Der Gefangene selbst hat keine Vorstrafen außer der gegenständlichen, die wegen Homosexualität mit ihm anvertrauten Jugendlichen und Ermordung seiner Ehefrau erfolgt ist. Die bedingte Entlassung wird von der Anstalt seit eh und je befürwortet. Die Altersversorgung des Gefangenen ist durch seinen Bruder, der sich in einer hohen geistlichen Position befindet, abgesichert.)

Bei einem weiteren Gefangenen (Pb. I) wurde nach positiver Entscheidung über die voraussichtliche bedingte Entlassung und Überstellung in den Entlassungsvollzug im formal 16., faktisch (infolge Verbüßung einer zusätzlichen 6jährigen Freiheitsstrafe) aber 19. Haftjahr, die vom Gefangenen beantragte bedingte Entlassung vor Ablauf des gesamten einjährigen Entlassungsvollzugs abgelehnt. Dies wiederum mit vorrangig generalpräventiven Gründen, nachdem bei der vorangegangenen Entscheidung nur mehr spezialpräventiv - nämlich so - argumentiert worden war: *"Das von karitativen Zielen geprägte und auf Einordnung beruhende Leben in einer Klostergemeinschaft erscheint dem Gericht, aufbauend auf die bis jetzt geleistete positive und außergewöhnlich intensive seelsorgerische Betreuung durch den Anstaltsseelsorger, durchaus geeignet, den Resozialisierungsprozeß wesentlich zu erleichtern. ... Aus dem psychiatrischen Gutachten ... geht hervor, daß sich der Strafvollzug auf die Psyche des Gefangenen positiv ausgewirkt habe und im Falle einer bedingten Entlassung der Schluß gezogen werden kann, daß neuerliche Tötungsdelikte nicht mehr zu erwarten sind. Die in der Strafhaft aufgetretenen kriminovalenten Komponenten, wie Abstumpfung, Resignation, aber auch allgemeine Verlangsamung, können eben durch diese Gemeinschaft erfolgreich abgefangen werden. Aus diesem Grund kann weiters angenommen werden, daß auch bezüglich Eigentumsdelikten künftig keine Rückfälligkeit zu erwarten ist."* Trotz der unmittelbar möglichen Unterbringung des 59jährigen im Kloster wird gerichtlich wenig später unter der Fiktion von erst knapp 16 verbüßten Strafjahren sowie der Notwendigkeit von einjährigen Entlassungsvorbereitungen vor allem auf Abschreckungsbedarf gegenüber anderen potentiellen Gewalttätern beharrt.

In einigen Fällen (zweite Gruppe der vorrangig generalpräventiv formulierten Ablehnungen) genügt das übergewichtige generalpräventive Gegenargument gegen die bedingte Entlassung, um die spezialpräventive Prognosefrage auch im 17. oder 18. Strafjahr nur nebenher und ohne Einholung eines Sachverständigengutachtens zu streifen. Einem Gefangenen des Untersuchungssamples (Pb. 1) wird im 17. Strafjahr unter Bezugnahme auf Tat und Vorstrafenbelastung (im schon 5. Entscheidungsverfahren in Sachen Entlassung!) in erster und zweiter Instanz ein Gerichtsgutachter verwehrt. *"Es bedarf vorliegendenfalls keinesfalls der Einholung eines psychiatrischen Sachverständigengutachtens, da die Lösung der Rechtsfrage, ob der Strafgefangene besondere Gründe für eine Gewähr künftigen Wohlverhaltens zu bieten in der Lage ist, dem Gericht vorbehalten bleibt."* Dieser Standpunkt ist ein außergewöhnlicher. Im allgemeinen wird die Rechtsfrage der Voraussetzungen für die Entlassung aus lebenslanger Haft zumindest hinsichtlich der spezialpräventiven Seite doch auch als Sachfrage definiert. Erst nach mehr als 20 Strafjahren und in einem lange aufgeschobenen weiteren Antragsverfahren wird dieser Gefangene erstmals gerichtsgutachtlich getestet werden (mit negativem Resultat)!

Im Fall Pb. 31 wird bis ins nunmehr 18. Strafjahr (also möglicherweise länger) mit folgender Argumentation die Antragsbitte um ärztliche Begutachtung zurückgewiesen: *"Vorerst ist der Auffassung des Vollzugsgerichts völlig beizupflichten, daß mit Rücksicht auf die heimtückische, brutale Ausführung der Mordtat sowie des Notzuchtverbrechens an der 75jährigen Greisin eine bedingte Entlassung aus der urteilsmäßigen lebenslangen Strafhaft jedenfalls noch geraume Zeit abgelehnt werden muß, weil durch die bisherige Dauer des Freiheitsentzugs das Unrecht dieser Gewalttaten nicht annähernd aufgezeigt wurde (§ 20 StVG) und es daher der weiteren Vollstreckung der Strafe bedarf, um der Begehung gleichartiger strafbarer Handlungen durch andere entgegenzuwirken und das Vertrauen der rechtstreuen Bevölkerung in den elementarsten Bereich der Strafrechtspflege, nämlich den Schutz menschlichen Lebens, zu erhalten.*" (OLG Wien, 1986) Dem Gefangenen werden ein gewaltsamer Ausbruchsversuch vor 14 Jahren und mehrere Wiederaufnahmeanträge seines Verfahrens mit geänderten Tatversionen vorgehalten. Die Besserung konstatierende Stellungnahme der ärztlichen Leitung der Justizanstalt und die Tatsache der bisherigen Unbescholtenheit des Gefangenen sind kein Anlaß für das Gericht, der Prüfung der spezialpräventiven Entlassungsvoraussetzungen durch einen Sachverständigen näherzutreten.

Gleichermaßen generalpräventiv und spezialpräventiv motivierte Ablehnungen

Die Gruppe der doppelseitig, gleicherweise general- wie spezialpräventiv gegen die Entlassung argumentierenden Beschlüsse wird mit zunehmendem "Strafalter" von Gefangenen kleiner. Im 15. Strafjahr (VBE-Entscheidung) wurde in 18 von 36 Fällen weder die spezial- noch die generalpräventive Überlegung in den Vordergrund gerückt, wurden beide Kriterien als im selben Maß unerfüllt bezeichnet. Im 16./17. Strafjahr werden nur noch in 13 von 32 Ablehnungsbeschlüssen beide Argumente gleichgewichtig vertreten, in späteren Jahren gar nur mehr in 14 von 46.

Die Zahl der Fälle steigt leicht, wo sich das Gericht um Fundierung des generalpräventiven Arguments bemüht, dieses sichtlich schwerer nur auf den Schuld- und Unrechtsgehalt der Tat schlechthin zu stützen wagt. 5 von 18mal in general- wie spezialpräventiv begründeten Beschlüssen im 15., 6 von 13mal in solchen Beschlüssen im 16./17. und 6 von 14mal in derartigen Beschlüssen im 18. und folgenden Strafjahren führen Gerichte die generalpräventive Argumentation besonders aus, indem sie "Empirie" geltend machen. (Betrachtet man alle generalpräventiv motivierten Entlassungsverweigerungen zusammen, wird die "Empirisierung" sogar deutlicher. In den drei Zeitphasen sind 5 von 28, 13 von 26 bzw. 9 von 27 Ablehnungsbegründungen der generalpräventiven Art empirisch präzisiert. Die Argumentationsmuster sind hierbei immer dieselben.)

Exkurs:

Mehr Kritik am Argumentationsniveau in Sachen Generalprävention

Es soll hier nicht wiederholt werden, welche konkreten Schwächen die Verwendung des Abschreckungs- bzw. Rechtsbewußtseinsbildungsarguments für die Fortführung des Vollzugs der lebenslangen Strafe hat. Es läßt sich der Kritik jedoch noch einiges hinzufügen. Es kommt vor, daß von der notwendigen Abschreckung schwerer Straftaten im allgemeinen, ähnlicher Straftaten oder ähnlicher Straftäter oder vom besonderen Schutzbedarf bestimmter Opfergruppen gesprochen wird, also von konkreten gesellschaftlichen Risiken (für welche der überzeugende Beleg - abgesehen von der Überzeugung der Richter - durchwegs unterbleibt) und dem (ebenfalls nur behaupteten) Risikosteuerungsbeitrag der bedingten Entlassung Lebenslanger im allgemeinen, bestimmter Typen unter ihnen (z.B. Vorbestrafter), zu einer bestimmten Zeit der Strafe und zum konkreten Zeitpunkt der Entscheidung. Es kommt vor, daß eine Erhaltung des Vertrauens in die Strafjustiz, sei es in ihre Strenge, ihre Schematik (nur keine Ausnahmen!) oder in ihre Wertprinzipien (Leben hat Vorrang!), als Aufgabe vor die der Errichtung einer Abschreckungsbarriere gestellt wird. Es wird dabei unterstellt, daß das öffentliche Vertrauen in die Strafjustiz eben mit diesen Momenten zu tun habe, mit der Konformität der Entscheidungen mit einem angenommenen öffentlichen Rechtsbewußtsein, an dem zu rühren die Rechtstreue beeinträchtigen könnte. Trotz dieser langen Ketten von Annahmen steht nirgendwo etwas von der allgemein bekannten empirisch-kriminologischen Unsicherheit generalpräventiver Aussagen zu lesen. Mit der fortschreitenden Strafzeit verschwinden diese Aussagen zwar mehr und mehr aus den Gerichtsbeschlüssen, oder es wird einfach von der zunehmenden Irrelevanz generalpräventiver Überlegungen mit wachsender Straflänge ausgegangen. Nie wird jedoch von konkreten Veränderungen (z.B. Steigerungen oder Verringerungen) des gesellschaftlichen Ordnungsbedarfs durch Generalprävention gesprochen, von offenen Fragen in diesem Zusammenhang, von Sicherheitsgraden der Aussage (wie etwa bei Persönlichkeitsgutachten), von möglichen Fehlern und von "im Zweifel für den Gefangenen".

In einem erwähnenswerten Einzelfall (Pb. 30) zieht sich die generalpräventive Ablehnungslinie des Gerichts bis in das nunmehr 28. Strafjahr des Gefangenen. *"Dazu kommt aber noch, daß vorliegenden Falles im Hinblick auf den überaus schwerwiegenden Schuld- und Unrechtsgehalt, der den Straftaten, deren Strafe der Strafgefangene nunmehr verbüßt, zugrundeliegt, einer Überstellung in den Entlassungsvollzug auch generalpräventive Erwägungen entgegenstehen. Diesbezüglich ist bei schwersten Kapitalverbrechen ein besonders strenger Maßstab anzulegen. Dabei ist in Erwägung zu ziehen, daß der Strafgefangene die fünffache Begehung des Verbrechens des Mordes, wobei es allerdings in zwei Fällen beim Versuch geblieben ist, und darüber hinaus noch weitere gravierende Verbrechen zu vertreten hat."* Ergänzend das OLG (Wien, 1986): *"Im vorliegenden Fall ist bei der Schwere der von ... begangenen Straftaten mit besonderer Vorsicht vorzugehen und Belange der Generalprävention können nach Verstreichen einer entsprechend langen Zeit nur dann in den Hintergrund treten, wenn alle Umstände dafür sprechen, daß nach menschlichem Ermessen neuerliche Straftaten nicht mehr zu erwarten sind."* Hier werden general- und spezialpräventive Argumente explizit miteinander verbunden. Die Vorsicht des beigezogenen Gutachters, seine Hand für diesen Gefangenen wirklich ins Feuer zu legen, veranlaßt das Gericht, nochmals auch an die Generalprävention zu erinnern.

Von diesem Extremfall abgesehen, geschieht eine zumindest dem spezialpräventiven Argument gleichwertige generalpräventive Zurückweisung des Entlassungsantrags höchstens bis zum 21. Strafjahr (Pb. 4). Zu späteren Zeitpunkten wird allenfalls noch subsidiär zu spezialpräventiven Ablehnungsgründen mit der Generalprävention operiert: In den Fällen Pbn. 23 und 24 wird in je einem Verfahren im 22. Strafjahr die Entlassungsverweigerung zwar primär auf ein negatives Gutachten des Gerichtssachverständigen gestützt, daneben aber auch konstatiert: *"Da sich auch an den generalpräventiven Überlegungen keine Änderung zugunsten des Strafgefangenen ergeben hat, kam eine bedingte Entlassung nicht in Betracht."*

Die spezialpräventive, persönlichkeitsbezogene Argumentation in den Beschlüssen wird hingegen tatsächlich fundierter. Dort wo das spezialpräventive Urteil dasselbe Gewicht besitzt wie das generalpräventive, waren bei Verfahren im 15. Jahr der Strafe 7 von 18mal keine Persönlichkeitssachverständigen zu Rate gezogen, im 16./17. Jahr waren nur noch 2 von 13 Verfahren, im 18. Jahr und später war keines von 14 Verfahren ohne verfügbares Gutachten abgewickelt worden.

Vorwiegend spezialpräventiv motivierte Ablehnungen

Gar primär oder ausschließlich spezialpräventiv gegen eine Entlassung zu entscheiden, ohne dabei einen Psychiater beizuziehen, maßt sich das Vollzugsgericht allenfalls beim ersten Entscheidungsprozeß über die voraussichtliche bedingte Entlassung an (bei 2 von 13 solchen Beschlüssen). Alle (bis auf eine einzige von 31) der in erster Linie spezialpräventiv motivierten Entlassungsentscheidungen späteren Datums können Gutachten zitieren. Diese Gutachten stammen zwar nicht alle aus dem aktuellen Entlassungsverfahren, sind aber doch nicht so "veraltetes" Informationsmaterial wie psychiatrische Aussagen aus dem Erkenntnisverfahren oder das Vorstrafenregister. Dementsprechend weniger werden in späteren Entlassungsverfahren diese problematischen Daten "Vorstrafen" und "Psychobefund" aus dem Strafverfahren erwähnt. Nur noch einmal wird hier ein Gutachten von "seinerzeit" verwendet, und das nur in Zusammenhang mit einem annähernd übereinstimmenden neuen Datums. Die Aufzählung von Vorstrafen zur negativen Qualifizierung der Person des Gefangenen kommt in Verfahren während des 18. oder späteter Haftjahre nur noch in 13 von 46 Fällen vor, während sie davor stets in mehr als der Hälfte aller Verfahrensfälle geschah. D.h. daß sich die Kriterien für die Entscheidung ändern und mehr und mehr die Prognosekriterien des Gerichtssachverständigen werden.

Im Fall negativer Persönlichkeitsgutachten (etwa die Hälfte aller Gutachten in Verfahren in den späteren Abschnitten der Strafe) reichen diese - vor allem wenn sie aktuell sind - bzw. reicht die spezialpräventive Argumentation häufig allein aus, um die Fortsetzung der Strafe zu legitimieren, wird das generalpräventive Argument allenfalls kursorisch genannt. Im Falle eines nicht qualifiziert günstigen Gutachtens hat anfangs (16./17. Strafjahr) die generalpräventive Überlegung in der Regel noch einen gleichen Stellenwert in den Beschlüssen, später (ab dem 18. Strafjahr) einen deutlich geringeren. Hier wird dann häufig nur spezialpräventiv argumentiert und dabei die (noch) fehlende Sicherheit des Urteils über die Person des Gefangenen als der eigentliche Ablehnungsgrund bezeichnet. Es wird dabei auf die Notwendigkeit der weiteren Bewährung im Strafvollzug, zusätzlicher Anstrengungen des Gefangenen und späterer Neuprüfung der persönlichen Entlassungsvoraussetzungen hingewiesen. Acht (vier davon gegenüber ein und derselben Person) der 19 nur spezialpräventiv ablehnenden Beschlüsse bei den Langstrafigsten (mehr als 17 Strafjahre) verfahren so.

Einmal (Pb. 3) hört sich das so an: "*Aggressive Züge sind jedoch in den Hintergrund getreten, ohne daß es zur Resignation gekommen ist. Die Realitätsanpassung hat zugenommen. Zwar liegen noch Hinweise auf eine abnorme Entwicklung vor, jedoch nicht mehr in jenem krassen, fast pathologischem Ausmaß, wie sie im Jahre 1986 festgestellt wurden. Die Fortsetzung des Strafvollzugs und Alterungsvorgänge haben bei dem Strafgefangenen jetzt zu einer geänderten Einstellung geführt. Fremdgefährliche Handlungen sind nun bei ihm in keinem größeren Ausmaß zu erwarten. Völlig ungeklärt sind jedoch die künftigen Lebensumstände des Strafgefangenen. Er kann sich derzeit nur darauf berufen, man werde ihm eine Beschäftigung sowie eine Wohnung besorgen.*" Das Gericht befindet, eine ausreichende Wahrscheinlichkeit künftigen Wohlverhaltens fehle derzeit angesichts des Vorlebens, der Anlaßtat und der Persönlichkeit. Die Generalprävention wird nicht erwähnt.

Bei einem fast 20 Jahre Gefangenen (Pb. IX) wird im fünften Entlassungsverfahren, das er durchläuft, im erst- und auch im zweitinstanzlichen Verfahren ein Sachverständigengutachten in Auftrag gegeben. Das Beschwerdegericht läßt hier ausnahmsweise selbst ein vages Gutachten aus erster Instanz (trotz Reifungsprozeß noch psychopathische Züge, Wiederholung ähnlicher Delikte nicht zu erwarten, leichtere Kriminalität aber nicht ausgeschlossen) durch eine zweite Expertise überprüfen. Der Grund dafür scheint vor allem die Funktion des Gefangenen (de facto-Betriebsleiter in einem Unternehmensbetrieb der Anstalt, Angebot der Weiterbeschäftigung in leitender Position durch den Firmeninhaber) zu sein. Der zweite Gutachter konstatiert Unruhe, Argwohn, Mißtrauen, die auch zu den Anlaßtaten führten, wenn auch Zeichen einer aktuellen Aggressivität nicht nachweisbar seien. Eine Gewähr künftiger Straffreiheit ließe sich aus beiden Gutachten nicht ableiten, stellt das Gericht fest. "*Das OLG verkennt nicht die deutliche positive Veränderung. Dies kann, der Gefangene ist im 50. Lebensjahr, eine weitere Stabilisierung und Normalisierung erwarten lassen. Eine entsprechende Beobachtungszeit vorausgesetzt, und könnte sich psychiatrischerseits eine Besserung später nochmals belegen lassen, könnten angesichts der bisherigen Haftdauer generalpräventive Erwägungen auch unter Berücksichtigung der Schwere der Anlaßtaten in den Hintergrund treten.*"

In einem dritten Fall (Pb. 29) kommt ein Gutachter (der dritte, der bei diesem schon 19 Jahre lang Gefangenen am Werk ist) zur Auffassung, daß aufgrund der Persönlichkeitsstruktur und der als ungünstig zu bezeichnenden lebensgeschichtlichen Entwicklung keine gesicherte Aussage über eine günstige Prognose im Sinne des Gesetzes gemacht werden könne. Die Staatsanwaltschaft greift diese Passage des Gutachtens auf und regt über die OStA beim BMfJ eine Überstellung in eine Anstalt mit Therapieangebot an.

In einem weiteren Fall (Pb. 6) nimmt sich die spezialpräventive Ablehnungsbegründung mit einem vom Gutachter konstatierten Strafvollzugsmißstand zynisch aus: "*Es bedarf sozialtherapeutischer Maßnahmen, die derzeit nicht durchgeführt werden können.*"

Wenn positive Sachverständigengutachten vorhanden sind, so werden sie entweder generalpräventiv pariert (siehe oben) oder dienen dem Entlassungsaufschub nur insofern, als mit ihnen die Überstellung in den Entlassungsvollzug statt einer unmittelbaren Entlassung (oder Entlassung vor Ablauf des gesamten Endvollzugsjahres) fachärztlich empfohlen angesehen wird.

Einmal (Pb. 14) ist das Gericht (1. Instanz, Beschwerdeverfahren offen) offenbar nicht bereit, das gerichtspsychiatrische Gutachten, das von wesentlichen Veränderungen der Persönlichkeit und Stabilisierung spricht, als positives Zeugnis anzuerkennen. Es wird aus dem Gutachten zwar eine wesentliche Veränderung der Persönlichkeit und ihre Stabilisierung zitiert. Wo immer es geht, wird diese Aussage aber relativiert. *"Gleichzeitig führt er* (der Sachverständige, A.P.) *aber aus, daß der Strafgefangene in der Vergangenheit oft nicht befähigt gewesen wäre, Unlustgefühle zu ertragen. Die Reglementierung während der Strafhaft und seine realistische Einstellung haben eine Auffälligkeit während des Strafvollzugs seit 1972 verhindert, sowie eine Nachreifung, die letztlich durch das Älterwerden des Strafgefangenen bewirkt wurde. Zuletzt weist er noch darauf hin, daß das Merkmal der Gefühlskälte auch weiterhin vorhanden sei, er jedoch diese Gefühlskälte unter Kontrolle halte."* (Den Sprachstil verantwortet der Beschlußverfasser!) Trotz guter Führung und erhaltener Ausbildung in der Strafanstalt, die ihrer Natur nach auf Zucht und Ordnung ausgerichtet sei, fehlten die spezialpräventiven Entlassungsvoraussetzungen.

Vereinzelt finden sich allerdings auch noch bei im 16./17. Strafjahr gefällten Beschlüssen ernsthafte spezialpräventive Ablehnungsargumente ohne Gutachterzeugnis (Pbn. 4, 18, 22), später hingegen nicht mehr. In all diesen Fällen ist es hier das "Vorleben" der Gefangenen, das ein "Vorurteil" gegen sie laut werden läßt, einmal explizit gegen die Darstellung günstiger Entwicklung durch den Anstaltspsychologen (Pb. 22). Die sechsmalige Aburteilung zu kurzen Freiheitsstrafen und die aus den gegenständlichen Straftaten abzuleitende Persönlichkeit sowie die jahrelang getrübte Aufführung im Strafvollzug zeigten, *"daß die bisherige Haft noch nicht so persönlichkeitskorrigierend gewirkt hat, daß derzeit anzunehmen ist, er werde in Freiheit keine strafbare Handlung mehr begehen."*

Im allgemeinen jedenfalls nehmen die Mängel spezialpräventiver Argumentation der Vollzugsgerichte in den untersuchten Beschlüssen (fehlende Gutachten, alleiniger Rekurs auf die nicht mehr änderbare "Vorgeschichte" des Gefangenen, Mißachtung von Anstaltsvoten, Ausweichen auf generalpräventive Argumentationsgleise bei positiven Gutachten) aber mit der Länge der Wartezeit der Gefangenen auf die Entlassung ab. Die Entlassungsentscheidungen werden tendenziell so gut wie es die Sachverständigengutachten sind.

Tabelle 20:
Ablehnungsgründe - Verfahren im 16./17. Strafjahr

	Ablehnungsbegründungen					
	nur genpräv.	primär genpräv.	genpräv. u.spezpräv.	primär spezpräv.	nur spezpräv.	Summe
kein GA	1	1	2	1		5
neg. GA			4	5	4	13
(neu)			1	4	3	8
(alt)			3	1	1	5
unb. GA		1	7		1	9
(neu)			2		1	3
(alt)		1	5			6
pos. GA	1	3			1	5
(neu)	1					1
(alt)		3			1	4
Summe	2	5	13	6	6	32

Tabelle 21:
Ablehnungsgründe - Verfahren im 18./ff Strafjahren

	Ablehnungsbegründungen					
	nur genpräv.	primär genpräv.	genpräv. u.spezpräv.	primär spezpräv.	nur spezpräv.	Summe
kein GA		2				2
neg. GA		1	7	8	8	24
(neu)		1	1	6	5	13
(alt)			6	2	3	11
unb. GA			5	1	8	14
(neu)			4		5	9
(alt)			1	1	3	5
pos. GA			2	1	3	6
(neu)			2	1	2	5
(alt)					1	1
Summe		3	14	10	19	46

Zwischenergebnis

Die beiden Tabellen 20 und 21, einander und Tabelle 19 gegenübergestellt, zeigen nochmals die sich vermindernde Bedeutung generalpräventiver Begründungsmuster der Beschlüsse mit zunehmender Straflänge der beurteilten Personen. Dennoch wird in einem guten Drittel der nach mehr als 17 Strafjahren immer noch entlassungsverweigernden Entscheidungen das generalpräventive Moment mehr als nebenbei erwähnt. Immerhin aber gewinnt die Frage spezialpräventiver Vertretbarkeit der Entlassung mit der Zeit sichtlich an Gewicht und wird auf eine diesbezüglich verbesserte Fundierung der Beschlüsse Wert gelegt. Zwei lebenslang Gefangene haben jedoch auch nach dem 17. Strafjahr in den Entlassungsverfahren bis dahin noch keinen gerichtspsychiatrischen Gutachter gesehen - ein schlichtweg skandalöser Zustand.

Die Proportion zwischen "negativen", "neutralen" und "positiven" Gutachten bleibt annähernd konstant. Etwa die Hälfte der Gutachten enthält eine klare Absage an die bedingte Entlassung aus der Sicht des Persönlichkeitssachverständigen, die andere Hälfte schränkt zu etwa gleichen Teilen entweder positive Urteile in Hinblick auf die in § 46(4) StGB bisher gefordert gewesene Gewähr des Wohlverhaltens ein oder wird als positive Äußerung gerichtlicherseits mit Verweis auf die Generalprävention eingeschränkt.

Bei den lange inhaftierten Lebenslangen reduziert sich die Plausibilität generalpräventiver Ablehnungsbegründungen zusehends und wird die Frage der Qualifikation der Legalverhaltensprognose zur zentralen. Hat sich der Gefangene geändert, ist er "resozialisiert"? Dies beginnt ab etwa dem 18. Strafjahr auch für das Vollzugsgericht zum obersten Entscheidungskriterium zu werden. Bis dahin ist seit der ersten Prüfung der Möglichkeit bedingter Entlassung des Gefangenen schon einige Zeit verstrichen. Daß es gerade diese Zeit sein könnte (zusätzlich zu den 15 Jahren Strafe davor), die dem Gefangenen Schaden zufügt, darf den § 46(4) StGB anwendenden Vollzugsgerichten offenbar gleichgültig erscheinen. Diese Möglichkeit wird anscheinend tatsächlich verleugnet, da Gutachter und Richter die spezialpräventive Frage konform und selbstverständlich stets als Frage der schon ausreichenden Besserung der Person durch den Strafvollzug verstehen und behandeln.

5.4. Der gerichtliche Meinungsumschwung zugunsten Gefangener

Dieser Abschnitt untersucht die Personalakten über jene 11 lebenslang Gefangenen, die zwischen 1.1. 1987 und 30.6. 1988 bedingt entlassen worden sind. Zu ergänzen ist dieses Material durch die Akten über zwei weitere Lebenslange, über deren voraussichtliche bedingte Entlassung binnen Jahresfrist bereits positiv entschieden worden ist.[15] In diesen letztlich 13 Untersuchungsfällen hat es nach anfänglichen Entlassungshindernissen in den Augen des Vollzugsgerichts schließlich doch eine Entwicklung und Situation gegeben, die zu einem Meinungsumschwung bei Gericht geführt hat. Es interessiert nun die Frage, was der Entlassung zum frühestmöglichen oder zu einem früheren als dem realisierten Entlassungszeitpunkt zunächst im Wege gestanden und was dann den Sinneswandel bei den verantwortlichen Entscheidungsträgern herbeigeführt hat.

Zur übersichtlichen Darstellung sei die Gruppe der entlassenen (oder definitiv vor Entlassung stehenden) Lebenslangen hier unterteilt in
1. jene Personen, bei denen die spezialpräventiven Erfordernisse für ein Strafende von vornherein ganz oder weitestgehend erfüllt waren, jedoch generalpräventive Bedenken eine Entlassung verhinderten (N=4),
2. jene Personen, bei denen zunächst spezialpräventive Argumente gegen eine bedingte Entlassung angeführt wurden, sodaß generalpräventive Gesichtspunkte offenbar gar nicht weiter erwähnt zu werden brauchten (N=3), und
3. jene Personen, bei denen anfangs spezial- wie generalpräventive Hindernisse einer Entlassung entgegenstanden (N=6).

Nach Tribut an die Generalprävention entlassen

Die erste Gruppe umfaßt 4 Personen, also etwa ein Drittel der 13 hier untersuchten Fälle. Sie sind die Opfer der gerichtlich praktizierten Generalprävention, denen es anfangs wenig nützt, daß viel für sie und für gute Reintegrationschancen spricht. Der trotz guter Sozialprognose abverlangte Tribut an die Generalprävention beträgt zwischen drei und fünf Jahre Strafüberzeit. Erst nach dieser Zeit befreien sich die involvierten Gerichte von ihrer Sorge um Abschreckung und das gesellschaftliche Wertgefüge. Wie dies geschieht, verdient eine detaillierte Schilderung.

Pb. I: Dieser Fall ist bereits oben mehrfach erwähnt worden. Er hat insgesamt 5 Entlassungsverfahren durchgemacht (ohne einmal in die Beschwerdeinstanz zu gehen). Das erste fand wegen eines zweiten zu verbüßenden Strafurteils von 6 Jahren erst nach 18 Jahren Haft statt, das letzte entließ ihn nach de facto 19 1/2 Jahren (nach einer Rechnung, die die zusätzliche Strafe negiert, nach 16 1/2 Jahren der lebenslangen Strafe). Der Gefangene weist 9 weitere Vorstrafen auf, für die er - bei einem Alter von 39 Jahren bei Anfang der gegenständlichen Strafe - ca. 12 Jahre "gesessen" hat. Seiner mit einem Mittäter begangenen Mordstraftat ist eine männliche Person zum Opfer gefallen (durch Erschießen), wobei die Leiche auf besonders makabre Weise beseitigt worden ist.

Von Anfang an wird gerichtlich konzediert, daß die Aussichten auf ein redliches Fortkommen *"nicht ausschließlich negativ beurteilt werden können"*. Ausschlaggebend dafür ist das Faktum einer gesicherten Unterbringungs- und Beschäftigungsmöglichkeit des seelsorglich intensivst betreuten Gefangenen in einer Klostergemeinschaft und ein Gerichtssachverständigengutachten, das - abgesehen von haftbedingter Abstumpfung und Resignation und allfälligen Problemen bei ungeschützter Entlassungssituation - keine Argumente zuungunsten des Gefangenen enthält. Dennoch befindet das Gericht, spezialpräventiv auch das "Vorleben" des Gefangenen berücksichtigen (*"weder der Widerruf einer bedingten Verurteilung, noch mehrjähriger Vollzug von Freiheitsstrafen konnten ihn vor dem Rückfall abhalten"*) und vor allem der Generalprävention Rechnung tragen zu müssen. Es sollte nicht der Eindruck erweckt werden, *"daß selbst die schwersten Straftaten nicht mit der für die Aufrechterhaltung der Rechtstreue der Bevölkerung erforderlichen Strenge geahndet würden."*

Diese Argumentation wird bis zum dritten Verfahren wiederholt, in dem (nach faktisch 19 Jahren Strafe) erstmals auf die tatsächliche Straflänge (und nicht nur auf den abstrakten "Anteil" der lebenslangen Strafe an der Gesamtstrafe) eingegangen wird und dem Umstand der Eingliederung des fast 60jährigen zu Entlassenden in ein Kloster mehr Gewicht beigemessen wird. Sie wird nun als Gegebenheit und nicht als bloße Möglichkeit aufgenommen. Darüber hinaus wird das ursprüngliche Gutachten des Sachverständigen nun neu gelesen: *"Aus dem psychiatrischen Gutachten des ... geht hervor, daß sich der Strafvollzug auf die Psyche des Gefangenen positiv ausgewirkt habe und im Falle einer bedingten Entlassung der Schluß gezogen werden kann, daß neuerliche Tötungsdelikte nicht mehr zu erwarten sind. Die in der Strafhaft aufgetretenen kriminovalenten Komponenten, wie Abstumpfung, Resignation, aber auch allgemeine Verlangsamung, können eben durch diese Gemeinschaft* (Kloster, A.P.) *erfolgreich abgefangen werden. Aus diesem Grund kann weiters angenommen werden, daß auch bezüglich Eigentumsdelikten künftig keine Rückfälligkeit zu erwarten ist."* In dieser Passage sind alle vormals bedenklich wahrgenommenen Gutachteräußerungen neutralisiert. Das nämliche Gutachten wird nun als gutes Zeugnis interpretiert und andere Indikatoren der spezialpräventiven Prognose (Lebensgeschichte, Vorstrafen) werden auf einmal völlig ausgeblendet. Zwischen diesen beiden auf unveränderter Grundlage beruhenden Beschlüssen (dem 1. und 3. Entlassungsbeschluß) sind exakt 1 1/2 Jahre vergangen.

Es wird im 3. Beschluß eine ca. 10monatige Entlassungsvorbereitung im Endvollzug festgelegt, auf die zu verzichten der Gefangene in einem Bittantrag vergebens zu intervenieren versucht. Bei Ablehnung dieses Bittantrags wird (zum Unterschied vom Beschluß, der die voraussichtliche bedingte Entlassung bestätigt) nochmals auf die Generalprävention rekuriert. *"Im Hinblick auf die Schwere dieser Taten, insbesondere die Brutalität deren Ausführung, bedarf es des konsequenten Vollzugs der verhängten Freiheitsstrafe, um andere potentielle Gewalttäter von der Begehung gleichartiger strafbarer Handlungen abzuhalten."* Nur wenige Monate später wird die bedingte Entlassung mit den angeführten spezialpräventiven Argumenten verfügt und ad Generalprävention vermerkt: *"Aufgrund der verbüßten Strafzeit und den seinerzeitigen Tatumständen bedarf es auch nicht der Vollstreckung des Strafrests, um die Begehung ähnlicher Straftaten durch andere hintanzuhalten."*

Der Meinungsumschwung des Gerichts pro Entlassung beruht in diesem Fall nicht auf einer Veränderung der persönlichen Umstände seitens des Gefangenen, wenngleich diese Umstände in Hinblick auf die jeweilige Entscheidung selektiv gelesen, interpretiert und reinterpretiert werden. Dies gilt für das gutächtlich gezeichnete Persönlichkeitsbild, für die Nachentlassungssituation wie für die Dauer der verbüßten Strafe. So wird einmal formal von minimaler Überschreitung der Mindeststrafzeit, das andere Mal von der realen Summe der verbüßten Anteile der lebenslangen und der zeitlichen 6-Jahres-Strafe ausgegangen. Die Anerkennung der Totalstrafzeit als Bezugswert für die generalpräventive Abwägung der Entlassungsentscheidung ist hier offenbar ausschlaggebend. Sobald diese Anerkennung vollzogen ist, vermag das Gericht die spezialpräventiven Aktiva, die der Gefangene aufzuweisen hat, ebenfalls zur Kenntnis zu nehmen. Ab diesem Moment ist es nicht mehr notwendig, ein nach weit mehr als 15 Jahren prognostisch äußerst zweifelhaftes Strafregister oder haftbedingte Abbauerscheinungen als (Zusatz)Begründungen für weitere Strafvollstreckung zu verwenden.

Pb. II: Auch dieser Gefangene hat 5 Verfahren bis zu seiner Entlassung hinter sich gebracht, zwei davon durch zwei Instanzen gehend. Nach fast genau 20 Jahren wird er bedingt entlassen, nachdem er zuvor auf gerichtliche Festlegung der voraussichtlichen bedingten Entlassung hin ca. 10 Monate im Entlassungsvollzug zugebracht hat. Der Gefangene weist keine Vorstrafe auf und ist seit seinem 25. Lebensjahr inhaftiert. Er hat einen Mann (Taxifahrer) erschossen, um in Besitz von dessen Geld zu kommen, und darüber hinaus mehrere Einbruchsdiebstähle zu verantworten gehabt.

Die Strafvollzugsanstalt tritt in diesem Fall, entgegen üblicher Praxis, von Anfang an für Überstellung in den Entlassungsvollzug ein, weil er Resozialisierungsbemühungen gegenüber aufgeschlossen sei und als Sanitäter im Anstaltsspital seit langem und zur vollsten Zufriedenheit einen Vertrauensposten bekleidet. Aus seiner Aufführung während der Strafverbüßung könne abgeleitet werden, daß er sich im Fall der bedingten Entlassung wohlverhalten werde, meint der Anstaltsleiter ungewöhnlich dezidiert. Das bestellte psychiatrische Gutachten hingegen zweifelt (laut Gerichtsbeschluß) an der Reuefähigkeit und Straftateinsicht des Gefangenen und spricht von Gemütsarmut. Die Beschwerde des Gefangenen gegen die primär spezialpräventiv motivierte Entlassungsverweigerung des Erstgerichts und gegen die Begutachtungssituation wird vom Oberlandesgericht (das sonst nicht weiter auf das Gutachten eingeht) mit Verweis auf den sonstigen Akteninhalt und auf generalpräventive Erfordernisse gekontert. *"Es bedarf nun wohl keiner näheren Erörterung, daß bei einer derartig schwerwiegenden Straftat* (Anm. A.P.: Mord an Taxifahrer durch Kopfschuß aus nächster Nähe) *gerade in der Zeit, in der ein Steigen der Gewaltkriminalität zu beobachten ist, aus generalpräventiven Erwägungen eine bedingte Entlassung zum frühestmöglichen Zeitpunkt keinesfalls in Erwägung gezogen werden kann."*

Nach dieser Abfuhr stellt dieser Gefangene erst im 18. Strafjahr erstmals selbst einen Antrag auf bedingte Entlassung bzw. Feststellung eines voraussichtlichen Entlassungstermins. An der ungewöhnlich positiven Stellungnahme der Anstalt hat sich zwischenzeitlich nichts geändert, doch wird nun im Gerichtsbeschluß das seinerzeitige Gutachten nebst einem tendenziell positiven neuen Gutachten wesentlich ausführlicher und weit nicht mehr so negativ gefärbt zitiert. Aus dem mittlerweile 3 Jahre alten Gutachten erfährt man nun: *"Er war freundlich, aber von mangelhafter Reuefähigkeit und es bestand der Eindruck, daß er kein Gewissen habe. Die Unbekümmertheit und Heiterkeit standen im Vordergrund."* Dies bedeutete nach damaliger Gerichtsmeinung, daß - unter Bedachtnahme auf das im Erkenntnisverfahren eingeholte Sachverständigengutachten - bei ihm keine Änderung eingetreten sei. Das nunmehrige neue Gutachten wird dergestalt referiert: *"Auch dieser Sachverständige stellte bei ihm eine gewisse Neigung zur Unstetigkeit, Umtriebigkeit und unbekümmerter Heiterkeit fest, wie sie vor seiner Verhaftung darin zum Ausdruck kam, daß er keiner regelmäßigen Beschäftigung nachging, sondern durch Pfuscharbeiten seinen Lebensunterhalt zu verdienen suchte. Seine Ansprüche waren vor der Straftat höher, als er durch eigene Arbeiten verdienen konnte. Dies war zum Teil auch auf die bei ihm bestehende mangelhafte Bindungsfähigkeit zu anderen Personen und Sachen zurückzuführen. Der Sachverständige kommt zum Schluß, daß er verstandesmäßig durchaus imstande ist, sich angepaßt zu verhalten, daß aber dieser Umstand alleine eine bedingte Entlassung nicht rechtfertigen kann. Er weist allerdings darauf hin, daß es als Hinweis für eine erhöhte Anstrengungsbereitschaft angesehen werden könnte, wenn ... die von ihm angestrebte Ausbildung mit einer Prüfung abschlösse. Zur Durchführung dieses realen Persönlichkeitstests reicht aber die Dauer des Entlassungsvollzugs nicht aus."*

Obwohl hier das Gericht, wie schon im ersten Verfahren, also auch spezialpräventive Vorbehalte gegen die Entlassung anführt, scheint es mir bei Rücksicht auf die Anstaltsstellungnahme und die sichtlich selektive vollzugsgerichtliche Verwertung des Sachverständigengutachtens gerechtfertigt, diesen Gefangenen der Gruppe der primär aus generalpräventiven Erwägungen Abgelehnten zuzurechnen. Zwar konstatiert das Erstgericht in diesem Bittantragsverfahren zur Generalprävention: *"Durch die seit der Tat verstrichene relativ lange Zeit treten die Bedenken generalpräventiver Art trotz der besonderen Schwere der Tat immer mehr in den Hintergrund."* Das auf Beschwerde der Staatsanwaltschaft (!) hin tätige Oberlandesgericht jedoch betont den generalpräventiven Aspekt besonders und korrigiert insofern das Vollzugsgericht: *"Ungeachtet der inzwischen eingetretenen Änderung der Gesetzeslage, die nunmehr auch für das Verbrechen des Mordes ohne Anwendung des außerordentlichen Milderungsrechtes eine zeitliche Freiheitsstrafe ... vorsieht, ist die Schwere der vorliegenden Tat nach wie vor daran zu messen, daß ein Raubmord als das schwerste gegen einen einzelnen Menschen gerichtete Verbrechen zu beurteilen ist, wie dies der Gesetzgeber auch bei der Neuordnung des Strafrechts durch die gesetzliche Strafdrohung der lebenslangen Freiheitsstrafe statuiert hat. Hiezu kommt, daß der Raubmord von dem Täter als Fahrgast an einem Taxilenker und somit in einer Situation verübt wurde, die sehr häufig potentiellen Tätern Anreiz zu räuberischen Überfällen, meist unter Waffenanwendung, bietet. Abgesehen davon, daß der gegenständliche Fall großes Aufsehen erregt hatte, ist nach Ansicht des Beschwerdegerichtes zur Erhaltung des Vertrauens in die Rechtsordnung sowie der Sicherheit einer ganzen Berufsgruppe eine strenge Anwendung der Gesetze geboten, wozu auch unter anderem nicht nur eine rigorose Bestrafung des Täters, sondern auch eine entsprechende Dauer des tatsächlichen Strafvollzugs erforderlich ist."* Zu den spezialpräventiven Fragen äußert sich das OLG neutralisierend: Die tadellose Führung sei laut Gutachten nur auf die intellektuelle Anpassungsfähigkeit des Gefangenen zurückzuführen. Es wird ein zusätzlicher handfester Beweis der Einstellungsänderung gefordert. Die Tat sei auf eine ungeregelte und eine Lebensführung über die finanziellen Verhältnisse des Täters zurückzuführen gewesen: *"Ohne deutlich erkennbare Änderung dieser Lebenseinstellung erscheint selbst nach Beigebung eines Bewährungshelfers keine Gewähr für ein künftig straffreies Leben gegeben, wie dies allerdings nach Abschluß seiner beruflichen Ausbildung in der Strafvollzugsanstalt (entsprechend den Gutachterausführungen) angenommen werden könnte. ... Darüber hinaus deutet die von den beiden Sachverständigen zuletzt festgestellte Gemütslage, die ein echtes Reuegefühl vermissen ließ, darauf hin, daß einer der Zwecke des Strafvollzugs (§ 20 Abs. 1 StVG), nämlich den Unwert des der Verurteilung zugrundeliegenden Blutverbrechens aufzuzeigen, noch keineswegs erreicht ist."* Nach über 17 Jahren Strafe wird mit diesen Begründungen die Überstellung in den Entlassungsvollzug, also die Entlassung nach über 18 Jahren, abgelehnt und die Beschwerde des Staatsanwalts dagegen glatt verworfen.

Zwei Jahre später führt ein nächster Antrag des Gefangenen zum Erfolg, es wird ihm der Entlassungsvollzug und Entlassung nach weiteren 10 Monaten zugebilligt. Ein drittes psychiatrisches Gutachten spricht (laut Beschluß) von Veränderung des kriminovalenten Faktors seiner Persönlichkeitsstruktur unter dem Eindruck der Haft. Es sei gegenüber dem letzten Gutachten insofern eine Änderung eingetreten, als die Neigung zu Unstetigkeit und die unbekümmerte Heiterkeit nicht mehr festgestellt werden könnten. Es bestünde auch eine Bindungsfähigkeit zu anderen Personen, insbesondere seiner (mittlerweile 76jährigen) Mutter. Der Gefangene habe sich in seinem erlernten Beruf weitergebildet "um nicht durch Müßiggang straffällig zu werden". Diese Tatsache, die gute intellektuelle Kapazität und der Wille zu sinnvoller Freizeitgestaltung (Musizieren) sowie die gesicherte Wohnmöglichkeit seien kriminoresistente Faktoren. Es spreche mehr für Wohlverhalten als für Rückfall. Und das Gericht weiter: Nach 20 Jahren Haft (was der längsten zeitlichen Freiheitsstrafe entspräche) entfallen generalpräventive Bedenken. Eine bedingte Entlassung erscheine aber nach einer derartig langen Freiheitsstrafe erst nach entsprechender Vorbereitung im Entlassungsvollzug sinnvoll.

Der Gefangene, um den es hier geht, hat bereits im 15. Strafjahr die Lehrabschlußprüfung als Elektroinstallateur in der Vollzugsanstalt abgelegt (was dem Gericht ursprünglich noch nicht genügte) und danach einen Fernkurs in Maschinenbautechnik belegt. Dessen vom OLG zuletzt implizit geforderter Abschluß mit HTL-Matura scheiterte bisher lediglich an der Ausführung zur Prüfung aus Vollzugspersonalmangel. Die Ablegung dieser Prüfung war dem Gefangenen auch im gerichtlich angeordneten sog. Entlassungsvollzug nicht ermöglicht worden. Wenn schon freiwillige Qualifikationsanstrengungen als ungenügend abgetan werden und Zwang zur beruflichen Fortbildung ausgeübt wird, dann müßte doch auch für die entsprechenden Strukturen und Ressourcen gesorgt sein!

In diesem Fall erfolgt die Festlegung auf den Vorrang der Generalprävention in den Entlassungsüberlegungen sehr früh und klar durch das Beschwerdegericht und mit dessen Autorität. Der Taxifahrermord wird zum Inbegriff des Raubmordes erklärt und dieser zur abscheulichsten Mordvariante überhaupt, für die eigentlich die lebenslange Strafe geschaffen sei. Beim betreffenden Gefangenen fehlt es offenbar an dieser Perspektive und entsprechend tiefer Zerknirschung. Die Rede von der "Heiterkeit" und "Unbekümmertheit" des Gefangenen in der Testsituation ist vor dieser Perhorreszierung des konkreten Mordfalles zu sehen. Was der relativ junge und intelligente Gefangene durch seine beruflichen Bildungsinitiativen vermittelt, ist eine starke praktische Zuversicht, unterstützt durch die davon eingenommene Anstalt. Diese Haltung gereicht dem Gefangenen vor dem Gutachter und dem Gericht nicht zum Vorteil, im Gegenteil. Erst nachdem er ausreichend bestraft worden ist und, was er bisher selbst gemacht hat (sich zu bilden), in demütigem Gehorsam gegenüber gerichtlichen "Weisungen" geübt hat, wird Gnade vor Generalprävention gestellt.

Pb. V: Dieser Gefangene hat 6 bzw., die Beschwerdeverfahren mitgezählt, 8 Entlassungsentscheidungen erlebt, bis auf die letzte alle gegen sich. Nach 19 Jahren und 3 Monaten verläßt er die Anstalt als 68jähriger, die er als 49jähriger Nichtvorbestrafter, verurteilt wegen Mordes an seiner Frau, Unzucht wider die Natur und Verführung ihm bzw. seiner Schule anvertrauter Minderjähriger zur Unzucht, betreten hat.

Ursprünglich wird die Entlassung zum frühestmöglichen Zeitpunkt abgelehnt, weil einerseits zwar laut Gutachten eine altersbedingt hohe Wahrscheinlichkeit, jedoch keine Gewähr künftiger Straffreiheit gegeben sei, andererseits wegen des besonderen Schuld- und Unrechtsgehalts der Straftaten, denen der Mißbrauch einer Vertrauensstellung im ländlichen Raum zugrundeliege. Die Anstalt hat in diesem Fall die bedingte Entlassung wegen sehr guter Führung (Schreibarbeiten, Unterrichtstätigkeit des Gefangenen im Vollzug) und Unterstützung durch den Bruder (Geistlicher) vorbehaltlos befürwortet.

Gegen den Beschluß des Erstgerichts wenden sich Gefangener und Staatsanwaltschaft in einer Beschwerde an das OLG - erfolglos. Gegen die Argumente der Beschwerdeführer, bei der Mordtat habe heftiger Affekt eine Rolle gespielt, die Tat könnte heute als Totschlag eingestuft werden, generalpräventive Belange wären nach einem weiteren Jahr Strafe hinfällig, Unterkunft und Beschäftigung bei Geistlichen Schwestern und somit Gewähr auf Straffreiheit seien gesichert, führt das OLG allein Formalien ins Treffen (der psychiatrische Gutachter habe eine im Sinne des § 46(4) StGB günstige Prognose konstatiert und damit unrechtmäßig in die dem Gericht vorbehaltene Beurteilung eingegriffen) und eine andere Meinung zur Generalprävention. Auch wenn zur Tatzeit eine Krisensituation des Täters und eine Entfremdung zur Familie bestanden hätten, seien die generalpräventiven Voraussetzungen für eine Entlassung nach nur 15 Jahren Freiheitsstrafe nicht erfüllt.

Nach Ablauf von 15 Jahren Strafe wird die bedingte Entlassung wieder abgelehnt. Diesmal mit Zitat aus einer Stellungnahme des Psychologischen Dienstes der Anstalt, der vermerkt, daß der Gefangene mehr und mehr an psychischer und physischer Substanz verliere, vergeßlich, müde und verloren wirke, daß der hirnorganische Abbau fortschreite, ein organisches Psychosyndrom und depressive Tendenzen zu beobachten seien. Eine bedingte Entlassung werde deshalb dringend empfohlen. Im Gerichtsbeschluß wird die gute Führung und die psychiatrischerseits im wesentlichen günstige Prognose erwähnt, aber auch kritisch, daß *"allerdings im Laufe der Haft die Merkfähigkeit, Umstellungsfähigkeit und Flexibilität abgenommen hat und neben depressiven Tendenzen Hinweise für ein organisches Psychosyndrom und eine Einengung der Persönlichkeit vorliegen."* Ansonsten wird auf Ausführungen des OLG zum Thema Generalprävention verwiesen.

Erst zwei Jahre später und mit großer Verzögerung wegen Gutachterüberlastung entscheidet das Gericht über ein weiteres Bittgesuch des Gefangenen um Entlassung. Der Antragsteller spricht von seinem Alter, vom Kontakt zu den erwachsenen Kindern und der Fürsprache seines Bruders, von seinem Pensionsanspruch und der Unterbringung im Altersheim eines Ordens. Der Soziale Dienst der Anstalt warnt vor der Gefahr des Verlusts des ebenfalls schon alten Bruders des Gefangenen, der vor allem jenem seine guten Reintegrationschancen verdankt. Das Erstgericht beachtet jedoch in erster Linie die Aussagen des beigezogenen Gerichtssachverständigen. Das mittelschwere organische Psychosyndrom mache, in seiner Verbundenheit mit einer Antriebsstörung, Affektnivellierung und allgemeiner Verlangsamung, die Wiederholung eines Aggressionsdeliktes eher unwahrscheinlich. Es sei jedoch keine Wohlverhaltensgewähr geboten. Der Gutachter unterstütze zwar die Überstellung in den Entlassungsvollzug, in Hinblick auf den schweren Schuld- und Unrechtsgehalt der Tat aber wird dies aus generalpräventiven Gründen abgelehnt.

Das Beschwerdegericht (diesmal nur vom Gefangenen bemüht) bezeichnet die Ablehnung der bedingten Entlassung als korrekt, tritt jedoch für Einleitung des Entlassungsvollzugs ein: Dieser sei von besonderer Wichtigkeit, da nur dadurch die Anpassungschwierigkeiten an das Leben in Freiheit in irgendeiner Weise gemildert und bewältigt werden könnten. (Hier zeigt sich ein zweckwidriger gerichtlicher Umgang mit dem Entlassungsvollzug. Es geht weniger um die Sache als um den zeitlichen Polster von einem Strafjahr, der hiermit zur Verfügung steht, um ein angemessenes Strafvolumen zu erzielen. Gleichzeitig ergibt sich die Möglichkeit einer teilpositiven Entscheidung, der Vertröstung des Gefangenen durch Konkretisierung des - wenngleich verzögerten - Entlassungszeitpunkts.) Der betreffende Gefangene wird in der Tat nach Empfehlung des Anstaltsarztes schließlich noch vor Ablauf der Jahresfrist entlassen. Der Arzt diagnostiziert "hochgradige cerebrovasculäre Insuffizienz, arteriellen Hypertonus und coronar-sklerotischen Myocardschaden mit rezidivierendem TIA". Die intensivmedizinische Entlassungsvorbereitung in der Vollzugsanstalt scheint also nicht zu funktionieren.

Im vorgezogenen Entlassungsbeschluß werden als Argumente die alten Tatsachen genannt: Unbescholtenheit, gute Führung, Sicherung von Unterkunft und Fortkommen durch brüderliche Unterstützung, Stellungnahme des Anstaltsleiters und der StA zugunsten der Entlassung. Generalpräventive Erfordernisse seien nach fast 20 Haftjahren erfüllt. Wie lange dieser Gefangene seine Entlassung überlebt hat, ist aus dem Personalakt nicht ersichtlich.

In diesem Fall wirkt die lange Entlassungsverweigerung besonders tragisch und die Verdrehung von attestierten Haft- und Altersschädigungen zu negativen Zügen des Gefangenen zynisch. Das Alter des Gefangenen spricht in den Augen des Gerichts bis zuletzt nicht entscheidend für ihn, ebensowenig sein soziales Netz. Erst angesichts akuter Lebensgefahr wird die persönliche Situation des Gefangenen gewürdigt und das generalpräventive Argument zurückgestellt. Dabei wird auch nur sehr schematisch verfahren: 20 Jahre seien genug an Generalprävention. Warum diese Dauer und nicht mehr oder weniger das richtige Maß seien, erfährt man nicht. Das generalpräventive (Um-)Denken bleibt im dunkeln.

Pb. VII: Dieser Gefangene durchläuft 5 bzw 7 (inkl. Beschwerdeprozesse) Verfahren in Sachen Entlassung. Er wird schließlich 2 Monate vor Ablauf von 18 Jahren Strafe entlassen. Er hat die Strafe, die zweite nach einer teilweise bedingt nachgesehenen Vorstrafe von 10 Monaten Freiheitsentzug am JGH wegen Eigentumsdelikten, mit 26 Jahren angetreten. Seiner Verurteilung liegt ein gemeinsschaftlich begangenes Tötungsdelikt (in Raubabsicht, durch Erschlagen) an zwei Opfern zugrunde.

Das Gutachten im ersten Entscheidungsverfahren nach 14 Jahren Haft vermag keine "Haltlosigkeit" mehr zu erkennen, welche laut Sachverständigem des erkennenden Gerichts Tatursache gewesen sei. Der nunmehrige Gutachter *"weist aber ausdrücklich auf die Grenzen einer psychiatrischen Erfaßbarkeit der Persönlichkeitsstruktur hin"*. Es fehlt also zwar formal die qualifiziert günstige Prognose sowie an den Voraussetzungen generalpräventiver Art für die Entlassung. Das Vollzugsgericht und das OLG bestätigen diesen Beschluß ein Jahr später, aber nicht ohne die positive Stellungnahme der Anstalt (der Gefangene ist seit langem zur vollsten Zufriedenheit als Schreiber in der Tischlerei beschäftigt, hat sich Kenntnisse des Tischlerhandwerks und der Buchhaltung erworben) und die gutachtlich bezeugte "sehr gute Realitätsanpassung" anzuerkennen.

Ein weiteres Jahr später wird das noch immer nämliche erste Gerichtsgutachten noch positiver referiert (es bescheinige eine günstige Persönlichkeitsentwicklung), doch wird dem Gefangenen nun insbesondere seine Vorstrafe und sein Rückfall 2 1/2 Jahre nach der damaligen bedingten Entlassung vorgehalten. Die Brutalität der Tatausführung lasse überdies generalpräventive Bedenken sprechen. Das Beschwerdegericht entscheidet nicht anders, doch stellt es Zukunftsaussichten her: *"Da die generalpräventiven Erfordernisse mit zunehmender Dauer des Strafvollzugs nach und nach in den Hintergrund treten werden, wird zu einem späteren Zeitpunkt einer bedingten Entlassung ... insoweit nähergetreten werden können, als auf Grund eines neu einzuholenden psychiatrischen Gutachtens sich eine besonders günstige Verhaltensprognose für den Gefangenen erstellen lassen sollte. In diesem Fall wird es sich jedoch als zweckmäßig erweisen, der Entlassung einen einjährigen Entlassungsvollzug vorangehen zu lassen."*

Ein halbes Jahr später liegt die qualifiziert günstige Prognose in Form eines zweiten gerichtspsychiatrischen Gutachtens endgültig und uneingeschränkt vor. Gegen die Auffassung der StA wird aber die bedingte Entlassung aus nunmehr ausschließlich generalpräventiven Gründen verwehrt und wird auf die letzten Ausführungen des OLG verwiesen, das von einem späteren Entlassungszeitpunkt spricht.

Ein weiteres halbes Jahr später bringt der Gefangene ein neuerliches Gesuch um Entlassung ein, in dem er elaboriert gegen die generalpräventive Argumentationslinie des zuletzt ablehnenden Gerichtsbeschlusses einwendet, es gebe keinen Beweis dafür, daß 18 Jahre Strafe die abschreckende Wirkung verfehlen würden. Wenn sich sogar der Staatsanwalt für die bedingte Entlassung äußere, könne die Generalprävention kein dringendes Bedürfnis mehr sein etc. Vor allem aber wird wieder einmal auf die Heimkehrmöglichkeit zu den Eltern, bei denen auch die Tochter des Gefangenen lebt, hingewiesen, auf die verantwortungsvollen (häufig Außen-)Arbeiten und Funktionen in der Anstalt und auf das letzte Gutachten. Diesmal bewilligt das Erstgericht die bedingte Entlassung, weil auch ein drittes Sachverständigengutachten positiv ausfällt, die gesicherte Zukunft des zu Entlassenden anerkannt wird, Anstalt und Staatsanwaltschaft nichts einwenden und die zeitlichen Entlassungsvoraussetzungen seit nunmehr 2 3/4 Jahren erfüllt sind, also generalpräventive Erwägungen der Entlassung nicht mehr entgegenstehen. Dem Strafzweck werde zudem durch Beistellung eines Bewährungshelfers und Weisungen Rechnung getragen. Auf den ehedem angekündigten Entlassungsvollzug wird nun kommentarlos verzichtet.

Der Verzicht auf weitere generalpräventive Räsonnements gegen die Entlassung erfolgt hier verhältnismäßig früh, berücksichtigt man die zuvor immer wieder erwähnte brutale Tat mit zwei Todesopfern. In anderen Fällen durchaus vergleichbaren oder geringeren Schuldgehalts wird länger auf den generalpräventiven Erfordernissen der Abschreckung beharrt. Hier läßt sich auch nicht dieses Ausmaß von Unterdrückung positiver Gutachtensäußerungen und spezialpräventiver Argumente für den Gefangenen feststellen. Dies bewirkt den Eindruck eines deutlich faireren Verfahrens als in den zuvor referierten Fällen.

Nach sachverständig festgestellter Nachreifung entlassen

Nun zur zweiten Gruppe schließlich entlassener Lebenslanger, bei denen anfangs ausdrücklich negative Einschätzungen ihrer Sozialprognose bestehen, generalpräventive Bedenken gegen die Entlassung aber nicht erörtert werden. Daraus ist nicht zu schließen, daß sie nicht existieren. Wohl aber scheint sich der Diskurs über sie in Hinblick auf das Risiko, das die Person des Gefangenen selbst darstellt, zu erübrigen. Ein ungünstiges Urteil über die Erfüllung der spezialpräventiven Voraussetzungen für die Entlassung enthebt die Gerichte in diesen Fällen der schwierigen Debatte um die Generalprävention. Dieser Gruppe gehören 3 Gefangene an, die durchwegs nach gut 18 Jahren Strafe, also nach dreijähriger "Nachreifung", entlassen werden. Wie wird bei ihnen der Wandel der Person gesehen, der schließlich doch eine Entlassung erlaubt?

Pb. 13: Dieser Gefangene ist zum Zeitpunkt der Studie noch nicht entlassen, hat jedoch bereits in seinem ersten Antragsverfahren Erfolg mit einer Bewilligung der voraussichtlichen bedingten Entlassung nach 18 Jahren und 10 Monaten. Mit den zwei Offizialverfahren (einmal mit Beschwerde) und einem weiteren Bittantragsverfahren um frühere Entlassung als zum in Aussicht gestellten Zeitpunkt hat der Gefangene 4 bzw. 5 Entlassungsverfahren über sich ergehen lassen. Er war bei Strafanfang 24 Jahre alt und siebenmal wegen Diebstahls- und Körperverletzungsdelikten (einmal) vorbestraft (zusammen auch 15 Monate unbedingt). Nun sitzt er wegen gemeinschaftlichen Raubmordes an einem Mann, Diebstahl und Verleumdung.

Im frühesten Verfahren über die voraussichtliche bedingte Entlassung nach 15 Strafjahren wird das Gutachten aus der seinerzeitigen Hauptverhandlung in Erinnerung gebracht (grob abartiger Psychopath, leicht beeinflußbar und erhöht aggressionsbereit). Das nunmehrige aktuelle Gutachten stellt das Fehlen einer ausreichenden Modifikation dieser Charakterzüge fest (Labilität, leichte Erregbarkeit, Stimmungsschwankungen begründeten nach wie vor eine bedeutende Kriminovalenz). Die Anstalt tritt einer bedingten Entlassung zwar nicht entgegen, enthält sich aber jeder Wertung von Arbeitsleistung und Führung des Gefangenen. Dies reicht zur Ablehnung der bedingten Entlassung auch im zweiten Anlauf aus, wobei die zweite Instanz besonders die allesamt als einschlägig eingestuften Vorstrafen und die besondere Wirkungslosigkeit derselben zusätzlich zum Gutachten betont und das generalpräventive Argument zumindest erwähnt (das Zusammentreffen von Mord, Diebstahl, Verleumdung machte die Tat zu einer besonders schweren).

Erst zwei Jahre später wagt der Gefangene einen Vorstoß in Form eines Entlassungsgesuchs beim Vollzugsgericht. Ein neuer Gutachter bescheinigt die vollzogene Anpassung. *"Die Frage der Scheinanpassung tritt in den Hintergrund, wenn das Anpassungssymptom längere Zeit anhält, sodaß es zu einer Schienung in der Verhaltensweise kommt."* Der Kern der Persönlichkeit sei zwar unverändert, aber es sei eine Besserung im Verhalten und in der Anpassung gegeben. *"Durch die mehrjährige mechanische Erziehung ist auch ein Abstand zum Alkoholkonsum eingetreten, sodaß diese Frage keine kriminovalente Bedeutung hat."* Der Eindruck eines Aggressionspotentials konnte nicht mehr gewonnen werden. Der Strafgefangene verfüge zwar infolge langer Anhaltung weder über Wohnung noch Arbeitsplatz, jedoch über einen beruflichen Qualifikationsnachweis. Deshalb sei der Entlassungsvollzug erforderlich, um eine Wiedereingliederung in das Leben in Freiheit zu ermöglichen. Für die endgültige Entlassung sei einwandfreies Verhalten im Vollzug vorausgesetzt. Die Anstaltsleitung berichtet in diesem Verfahren "ordnungsgemäße Führung" (mit Ausnahme länger zurückliegender Disziplinierungen) und Arbeitsleistung, der Gefangene selbst Weiterbildung in seinem Beruf als Feinmechaniker in der Anstalt, die Staatsanwaltschaft äußerst sich pro Entlassung.

In diesem Fall ist der Wechsel des Gutachterurteils zwischen erstem und drittem Verfahren entscheidend. Zwischen beiden Gutachten (verschiedener Sachverständiger) liegen 3 1/2 Jahre, was die Diskrepanz zwischen den psychiatrischen Einschätzungen nicht unplausibel erscheinen läßt. Das zweite Gutachten weicht vom ersten aber auch nur insoweit ab, als es von einem verhaltensabstrahierenden "*Charakter*bild" des Gefangenen Abstand nimmt und der Konditionierung von Wohl*verhalten* das Hauptgewicht beimißt. Das Gericht verzichtet darauf, diesen "oberflächlichen" Persönlichkeitswandel zu bemäkeln, wie dies in anderen Fällen geschieht. Ein Mehr an "innerem Wandel", "Schuldeinsicht" und "Reue" wird nicht verlangt. Dies macht es dem Gericht möglich, einer voraussichtlichen bedingten Entlassung zuzustimmen. Daß die Generalprävention nicht einmal als inzwischen belangloses Kriterium der Entscheidung erwähnt wird (was vielleicht damit zusammenhängt, daß das Verfahren zuletzt auf erstinstanzlicher Ebene verbleibt), verwundert dennoch. Schließlich liegt auch hier ein Raubmord, gemeinschaftlich begangen, vor, dem gegenüber all das ins Treffen geführt werden könnte, was Raubmörder diesbezüglich sonst zu hören bekommen: Stand der Gewaltkriminalität, Abscheu der Bevölkerung etc.

Pb. III: Dieser Gefangene ist beim vierten Entlassungsverfahren (alle mit Rechtsmittelverzicht) nach 18 Jahren und einem Monat freigegangen. Es handelt sich um einen zuvor lediglich einmal vorbestraften (öS 600 Geldstrafe) Studenten, der - damals 22jährig - in Zusammenhang mit einem großangelegten Betrugsakt seinen Komplizen getötet hat.

Das psychiatrische Urteil aus dem Erkenntnisverfahren (psychopathische Persönlichkeit mit verstärkten Aggressionspotentialen) holt diesen Gefangenen auch nach über 14 Strafjahren nochmals ein. Der nunmehr tätige Gutachter bezeichnet ihn neuerlich als *"gefühlskalte, charakterabartige Persönlichkeit, die sich seit Erstbegutachtung nicht geändert hat."* Der Gefangene befindet sich zur Zeit der Begutachtung in der Sonderabteilung für Strafvollzug mit erhöhter Sicherheit. Die Anstalt berichtet von einem Verzicht des Gefangenen auf vorzeitige Überstellung in den Entlassungsvollzug und tritt (aus nicht näher genannten Gründen) einer bedingten Entlassung entgegen. Man muß davon ausgehen, daß es hier disziplinäre Schwierigkeiten gibt. Das Gericht lehnt denn auch die bedingte Entlassung und zwar allein aus spezialpräventiven Rücksichten ab. Der Verzicht des Gefangenen auf bedingte Entlassung und die Ablehnung derselben wiederholt sich im nächsten Verfahren.

Erst nach über 17 Jahren Strafe kommt es zu einem Entlassungsgesuch des Gefangenen. Diesmal verweist er auf die Unbegreiflichkeit seiner Tat, auf 11jährige Arbeit als technischer Zeichner in einem Unternehmerbetrieb der Anstalt, auf Freizeitbeschäftigung mit Programmieren und auf die Unterkunftsmöglichkeit bei seinen Eltern. Die Anstalt tritt der bedingten Entlassung nicht weiter entgegen und bestätigt sehr gutes Gesamtverhalten. Der Staatsanwalt spricht sich gegen die bedingte Entlassung aus. Der Antrag des Gefangenen führt dennoch in erster Instanz zum Erfolg und zur Feststellung der voraussichtlichen Entlassung an einem bezeichneten Termin. Über drei Jahre nach dem ersten Gutachter ist nun ein weiterer beschäftigt gewesen, der die Prognosefrage klären sollte. Es ist diesmal interessant zu sehen, wie sich das Vollzugsgericht einmal von dem erstellten Gutachten relativ unabhängig macht.

Das gerichtliche Referat des Gutachtens beginnt mit: *"Als Hindernis für die Annahme künftigen Wohlverhaltens erweist sich jedoch die derzeitige Persönlichkeitsstruktur des Verurteilten."* Konkret: *"Aufgrund der ihm wesenseigenen Kontaktarmut in Verbindung mit der Isolierung durch den Strafvollzug zeigt der nach wie vor intellektuell überdurchschnittlich leistungsfähige Gefangene die immer stärkere Tendenz, sich ausschließlich vom Verstand und nicht von Emotionen leiten zu lassen. Diese Entwicklung beinhaltet neben positiven Aspekten ... jedoch auch die Gefahr, daß der Strafgefangene auch nach einer bedingten Entlassung aus dem Strafvollzug künftige Verhaltensweisen danach beurteilen wird, ob diese für ihn mit Nachteil oder Gefahr verbunden sind, nicht aber, ob die beabsichtigten Handlungsweisen geboten oder verboten sind. Wichtigstes Regulativ für die Zukunft wird daher der sogenannte Leistungsdruck sein, das ist die Ausprägung eines wieder mehr emotionell motivierten Unlustgefühls durch die Erinnerung an die unangenehmen Folgen solcher Handlungen, das eine Abstandnahme von verbotenen Handlungen bewirkt."* Eine besondere Gewähr für künftiges Wohlverhalten sei also nicht gegeben. Deshalb bleibe dem Antrag der unmittelbare Erfolg versagt, doch sei bei Wohnsitz- und Arbeitsnachweis sowie Bestellung eines Bewährungshelfers der voraussichtlichen bedingten Entlassung nach einem weiteren Jahr zuzustimmen. Im eigentlichen Entlassungsbeschluß nach diesem letzten Strafjahr wird nur noch von Vorstrafenfreiheit und positiver Anstaltsäußerung gesprochen, Sachverständigengutachten und Generalprävention werden nicht erwähnt.

Was sich in diesem Fall am ehesten ändert, ist die anfänglich herrschende Verstimmung zwischen Gefangenem und Anstalt und möglicherweise die Haltung gegenüber dem Gerichtsgutachter. Ohne dies anzusprechen, scheint es diese erneuerte Kooperativität des Gefangenen zu sein, die gerichtlicherseits honoriert wird. Das letzte Gutachten selbst mußte vom Gericht keineswegs zwingend als neutral und wertungsoffen gesehen werden. Das Gericht setzt sich jedoch über erkennbare Gutachterbedenken gegenüber mangelhafter Internalisierung von Normen beim Gefangenen hinweg und vertraut auf gezielte Entlassungsvorbereitungen durch den Gefangenen, seine Eltern, Bewährungshelfer und Anstalt. Warum die Generalprävention ignoriert wird, vermag man hier nicht wirklich zu erkennen.

Pb. 21: Dieser Gefangene durchläuft sechs Entlassungsverfahren, ehe er nach ca. 18 1/2 Jahren erfährt, daß er in einem Jahr voraussichtlich bedingt entlassen wird. Die Belastung dieses bei Strafanfang 38jährigen durch Vorstrafen ist beträchtlich (11 Vorstrafen verschiedener Art). Sein Morddelikt ist die Tötung eines Raubopfers durch mehrere Hiebe mit einer Hacke. Daraus wird in mehreren Beschlüssen ein besonders schwerer Schuld- und Unrechtsgehalt konstruiert, ohne daß darüber hinaus von Generalprävention wesentlich die Rede ist.

Im ersten Verfahren sieht das Gericht vor allem das Sachverständigengutachten eine Entlassung verhindern. Das Persönlichkeitsbild sei weiterhin affektlabil, durch Oppositionseinstellung und latente aggressive Züge gekennzeichnet. Die Bremsfaktoren seien unzulänglich ausgebildet. Darüber hinaus sieht man in den Vorstrafen und im Bericht dreier Ordnungswidrigkeiten im Vollzug spezialpräventive Gründe gegen die Entlassung. Später muß dieses Ordnungswidrigkeitenregister seitens der Anstalt zweimal (zuletzt drei Jahre, nachdem es hinsichtlich Ordnungsstrafakt zu einer Verwechslung mit einem anderen Gefangenen gleichen Namens gekommen ist, und ein Jahr vor "voraussichtlicher bedingter Entlassung") korrigiert werden, ehe diese Fehlinformation aus dem Gerichtsakt verschwindet. Die Tatsache jahrelang ausgezeichneter Arbeitsleistung des Gefangenen als Vorarbeiter in einem Anstaltsbetrieb kommt durch diesen administrativen Fehler vor Gericht (und möglicherweise auch dem Gutachter, der den Personalakt einsieht) nicht zur Geltung. Ungewürdigt bleibt auch die anstaltlich bestätigte Wohnmöglichkeit des Gefangenen bei seiner Schwester und Arbeitsmöglichkeit im Betrieb des Schwiegersohnes.

Im zweiten Bittantragsverfahren (dem vierten Verfahren insgesamt) kommt es zur nächsten Persönlichkeitsbegutachtung (die letzte liegt rund drei Jahre zurück). Derselbe Gutachter bescheinigt nun eine günstige Entwicklung hinsichtlich Realitätskontrolle und Bremsfaktoren. Die Haltlosigkeit und Impulsivität seien abgebaut. Allerdings bestünden Unterbegabung und labile Züge der Affektivität sowie eine egozentrisch-narzistische Einstellung fort. Nach wie vor sei eine Entwurzelung gegeben und herrsche der Verdacht auf Dissimulation negativer Züge. Trotz guter Führung könne eine positive Prognose nicht gestellt werden. Die bedingte Entlassung wird daher und auch das nächste Mal aus spezialpräventiven Motiven abgelehnt.

Erst nach Verstreichen eines weiteren Jahres und einem dritten Sachverständigengutachten wendet sich das Blatt zugunsten des Gefangenen. Die Vorstrafen werden dieses Mal genauer besehen. Bei 7 von ihnen handelt es sich um geringfügige, die anderen haben bedingte Strafen von insgesamt 16 Monaten zur Grundlage. Nun erfährt man im Gerichtsbeschluß, daß es sich um einen Erstvollzug an diesem Gefangenen handelt, daß dieser seit 18 Jahren ausgezeichnete Führung und Arbeitsleistung bringe, als Vorarbeiter seit Jahren eine Vertrauensstellung innehabe und vom Gutachter nach ergänzenden Testuntersuchungen sogar eine qualifiziert günstige Prognose zugesprochen erhält. *"Unter Berücksichtigung aller Verurteilungen und Straftaten ... aber auch unter Berücksichtigung der erforderlichen generalpräventiven Erwägungen ist zum gegebenen Zeitpunkt zwar eine bedingte Entlassung nach § 46 Abs. 4 StGB abzulehnen, gleichzeitig aber auszusprechen, daß ... voraussichtlich nach einjährigem Entlassungsvollzug bedingt entlassen wird."*

Man wird in diesem Fall den Eindruck nicht los, daß hier ein langsamer Urteilsrevisionsvorgang geschieht, in dem ein fahrlässig bewirktes Vorurteil gegen eine Person in einer gerichtsbürokratischen Mühle entsprechend träge korrigiert wird. Die Gerichtsgutachter erscheinen in ihrer Tätigkeit nicht über ein solches institutionelles Vorurteil erhaben. Sie haben ja ihrerseits Teil an der Fort- und Festschreibung von Charakteren anhand von in Einklang zu bringendem polizeilichem, gerichtlichem und administrativem Informationsmaterial und persönlichen Eindrücken. Es kommt dazu, daß dieses Vorurteil (emotionale Unberechenbarkeit trotz sonst guter Arbeitsanpassung) mit dem üblichen gerichtlichen Entlassungskalender (keine Entlassung zu einem frühen Zeitpunkt!) nicht schlecht zusammenpaßt.

Entlassen, weil sich doch nichts mehr ändert

Am größten ist die dritte Gruppe (N=6), bei der anfangs general- wie spezialpräventive Gründe einer Entlassung nach Ansicht des Vollzugsgerichts entgegenstehen. In diese Gruppe fallen die am längsten inhaftiert Gewesenen in der Untersuchungspopulation (drei erst im 22. Strafjahr Entlassene), aber auch der einzige Fall der bedingten Entlassung durch das Vollzugsgericht 2. Instanz zum frühestmöglichen Zeitpunkt. Gemeinsam ist allen, daß hier die Voraussetzungen für eine bedingte Entlassung zunächst als doppelt schlecht gelten und der gerichtliche Meinungsumschwung daher ein besonders krasser sein muß. Er erfolgt nichtsdestoweniger, wenn auch recht unterschiedlich schnell. Zunächst zu jenen Entlassenen, denen gegenüber die Gerichte schließlich nach meist extremer Strafzeit resignieren und sich zu gewissen Abstrichen von strengen Ansprüchen bereit finden. Anschließend zu jenen Fällen, die ob des frühen Entlassungszeitpunkts - trotz anfänglicher Bedenken general- und spezialpräventiver Art - aus der Reihe fallen.

Pb. VI: Dieser Gefangene hat besonders viele, nämlich 9 Entlassungsverfahren hinter sich gebracht (eines durch zwei Instanzen), bevor ihm die bedingte Entlassung nach 21 1/2 Jahren (direkt, ohne vorherige Überstellung in den Entlassungsvollzug) gewährt worden ist. Der Gefangene ist bei Verurteilung wegen Raubmordes an einer gehbehinderten Rentnerin mit insgesamt drei Vorstrafen belastet gewesen (schwerer Einbruch, unbefugter Kfz-Gebrauch, öffentliche Gewalttätigkeit und Freiheitsbeschränkung). Er ist seit seinem 26. Lebensjahr wegen der gegenständlichen lebenslangen Strafe in Haft.

Im allerersten Verfahren zur Frage der voraussichtlichen bedingten Entlassung nach der Minimalstrafzeit spielen die Tatumstände (Verdeckungs- und Leugnungsversuche) eine große Rolle. In spezialpräventiver Hinsicht wird ihm vom Sachverständigen ebenfalls keine gute Prognose gestellt, wenn auch ein gewisser Reifungsprozeß und eine etwas "gebesserte Persönlichkeitsstruktur" attestiert werden. Die Anstalt gibt ein sehr gutes Führungszeugnis, spricht sich aber wegen des Vorlebens des Gefangenen gegen Überstellung in den Entlassungsvollzug aus, wie auch die Staatsanwaltschaft. Die Äußerungen des Gefangenen selbst wirken verwirrt und hilflos. Die Entlassung wird aus general- wie spezialpräventiven Gründen abgelehnt.

In drei weiteren Verfahren im 16. und 17. Strafjahr ändert sich trotz bzw. wegen eines zweiten gleichlautenden Gutachtens nichts an den Ablehnungsbegründungen des Erstgerichts, dem sich einmal auch das angerufene Beschwerdegericht anschließt. Nach fast 18 Jahren Strafe und einem weiteren Bittgesuch des Gefangenen tritt die Anstalt der bedingten Entlassung nicht mehr entgegen, ja legt dem Akt sogar eine Entlassungsvorbereitungen befürwortende Stellungnahme des Anstaltspsychologen bei (keine Hinweise für grobe psychische Auffälligkeiten, Bemühen um Anpassung und Kooperation, keine vermehrten aggressiven Tendenzen, Gefahr der Unselbständigkeit und Einengung durch weiteren Strafvollzug). Entscheidender wirkt sich für die fünfte und sechste Abweisung der Entlassung aber ein drittes Sachverständigenurteil aus: nur geringfügige Änderungen, keine Gefühlskälte mehr, jedoch unterdrückte Aggressivität (zugegeben, möglicherweise infolge der bisherigen Haftstrafe), seinerzeit festgestellte Psychopathie sowie Selbstüberschätzung und mangelhafter Realitätsbezug auch derzeit noch gegeben, geringe Offenheit, verschlossenene Grundhaltung, Bagatellisierung eigenen Verhaltens, Kritiklosigkeit - unter dem Strich also keine qualifiziert günstige Prognose. Nach Meinung des Gerichts können gute Arbeitsleistung und Führung dieses Manko nicht wettmachen. Die generalpräventive Argumentation tritt nunmehr in den Hintergrund.

Die siebente und die achte Ablehnung der Entlassung durch das Gericht berufen sich auf ein viertes psychiatrisches Gutachten (von einem dritten Gutachter), das "gestützt auf Vorgutachten" nochmals Gefühlskälte, Bindungs- und Kontaktstörungen, aggressive Entladung von Konflikten bei ungünstiger moralischer Zensur, mangelnde Fähigkeit zur Selbstkritik etc. bekrittelt. Die wiederholte Bestätigung ausgezeichneter Führung und Arbeitsleistung durch den Anstaltsleiter und dessen Befürwortung der Entlassung bewirken demgegenüber nichts. Ab diesem Zeitpunkt verzichtet der Gefangene auf Bittanträge an das Gericht um Entlassung. In seinem letzten Gesuch hat es unbeholfen und offen geheißen: *"Bin ich zur tatsächlichen Feststellung gekommen, das mir das hohe*

Gericht in keiner Weise irgent welche Schauns bezüglich Entlassung gewäht. Da die Gegebenheiten meiner Person über Vorleben, nicht rückgängig zu machen sind, so erbitte ich das hohe Gericht, um Gnade für eine Wegbereitung in ein pflichtbewußtes Leben..."

Nach weiteren zwei Jahren legt die Vollzugsanstalt dem Gericht den Personalakt zur Prüfung der Entlassungsfrage auf der Basis der durch das StRÄG 1987 geänderten Rechtslage vor. Diesmal wird die bedingte Entlassung bewilligt und damit begründet, daß es sich bei den drei Vorstrafen um Geringfügigkeiten gehandelt habe (eine dreimonatige bedingte Strafe sei endgültig nachgesehen worden, eine der verbüßten Strafen habe 3 Tage Arrest, die andere 2 Monate betragen, letztere läge aber 25 Jahre zurück), daß es während des gesamten Vollzugs zu keiner Ordnungswidrigkeit gekommen sei und Führung und Arbeitsleistung als ausgezeichnet qualifiziert würden. Ein mittlerweile fünftes Gutachten (eines vierten Gutachters) spricht laut Entlassungsbeschluß von einer einfach strukturierten Persönlichkeit mit ausreichender Affektmodulation und -kontrolle, wobei aggressive Tendenzen nicht festgestellt werden konnten; die Zukunftsperspektiven würden realitätsbezogen eingeschätzt, seien jedoch durch die zwei Jahrzehnte übersteigende Haft vermindert; psychiatrischerseits seien auch unter Berücksichtigung des Vorlebens ein redliches Fortkommen und keine weiteren strafbaren Handlungen zu erwarten, Bewährungshilfe sei zu empfehlen. Die zeitlichen Voraussetzungen für die bedingte Entlassung seien seit 6 1/2 Jahren erfüllt, sodaß auch die generalpräventiven Bedenken entfielen. Die Staatsanwaltschaft stimme einer Entlassung zu.

Zu diesem "einfach strukturierten" Gefangenen, der nun bei Entlassung 47 Jahre alt ist, hat offenbar niemand der vielen Gutachter eine empathische Beziehung herzustellen vermocht. Selbst im letzten Gutachten klingt die (soziokulturelle?) Kluft zwischen Gutachter und Gefangenem noch deutlich an. Man hat den Eindruck, daß es die Erkenntnis und Billigung des Umstandes sind, daß in diesem Fall einfach nicht mehr "herauszuholen" ist, welche das Gericht zum "Nachgeben" bewegen. Alle Gründe, die für die Entlassung ins Treffen geführt werden - mit Ausnahme der neuen Gutachtensäußerung -, geringe Vorstrafen, Empfehlung durch die Anstalt, lange "Überzeit", Betreuungsmöglichkeiten durch die Bewährungshilfe, hätten gut und gern zwei Jahre früher gefunden werden können, als sich der Gefangene noch selbst um eine Entlassung bemühte. Möglicherweise ist es auch die resignative Haltung des Gefangenen, die das Vollzugsgericht zum Meinungswandel führt. Wie weit es die neue Rechtslage ist, die diesen erleichtert, ist dem Entlassungsbeschluß nicht zu entnehmen.

Pb. IX: Dieser Gefangene hat eine lange Verfahrensgeschichte (7 Entscheidungsverfahren in 1. plus 4 in 2. Instanz), bevor seine Entlassung nach fast genau 22 Jahren genehmigt wird. Bei Strafanfang ist er 30 Jahre alt und neunmal wegen diverser Eigentumsdelikte vorbestraft (hinzu kommen zwei Verurteilungen wegen falscher Verdächtigung und Verleumdung während der Haftzeit). Die aktuelle Strafe bezieht sich auf einen Mord an zwei ehemaligen Arbeitskollegen (sowie auf Raub an einem der Opfer).

Die erste Ablehnung erfährt der Gefangene in Form eines vorgedruckten "Schimmels", wie er früher bei einigen Vollzugsgerichten gebräuchlich war:

"Alle Voraussetzungen für eine bedingte Entlassung ... erfüllt der Strafgefangene voraussichtlich nicht, weil nach seinem Vorleben und seiner aus den Straftaten ersichtlichen Persönlichkeit und nach seiner bisherigen Aufführung während der jetzigen Strafvollstreckung nicht anzunehmen ist, daß er in Freiheit keine weitere strafbaren Handlungen begehen werde bzw. daß aus besonderen Gründen Gewähr dafür geboten ist. Überdies bedarf es der Vollstreckung des Strafrests, um der Begehung strafbarer Handlungen durch andere entgegenzuwirken." Ein Gutachten eines Sachverständigen liegt diesem Beschluß nicht zugrunde. Die Anstaltsstellungnahme war der bedingten Entlassung entgegengetreten: *"Die Schwere der Tat und der Umstand, daß ... erst in letzter Zeit ein Verhalten zeigt, das vermuten läßt, daß ein Persönlichkeitswandel einzutreten beginnt, lassen derzeit eine bedingte Entlassung nicht befürworten. Die bedingte Entlassung würde zum gegenwärtigen Zeitpunkt auch eine Bevorzugung gegenüber Leichtkriminellen bedeuten."* Dem liegt die Äußerung des Anstaltspsychologen zugrunde, der in dem Gefangenen eine Borderline-Persönlichkeit mit pathologischer Reaktionsbereitschaft sieht, deren Realitätseinsicht sich erst allmählich bessere. Eine weitere Stellungnahme könne erst nach ein bis zwei Jahren Mitarbeit des Gefangenen in einer Gesprächstherapiegruppe abgegeben werden.

Im Beschwerdeverfahren und im zweiten Offizialverfahren (kurz vor Ablauf der ersten 15 Strafjahre) über zwei Instanzen bleiben Beurteilungsgrundlagen und Beschlüsse völlig unverändert. (Hinzu kommt eine Aussage des OLG, die Tat sei selbst für einen Raubmord von auffallender Schwere gewesen.) Erst nach weiteren 2 1/2 Jahren und fast 18 Jahren Haft stellt der Gefangene seinen ersten Entlassungsantrag. Diesmal wird von der Anstalt Arbeitsleistung und Führung als gut, die bedingte Entlassung jedoch nach wie vor als verfrüht eingestuft. Die Stellungnahme des Anstaltspsychiaters unterstützt die bedingte Entlassung hingegen. Er skizziert die Lebensgeschichte des Gefangenen und bringt die Tat in Zusammenhang mit einer depressiven Krise möglicherweise psychotischen Ausmaßes. Die zentrale Problematik der Aggressionsbewältigung sei gelöst, was sich im Wechsel von negativistischem, querulatorischem und unkooperativem Verhalten zu Einsicht in den Strafvollzug, Dialogfähigkeit und Selbstkritik niedergeschlagen habe. Das Gericht geht auf diese Äußerungen genau ein, nicht ohne ihnen die "wesentlich gründlichere Durchleuchtung durch den Gerichtssachverständigen" gegenüberzustellen. Sie hat eine leicht hirnorganisch geschädigte, abnorme Persönlichkeit ergeben, die sich zwar etwas gebessert hat, deren Gemütskommunikation mit anderen aber nach wie vor nicht voll ausgebildet ist. Die neunmalige frühere Aburteilung, die Vergeblichkeit dieser "Erziehungsversuche", die Tat ("unwahrscheinliche Brutalität") und die erst seit 1973 (d.h. seit 9 Jahren!) tadellose Führung bilden die Ablehnungsgründe für das Gericht.

Das OLG übersieht nicht die Argumentation des beschwerdeführenden Gefangenen, er habe sich eine Vertrauensstellung im Strafvollzug bzw. in einem Unternehmerbetrieb der Anstalt erworben, in dem er nach Entlassung Arbeit und Unterkunft finden könnte. Der strenge Maßstab des Gesetzes verlange aber mehr. Das getrübte Vorleben und das Sachverständigengutachten erlaubten keine qualifiziert günstige Prognose (Zitate aus dem Gutachten: Egozentrizität, fehlendes Mitgefühl mit den Opfern, keine ausreichenden Hemmungen). Der Anpassungsprozeß in der Anstalt wird vom Beschwerdegericht auf den reglementierten Lebenslauf im Vollzug zurückgeführt. Bei ungünstigen äußeren Umständen (und mit solchen sei in den nunmehrigen Zeiten wirtschaftlicher Rezession immer zu rechnen!) bestehe die Gefahr von Fehlreaktionen des Beschwerdeführers.

Im Jahr darauf endet ein weiteres Antragsverfahren in erster und zweiter Instanz mit nämlichem Ergebnis. Die Anstalt tritt diesmal der Entlassung nicht mehr entgegen und spricht von Persönlichkeitswandel, möglicherweise Resignation des Gefangenen. Im Beschluß des Beschwerdegerichts werden die Besserungstendenz und die guten beruflichen Reintegrationschancen anerkannt, jedoch eine monierte neue Persönlichkeitsprüfung (die letzte ist fast zwei Jahre alt) als verfrüht bezeichnet: *"Berücksichtigt man jedoch die lange Zeit, in der sich diese Persönlichkeitsreifung vollzogen hat, wobei hier auch rein biologische Veränderungen beigetragen haben mögen, ... ist die verstrichene Zeit zu kurz, daß eine Besserung zu einer qualifiziert günstigen Prognose zu erwarten ist."*

Fast zwei Jahre später wiederholt sich im nächsten Antragsverfahren die Auseinandersetzung zwischen Anstaltspsychiater (affektiv stabil, eigenständig, sentimental ansprechbar etc.) und Gerichtsgutachter (nach wie vor psychopathische Grundzüge) über den Grad der Fortschritte der Persönlichkeitsentwicklung des Gefangenen, was immerhin zu dem außergewöhnlichen Schritt des Beschwerdegerichts führt, einen eigenen zweiten Gutachter beizuziehen. Aus beidem resümiert das Gericht: *"Mögen auch Zeichen einer aktuellen Aggressivität nicht nachweisbar sein, eine Gewähr i.S. einer hochgradigen (nicht nur einfachen) Wahrscheinlichkeit künftiger Straffreiheit läßt sich daraus nicht ableiten."* (Der Gefangene ist mittlerweile fast 20 Jahre in Haft, die Anstaltsleitung tritt seiner Entlassung nicht mehr entgegen und der Betriebsleiter des Unternehmensbetriebs, dessen Anstaltszweigstelle der Gefangene quasi "leitet", setzt sich sehr für dessen Entlassung ein. Das OLG räumt immerhin ein, daß - könnte sich psychiatrischerseits in absehbarer Zeit eine weitere Besserung belegen lassen - angesichts der bisherigen Haftdauer generalpräventive Überlegungen auch unter Berücksichtigung der Schwere der Anlaßtaten in den Hintergrund treten könnten.

Ein bald folgendes neues Verfahren endet wie das vorherige, im nächsten gibt es - auf Empfehlung der StA - eine neue (mittlerweile vierte) Begutachtung. Das Testergebnis bescheinigt eine gewisse Reifung, abnehmende kriminelle Aktivität, eine günstigere Prognose. Der Gutachter schlägt die Überstellung in den Entlassungsvollzug und Gesprächstherapie vor (nach etwa 22 Jahren Strafe!?). Der Anstaltspsychiater kritisiert in ungewöhnlicher Schärfe das zuletzt erstellte (dritte) gerichtspsychiatrische Sachverständigengutachten (Tests von fraglicher Qualität würden in verzerrend einseitiger Weise dargestellt). Das Gericht befindet dennoch, daß es an der qualifiziert günstigen Prognose mangle und eine Gesprächstherapie auch im Normalvollzug durchgeführt werden könne. Auf eine generalpräventive Diskussion brauche es aus spezialpräventiven Gründen nicht einzugehen. Das Beschwerdegericht ändert diesen Beschluß dahingehend ab, daß es die Überstellung in den Entlassungsvollzug verfügt. Im Entlassungsbeschluß des Vollzugsgerichts ein Jahr später steht nur mehr Positives zu lesen, die anstaltsseitig attestierte realistische und konstruktive Lebenseinstellung und gute Reintegrationsvorbereitung. Für Arbeit und Wohnmöglichkeit bei der Firma, für die der Gefangene seit Jahren vorbildlich arbeitet, sei gesorgt. Im Zusammenhang mit dem letzten Sachverständigengutachten könne eine nachhaltige Entwicklungsreifung angenommen werden. Zur Förderung des Wohlverhaltens sei ein Bewährungshelfer zu bestellen, mit welchem der Entlassene Kontakt zu halten habe. In Hinblick auf über 20 Jahre Haft könnten generalpräventive Bedenken zurückgestellt werden.

Dieser Fall ist ob der ungewöhnlichen Kontroversen zwischen Fachvertretern der forensischen Psychiatrie in und außerhalb der Anstalt bemerkenswert. Diese Kontroversen überschatten die meisten Verfahren und sind seitens des Gerichts offenbar nur durch negative Entscheidungen aufzulösen. Der Versuch, Klarheit über einen Gefangenen zu gewinnen, der sich von einem disziplinär problematischen zu einem äußerst vorbildlichen Funktionshäftling entwickelt hat, führt das OLG hier einmal sogar zur Einholung eines Zweitgutachtens in ein und demselben Verfahren. Auch dieses läßt die spezialpräventive Prognose nicht in der gesetzlich seinerzeit geforderten Qualität stellen. Als das Abwarten von "Reifungszeit" schließlich keine neuen Ergebnisse bringt und die Strafzeit tatsächlich überlang wird, vermeidet das Gericht schließlich die Fortsetzung des "Gutachterkriegs", bestellt keine weitere Expertise mehr und entläßt den Gefangenen nach Umdeutung des Letztgutachtens nach eigenem Gutdünken.

Pb. XI: Auch bei diesem Gefangenen wiederholt sich das Entlassungsverfahren sehr oft (siebenmal ohne, zehnmal mit Einrechnung von Beschwerdeverfahren). Zuletzt wird er nach über 21 1/2 Jahren bedingt entlassen. Die Strafe hat er 23jährig begonnen, zweimal war er wegen Einbruchs zu 10 Monaten bzw. 2 Jahren unbedingten Kerkers vorbestraft. Er hat seinen 12jährigen Halbbruder im Zusammenhang einer schwelenden innerfamiliären Konfliktsituation angeschossen und erschlagen.

Im ersten Verfahren nach rund 14 Jahren Strafzeit resümiert das Gericht in spezialpräventiver Hinsicht sein Wissen, darunter ein psychiatrisches Gutachten, so: Trotz günstiger Persönlichkeitsentwicklung während der Haft, insbesondere auch guter Führung und Arbeitsleistung, sei der Verurteilte nicht frei von emotionalen Spannungen und besitze die Neigung zu Kurzschlußreaktionen und Impulshandlungen. Auf generalpräventive Entlassungshindernisse wird unspezifisch hingewiesen. Die Anstalt tritt in diesem Fall der bedingten Entlassung nicht entgegen und bestätigt den Tischlerlehrabschluß des (schulisch mit bloß 4 Klassen Volksschule und berufsbildungsmäßig zuvor erfolglosen) Gefangenen während der Haft. Das Beschwerdegericht beschäftigt sich ausführlicher mit der Tat des Gefangenen und den nach wie vor "kriminogenen Faktoren", die der Gutachter vorliegen sieht.

Ein Jahr und dann wieder 1 1/2 Jahre später wird auf gleicher Grundlage vom Erstgericht zwei weitere Male negativ entschieden. Nach wie vor ist das Erstgutachten ausschlaggebend. Daneben wird im Gerichtsbeschluß ausführlicher als zuvor aus dem Erkenntnisverfahren referiert, auf den seinerzeit festgestellten Schwachsinn leichten Grades und auf widersprüchliche Verantwortungen und

Motivangaben vor Polizei, Gericht, Gutachtern und schließlich bei Anhörung vor dem nunmehrigen Vollzugsgericht selbst Bezug genommen. Auch die Vorstrafen werden genauer beschrieben, der gnadenweise Erlaß der ersten Strafe und der Rückfall mit der gegenständlichen Straftat ein Monat nach Verbüßung der zweiten Strafe. Beide Male verzichtet der Gefangene auf Rechtsmittel.

In einem Verfahren nach etwa 17 Jahren Strafe wird wieder ein psychiatrisches Gutachten (vom gleichen Gutachter) eingeholt. Dieses wird im abweisenden Gerichtsbeschluß vor allem unter dem Aspekt Tatverarbeitung referiert: Das Mordverbrechen sei bis heute noch nicht bewältigt und reflektiert, der Gefangene behaupte entgegen der Urteilsfeststellung, seinen Bruder unabsichtlich angeschossen und anschließend nur aus Mitleid getötet zu haben. In der Unterlassung der Hilfeleistung liege eine besondere Grausamkeit und Brutalität. Tendenzen zu neurotischer Konfliktverarbeitung ließen auf Versagen in künftigen Krisensituationen schließen. In seiner Beschwerde gegen diesen Beschluß beharrt der Gefangene auf seinen Aussagen zum Unfallcharakter der Tat, zu seiner Panikreaktion und zum Geständnisdruck. Er verweist auf sein nunmehriges Alter, seine erworbene Berufsqualifikation, auf Kontakte zu einer mit Arbeit und Unterkunft hilfsbereiten Wiener Familie. Das OLG befindet: *"Wenngleich die bisher gute Führung, das Erlernen eines Handwerks und die vorhandene Möglichkeit einer Arbeitsstelle und Unterkunft nach der Haftentlassung seinerzeit eine bedingte Entlassung aus der lebenslangen Freiheitsstrafe möglich scheinen lassen, ist aufgrund der Schwere und Heimtücke der begangenen Straftat derzeit der Beobachtungszeitraum noch zu kurz, um die vom Gesetz geforderte Gewähr für die künftige Strafreiheit bieten zu können."* In diesem Zusammenhang wird nochmals auf die "Nichtbewältigung des Verbrechens" und die "neurotische Konfliktverarbeitung" hingewiesen.

1 1/2 Jahre später, bereits im 19. Strafjahr, geht ein weiteres Entlassungsverfahren mit einer dritten psychiatrischen Begutachtung des Gefangenen über die Bühne. Der gewechselte Gutachter fällt ein vernichtendes Urteil: Der Hilfeinstinkt fehle völlig, die Frustrationstoleranz in Leben und Gesellschaft sei vermindert, ebenso die soziale Intelligenz. Es bestehe die eminente Gefahr, daß er sich durch seine mangelnde Anpassungsfähigkeit erneut in Konfliktsituationen begeben werde, wobei seine Reaktion in enormer Brutalität und Grausamkeit bestehe. Dies und der "schwere Unrechtsgehalt der Tat" erlauben es dem Gericht nicht, die spezial- und generalpräventiven Entlassungserfordernisse erfüllt zu sehen. Daran ändert die nach wie vor positive Stellungnahme der Anstalt (der Gefangene ist seit Jahren Hausarbeiter in der Anstaltskirche) und die Aussage nichts, die Mordabsicht nicht weiter zu bestreiten.

Ein Jahr später wiederholt sich die Situation. Ein dritter Gutachter erstellt eine mittlerweile vierte Expertise, in der zu lesen steht, daß die drei Vorgutachten mit der Aktenlage des erkennenden Gerichts in Einklang stünden und der Gefangene, der neuerlich die Tötungsabsicht bestreite, Streitsucht, Argwohn und Rachegedanken, Sprunghaftigkeit, mangelnde Beherrschung und Gleichgültigkeit gegenüber legalen Schranken zeige. Seine zwischenmenschlichen Bezüge seien gestört, er schiebe Eigenverantwortung betont ab etc. Nach diesem Persönlichkeitsbild erübrigt sich für das Gericht ein Eingehen auf generalpräventive Entscheidungsgesichtspunkte. Ein Rechtsmittel wird nicht ergriffen.

Ein halbes Jahr später wird der Gefangene auf ministeriellen Erlaß hin zwecks Entlassungsvorbereitung in eine Wiener Sonderanstalt überstellt und sein Akt im Frühjahr 1988 in Hinblick auf das StRÄG 1987 von dieser Anstalt beim Vollzugsgericht zur Prüfung der Entlassungsfrage vorgelegt. Sie wird in erster Instanz zugunsten unmittelbarer Entlassung des Betreffenden entschieden. Im wesentlichen stützt sich diese Entscheidung auf das fünfte erstellte Gutachten (des vierten Gutachters) sowie auf die Erklärungen des Anstaltspsychiaters. Der Gerichtsgutachter kann keine besonderen Aggressionstendenzen nachweisen, findet keine Hinweise auf schwere Störungen der psychischen Funktionen, vielmehr einigermaßen genügende Frustrationstoleranz und die Fähigkeit, realitätsbezogen auf die gesetzte Tathandlung einzugehen und in belastenden Situationen entsprechende Konfliktlösungsmodelle zu finden. Der Anstaltspsychiater schreibt: "*Insgesamt kann der gesamte Therapieverlauf als sehr günstig beurteilt werden. Er ist selbständig geworden, hat an sozialem Kontakt gewonnen und auch eine positive Persönlichkeitsentwicklung durchgemacht, sodaß aus therapeutischer Sicht eine bedingte Entlassung befürwortet werden kann.*"

Die Bewährung im Freigang, die Möglichkeit, sich den Lebensunterhalt selbst zu verdienen, der Nachweis einer Unterkunft und die mögliche zusätzliche Bestellung eines Bewährungshelfers sind weitere Faktoren, die das Gericht diesmal zu würdigen weiß. Auf das Thema Generalprävention wird gar nicht mehr eingegangen.

Dieser Gefangene ist im Verhältnis zu seiner Vorgeschichte und Tat vergleichsweise lange in Gefangenschaft verblieben. Maßgeblich dafür dürfte die Verhärtung der Sachverständigenurteile gewesen sein. Diese Urteile konzentrieren sich allesamt (mit Ausnahme des letzten) ungewöhnlich stark auf die Frage der "Tatbewältigung" und "Tatreflexion" und weisen auf einen zunehmenden Clinch zwischen der "Psychiatrie" und dem Begutachteten über die "Wahrheitsfrage" hin. Der Realitätskontakt des Gefangenen wird offenbar in hohem Maß an seiner Zustimmung zur gerichtlichen Realitätsrekonstruktion gemessen. Die Ausdrucks- und Verantwortungsschwierigkeiten des wenig begabten und gebildeten, jedoch in der Anstalt gut angepaßten Gefangenen wirken sich offenbar in der Testsituation stets zu seinen Ungunsten aus. Auch das letzte Gutachten ist als solches nicht "euphorisch", eher bloß nicht negativ als positiv. Mit dem Gefangenen auch in kritischen Situationen (Freigang) zusammenarbeitende Personen (wie der Therapeut oder Betriebsleiter) urteilen sichtlich sicherer. Die konkrete Entlassungsvorbereitung in einer neuen und dazu besser ausgestatteten und bereiten Anstalt überzeugt das Gericht schließlich, Bedenken aufzugeben.

Pb. X: Dieser Gefangene steht viermal vor dem Vollzugsgericht (plus zweimal vor dem zweitinstanzlichen Gericht), ehe er nach 17 1/2 Jahren wieder in. Freiheit entlassen wird. Dies bei 6 Vorstrafen (zweimal 8 Monate unbedingt) und einem Alter von 36 Jahren bei Anfang der gegenständlichen Strafe, verhängt für einen Raubmord.

In den ersten beiden Verfahren wird vor allem auch das spezialpräventive Argument gegen eine Entlassung ins Treffen geführt, wohl weil der beigezogene Gutachter keinen tiefgreifenden Wandel der Persönlichkeit konstatiert und Sozialtraining in einer dafür ausgestatteten Anstalt für geistig abnorme Rechtsbrecher empfiehlt. Nachdem die Überstellung in eine Sonderanstalt passiert, wird im dritten Verfahren dasselbe Persönlichkeitsgutachten neu referiert: Es bestätige zwar einen Erkenntnisprozeß, doch sei der Gefangene zuwenig strukturiert, um eine positive Persönlichkeitsentwicklung ableiten zu können. In erster Linie wird jetzt aber behauptet, die überhandnehmende Raubkriminalität mache es unumgänglich notwendig, strenge Strafen nicht nur zu verhängen, sondern auch zu vollziehen.

1 1/2 Jahre später befindet sich der Gefangene in einer wieder anderen Sonderanstalt und im Zuständigkeitsbereich eines anderen Vollzugsgerichts. Nun ist das Behandlungsprogramm offensichtlich intensiviert und schon Freigang praktiziert, d.h. der Entlassungsvollzug de facto vorweggenommen worden. Seitens dieser neuen Anstalt wird dem Gefangenen ein positives Zeugnis (gute psychopharmakologische Einstellung, Bewährung im Freigang, kein Alkoholmißbrauch, Möglichkeiten regelmäßiger psychiatrischer Kontrolle nach Entlassung, Ausgeglichenheit, Kontaktfähigkeit und Kooperativität...) ausgestellt, desgleichen von einem neuen gerichtspsychiatrischen Gutachten (Lernprozeß, Verhaltensmodifikation gegeben, seinerzeit festgestellte Persönlichkeitsstörung hat Aktualitätswert verloren). Allerdings interpretiert das Gericht das Gutachten weiter so: *"Besondere Gründe, die ein Wohlverhalten auch tatsächlich annehmen lassen, sind aber nur dann gegeben, wenn gewährleistet ist, daß er intensiv psychiatrisch nachbetreut wird, um einem Rückfall in eine Psychose, in seinen Alkoholismus und in seine Persönlichkeitsstörung vorzubeugen, wenn er auch durch einen Bewährungshelfer betreut wird und wenn ihm ein Arbeitsplatz und eine Wohnmöglichkeit gesichert sind."* Diese günstigen Bedingungen lägen nicht vor, wohl aber 6 bedenkliche, einschlägige (als Eigentumsdelikte) Vorstrafen. Generalpräventive Bedenken bestünden ebenfalls weiter.

Der Beschwerde des Gefangenen, die vor allem Bestätigungen eines Arbeitsplatzes und einer Wohnunterkunft sowie psychiatrischer Nachbehandlung (in Kalksburg, wo bereits während des Freigangs Behandlung erfolgte) enthält, gibt das OLG Folge. Die Begründungen des Beschlusses zur bedingten Entlassung des Gefangenen honorieren vor allem die überzeugenden und wirkungsvollen Integrationsbemühungen der Sonderanstalt und des Gefangenen. An den Früchten dieser Bemühungen kann das Beschwerdegericht nicht vorbeisehen. *"Ansatzpunkte dafür, daß es noch einer längeren Anhaltung des ... in einer gelockerten Form des Strafvollzugs bedarf, um endgültige Klarheit über die für ihn zu erstellende Prognose zu gewinnen, sind weder dem Gutachten noch der übrigen Aktenlage zu entnehmen. Die Beantwortung der Frage, ob sich der Strafgefangene in Zukunft mit der vom Gesetz geforderten Wahrscheinlichkeit angepaßt verhalten werde, ist daher von den vom Sachverständigen angeführten Voraussetzungen abhängig zu machen."* Diese Voraussetzungen seien erfüllt. *"Es bedarf lediglich der Erteilung entsprechender Weisungen (Bewährungshilfe) durch das Erstgericht. Schließlich darf ja auch nicht außer acht gelassen werden, daß der Drohung mit dem Vollzug des ‚Strafrests' einer lebenslangen Freiheitsstrafe allemal mehr Gewicht beigemessen werden muß als der Drohung mit dem Vollzug der Hälfte oder des Drittels einer zeitlichen Freiheitsstrafe."*

Schließlich verdient auch die Argumentation des OLG zur Generalpräventionsfrage Beachtung: Der Gefangene sei mit mittelschwerer Eigentumskriminalität, nicht jedoch durch Gewaltkriminalität vorbelastet und habe in 17 1/2 Jahren Haft einwandfreies Verhalten gezeigt. *"Bei sorgfältiger Abwägung all dieser Umstände ist anzunehmen, daß durch die Überschreitung des vom Gesetz geforderten Strafminimums um mehr als zwei Jahre den generalpräventiven Strafzwecken bereits angemessen Rechnung getragen worden ist, zumal eine bedingte Entlassung, soferne seit der Tat 15 Jahre oder mehr Jahre verstrichen sind, normalerweise wohl ‚trotz der Schwere der Tat' unbedenklich ist (siehe Wr.Kommentar, RZ 38, letzter Satz, zu § 46 StGB)."*

Hier handelt es sich um einen Gefangenen, bei dem "geistige Abnormität" im Sinne einer Geisteskrankheit im Spiel ist, die Angst vor der Entlassungsverantwortung aber durch eine, wenn auch späte (durch den ersten Gerichtsgutachter mitbedingte) gezielte psychotherapeutische Behandlung und Risikoerprobung in Sonderanstalten des Vollzugs wirksam minimiert wird. Die Verantwortung für die Entlassungsentscheidung geht hier nicht nur zweimal von einem auf ein anderes Gericht über, sondern wird vor allem vom Sondervollzug dem Gericht tatsächlich wesentlich erleichtert. Der Gefangene ist bereits auf Risiko der Anstalt "halb entlassen", ehe das Gericht "entscheiden" muß. Wenn diesem ein praktischer Beleg für die Integrationsfähigkeit des zu Entlassenden vorliegt, kann die spezialpräventive Frage - die Person des Gefangenen - auch klar in den Mittelpunkt der Entscheidung rücken und hinsichtlich Generalprävention entsprechend radikal relativierend gesprochen werden, wie hier geschehen. Wie in dem weiter unten abschließend zu berichtenden Fall, fällt die eher ungewöhnlich frühe Entlassungsentscheidung auch hier in zweiter Instanz.

Ist die relativ frühe bedingte Entlassung des soeben genannten Gefangenen dank der schnell auf den Vollzug übergegangenen Initiative verständlich, so überrascht im nächsten Fall die Entlassung nach 17 Strafjahren als Entscheidung außerhalb der Norm.

Pb. VIII: Der Gefangene, um den es hier geht, bringt vier Verfahren in erster und zwei in zweiter Instanz hinter sich, bevor er zuletzt (ohne Moratorium Entlassungsvollzug) nach genau 17 Jahren in die Freiheit zurückkehrt. (Während der Strafzeit wäre der Gefangene beinahe einem tätlichen Angriff eines Zellengenossen zum Opfer gefallen.) Bei Anlaßverurteilung weist der Gefangene 12 Vorstrafen wegen Vermögens- und vereinzelter Aggressiondelikte auf mit eher geringen Strafen (bis maximal 6 Monate unbedingt). Bei Strafanfang ist er 40 Jahre alt.

Wie es um die Entscheidung der voraussichtlichen bedingten Entlassung nach 15 Strafjahren geht, erfüllt dieser Gefangene wegen eines negativen Psychiatergutachtens sowie wegen der im Gerichtsbeschluß nicht näher ausgeführten "Brutalität" der Tatausführung weder die spezial- noch die generalpräventiven Entlassungsvoraussetzungen. Das Gutachten spricht von intellektueller Unterbegabung, Frühverwahrlosung, Neigung zu Alkoholismus, verminderter, jedoch nicht erloschener Tendenz zu spontaner Aggressivität, die Anstaltsleitung von anfänglich problematischer, nunmehr unauffälliger Persönlichkeit des Gefangenen (von Person und Vorleben her erscheint dem Vollzugsleiter die bedingte Entlassung vor weiterer Reifung und Alterung bedenklich). Dieselben Fakten gehen auch im nächsten Entlassungsverfahren (in zwei Instanzen) in den Ablehnungsbeschluß ein. Das OLG stellt allerdings fest, daß zwar das erste Gutachten eine positive Prognose (im Sinne einer Wohlverhaltensgewähr) nicht zulasse, immerhin aber Persönlichkeitsentwicklungen konstatiere, die eine baldige neuerliche Begutachtung erforderlich machen. Das Verbrechen in Verbindung mit den zahlreichen Vorstrafen (auch wegen Aggressionsdelikten) lasse im Moment eine Entlassung auch generalpräventiv nicht zu.

Nach 16 1/2 Jahren Freiheitsentzug erneuert das Erstgericht im ersten vom Gefangenen selbst beantragten Verfahren seine ablehnende Haltung. Eine Beschwerde des Betroffenen beim OLG führt insofern zum Erfolg, als dieses das Verfahren nun zwecks Einholung eines neuerlichen Sachverständigengutachtens und einer Stellungnahme des Anstaltspsychologen (wie im letzten OLG-Beschluß in Aussicht genommen) an die Erstinstanz retourniert. Nachdem diese Gutachten günstig ausfallen, wird die bedingte Entlassung bewilligt (ohne Entlassungsvollzug). Das neue Gutachten des Gerichtssachverständigen bezeugt eine weitere Besserung und Stabilisierung der Persönlichkeit, eine günstigere Prognose als bisher, wenn nach Entlassung ein geborgenes Milieu (ohne Alkohol, mit sinnvoller Freizeitgestaltung) gegeben seien. Der Anstaltspsychologe zeichnet die Biografie des Gefangenen nach sowie die Bedeutung des Alkohols bei der Konfliktverarbeitung und den Straftaten des Gefangenen. Die Tatsache der vollen Berauschung bei der Begehung des Mordes hätte in der Urteilsfindung seinerzeit keine Berücksichtigung erfahren. Ohne Alkohol sei eine Aggressionskontrolle möglich. In der Haft hätten sich keine Suchtprobleme gezeigt, sei der Gefangene sachlich und kooperativ, emotional stabil und beziehungsfähig gewesen. Er habe sich von der Subkultur der Anstalt distanziert. Bei gegebener Arbeitswilligkeit und Anspruchslosigkeit sei insbesondere nach Beistellung eines Bewährungshelfers Reintegration wahrscheinlich. Das Gericht verwertet diese Aussagen zu einer positiven Entlassungsentscheidung, wenngleich explizit das Fehlen einer qualifiziert günstigen Prognose festgehalten wird. Das StRÄG 1987 ermögliche dennoch die bedingte Entlassung. Es werden eine Bewährungshilfeweisung und die Auflagen erteilt, keinen Alkohol zu konsumieren und bei der Emmaus-Gesellschaft St.Pölten Aufenthalt zu nehmen. Das generalpräventive Entscheidungsmoment wird im Beschluß nicht behandelt.

In diesem Fall spielt der Ruf zur Ordnung seitens des Beschwerdegerichts eine wichtige Rolle. Der zuständige OLGSenat drängt schon bei erster Anrufung auf die stärkere Beachtung der spezialpräventiven Gegebenheiten. Als dem nicht Rechnung getragen wird, verschärft sich die Rüge gegen das Erstgericht im zweiten Beschwerdeverfahren. Ein relativ günstiges Sachverständigenurteil über den Gefangenen und die neue Rechtslage entziehen dem Vollzugsgericht die Grundlage für eine fortgesetzte Entlassungsverweigerung. Diese Umstände (möglicherweise in Zusammenwirken mit erkenntnisgerichtlich vernachlässigten Merkmalen der Tat) ermöglichen eine trotz vieler Vorstrafen und ungünstiger Reintegrationsvoraussetzungen (Abhängigkeit von Einrichtungen der Fürsorge) vergleichsweise frühe bedingte Entlassung.

Gegen die Gepflogenheit frühestmöglich entlassen

Pb. IV: Aus der Reihe fällt ein nach einem einzigen Verfahren und nach Feststellung der voraussichtlichen bedingten Entlassung zum frühesten Termin in zweiter Instanz nach 15 Jahren bedingt Entlassener. Er hat die Strafe wegen Raubmordes an einer jungen Frau als 41jähriger, elffach vorbestraft, angetreten.

Das Erstgericht hat die Entlassung trotz einer vorsichtig positiven Gutachteräußerung wegen des "massiv kriminell strukturierten Vorlebens" aus spezial- und generalpräventiven Gründen abgelehnt. *"Darüber hinaus würde jede Relation verlorengehen, wenn ein Mörder mit 11 Vorstrafen, wie im Fall ..., zum frühestmöglichen Zeitpunkt bedingt entlassen würde und andere Mörder ohne Vorstrafen, man denke etwa an Morde im Rahmen sogenannter Familientragödien, nicht entlassen würden."* Die Anstalt ist der bedingten Entlassung nicht entgegengetreten, und zwar wegen ausgezeichneter Gesamtbeurteilung, überdurchschnittlicher Leistung im Arbeitsbereich und ernsthafter Entlassungvorbereitung (Fernstudien, Kontakte zu Schriftstellern und Verlagen, Arbeitsplatz und Wohnung bei einem deutschen Verlag) während der gesamten Anhaltezeit. Gegen den ablehnenden Beschluß haben der Gefangene und die Staatsanwaltschaft erfolgreich Rechtsmittel eingelegt.

Aus dem OLG-Beschluß lohnt es sich, ausführlich zu zitieren:

"Wenngleich es sich bei der der Verurteilung zugrundeliegenden Tat um einen Raubmord handelt, bei dem der in finanziellen Nöten befindliche ... eine junge Frau erwürgt hat, um sich deren Schmuck und Bargeld anzueigenen, ist den Belangen der Generalprävention durch die Verbüßung von 15 Jahren Genüge getan, weil die Aussicht, zumindest eineinhalb Jahrzehnte im Gefängnis zu verbringen, auf jeden potentiellen Täter eine hinreichend abhaltende Wirkung ausüben wird, soweit nicht ohnedies der Gedanke vorherrscht, der nachforschenden Obrigkeit entkommen zu können.

Die Herstellung der richtigen Relation in der Behandlung anderer Strafgefangener wird dadurch erleichtert, daß Mörder ohne Vorstrafen in aller Regel nur zu zeitlichen Freiheitsstrafen verurteilt werden und dadurch auch früher bedingt entlassen werden können. Im übrigen wird sich aber die bedingte Entlassung bei allen längerfristig angehaltenen Strafgefangenen in erster Linie an den Belangen der Spezialprävention zu orientieren haben, wobei je nach Persönlichkeitsentwicklung erhebliche Unterschiede auftreten können, sodaß die Anstellung von Vergleichen von vornherein problematisch ist, weil kein Fall dem anderen gleicht.

Vorliegend war daher nur noch zu prüfen, ob besondere Gründe vorliegen, die Gewähr für künftiges Wohlverhalten bieten können.

Derartige Gründe liegen insoferne vor, als die Verstehensgrundlage für die Tat des Angeklagten, der bis dahin im wesentlichen nur als Dieb und Betrüger auffällig geworden war, in dessen psychopathischer Veranlagung gelegen war. Demnach handelte es sich bei ... um eine psychopathische Persönlichkeit mit verstärkten Aggressionspotentialen, verminderter Spannungstoleranz und einer Affektlabilität bis hin zur Enthemmung (siehe die Gutachten ... des Strafaktes). Diese für Psychopathen typischen Eigenschaften, die oft die Wurzel für schwere

Gewalttaten bilden, konnte der Sachverständige ... bei dem Strafgefangenen anläßlich der im Juni ... durchgeführten Exploration nicht mehr feststellen, was nach Meinung des genannten Sachverständigen auf einen gewissen Reifeprozeß zurückzuführen ist. ...

Ausgehend von dieser wesentlich geänderten Persönlichkeitsstruktur kommt auch dem Umstand, daß der Strafgefangene einen Arbeitsplatz als Lektor in einem ... Verlag und eine entsprechende Unterkunft in Aussicht hat, erhöhte Bedeutung zu. Denn es kann nunmehr erwartet werden, daß der inzwischen 56 Jahre alte, ruhiger und gereifter gewordene Beschwerdeführer, der sich auf seine neue Tätigkeit durch literarische Arbeiten während der Haftzeit vorbereiten konnte, die gebotene berufliche Möglichkeit nützen wird, wodurch vor allem ein abermaliges Abgleiten in die Vermögenskriminalität, in der der Beschwerdeführer als selbständiger Marktforscher stark verhaftet war, verhindert werden könnte. Gegen eine weitere Anhaltung des Strafgefangenen spricht vor allem sein Alter, welches eine Eingliederung in den Arbeitsprozeß zu einem späteren Zeitpunkt nicht mehr erwarten läßt.

Die gutachtlich festgestellte Persönlichkeitsänderung (keine akzentuierten Persönlichkeitsauffälligkeiten) in Verbindung mit dem festgestellten Reifeprozeß stellen zusammen mit der aktenkundigen Möglichkeit, als Lektor einem geordneten Erwerb in unselbständiger Tätigkeit ab Jänner 1988, nicht aber zu einem späteren Zeitpunkt ... nachzugehen, besondere Gründe dar, die nach menschlichem Ermessen Gewähr dafür bieten, daß ... auch bei verkürztem Vollzug in Hinkunft keine strafbaren Handlungen begehen wird."

Die Auffassung des Vollzugsgerichts erster Instanz entspricht in diesem Fall weit eher der Norm als der bindende Beschluß der Beschwerdegerichts. Dieses weicht z.B. von Gewichtungen der Generalprävention, wie man sie zu lesen gewohnt ist (z.B. der Gesetzgeber habe sie bei der Bestimmung über die bedingte Entlassung aus lebenslanger Haft bewußt an erste Stelle gerückt; oder: das Rechtsbewußtsein der normtreuen Bevölkerung müßte bei Entlassung eines mehrfach vorbestraften Raubmörders nach 15 Jahren einen Schock erleiden), markant ab. Selbst wenn man ignoriert, daß es das Strafurteil Lebenslang durchaus auch bei zuvor Unbescholtenen gibt (weil die Voraussetzungen für die Anwendung des außerordentlichen Milderungsrechts nach dem alten StG gefehlt haben) und dementsprechend nicht-vorbestrafte lebenslang Gefangene, die aus generalpräventiven Gründen mehr als 15 Jahre verbüßen, ist die Wertung der Vorstrafen - etwa als nicht einschlägig ("nur" Diebstahl und Betrug) und nicht massiv - hier ebenfalls ungewöhnlich. Das psychiatrische Gutachten wird gleichfalls vorteilhafter gelesen als manch anderes neutrale, Veränderungen gegenüber dem Status bei Verurteilung feststellende Gutachten in anderen Verfahren. Die besondere Gewähr künftigen Wohlverhaltens wird hier auch nicht dem Gutachten selbst entnommen, sondern vor allem der sozialen Konstellation nach Entlassung. Diese fällt nicht immer, wie in diesem Fall, gegenüber einer verhältnismäßig unbestimmt und vorsichtig bleibenden psychiatrischen Expertise derart entlassungsfördernd ins Gewicht. Das heißt nicht, daß sich den Argumenten nicht mühelos folgen ließe, wohl aber, daß sie sich in auffallendem Widerspruch zu Argumentationsmustern in vielen anderen Beschlüssen befinden.

Um diesen Widerspruch noch einmal deutlicher zu unterstreichen, sei im nächsten Abschnitt auf ein paar Beispiele von bereits weit länger inhaftierten Gefangenen eingegangen, auf die die soeben behandelten Argumente für eine bedingte Entlassung ebenso anwendbar wären, jedoch nicht angewendet werden.

5.5. Entlassungsverweigerungen auf problematischer Grundlage

Bei den wenigsten Gefangenen spricht schlicht alles gegen eine bedingte Entlassung. Bei den meisten kann das eine oder andere Argument für eine Beendigung der Strafzeit gefunden werden, ist die eine oder andere der gesetzlichen Voraussetzungen für die bedingte Strafrestnachsicht mehr oder minder eindeutig erfüllt. Es gibt eine - wenn auch schwer abgrenzbare - Gruppe schon über 15 Jahre inhaftierter lebenslang Gefangener, die unter anderen Umständen - bei durchaus möglicher anderer Würdigung der Fakten oder von einem anderen Gericht beurteilt - schon in Freiheit sein könnte, es zum Zeitpunkt der Untersuchung jedoch noch nicht ist. Hier sollen nur ein paar Fälle (drei von zehn bei Durchsicht des Materials als möglich erachtete Beispiele) zu genauerer Darstellung ausgesucht werden, die schon sehr lange über die Minimalzeit in Gefangenschaft sind und in vieler Hinsicht der oben beschriebenen Gruppe entlassener Lebenslanger gleichen. Es wird wieder eine ähnlich vollständige Wiedergabe der den Entlassungsbeschlüssen entnehmbaren Informationen über gerichtliche Kalküle angestrebt, um die beiden Gruppen - Entlassene und auf schmaler Grundlage weiter Angehaltene vergleichbar zu machen.

Pb. 12: Dieser Gefangene befindet sich zum Zeitpunkt der Untersuchung 18 Jahre und 3 Monate in Haft und hat soeben zum vierten Mal (wiederum wie schon zuvor jeweils vom Vollzugsgericht erster und zweiter Instanz) die Ablehnung seiner bedingten Entlassung erfahren. Der Gefangene hat zum Zeitpunkt seiner gegenständlichen Verurteilung keine Vorstrafe aufgewiesen und war zu Strafanfang 25 Jahre alt. Er hat als damals beschäftigungsloser Journalist den Tod einer 60jährigen gehbehinderten Pensionistin auf dem Gewissen, die ihn bei der ungestörten Ausführung eines Einbruchsdiebstahls behindert hat.

Das Beispiel dieses Gefangenen ist interessant, weil sich bei ihm die vorerst negative spezialpräventive Prognose auf nichts anderes als auf das Sachverständigengutachten, nicht jedoch auch auf eine kriminelle Karriere vor der Mordtat oder Probleme im Vollzug stützen kann. Die Anstalt tritt einer bedingten Entlassung in Hinblick auf ein tadelloses Gesamtverhalten in keinem Moment entgegen. Als sich das Gutachterurteil beim dritten Mal der psychiatrischen Begutachtung nach 18 Jahren Strafe ins Positive wendet, schwenkt die gerichtliche Argumentation völlig auf generalpräventive Bedenken gegen Entlassung eines brutalen Raubmörders ein. Die Begründungsfiguren unterscheiden sich dabei diametral von denen im oben (Pb. IV) referierten Beschluß.

In der ersten Ablehnung der voraussichtlichen bedingten Entlassung zum frühesten Zeitpunkt schildert das Vollzugsgericht die ursprünglich als Diebstahl konzipierte Tat und den kaltblütigen Mord, um Spuren zu beseitigen. Die Charakterisierung der damaligen Vorgangsweise findet sich in der Persönlichkeitsbeschreibung des Beschlusses wieder: *"Seine damalige Charakterabartigkeit bestand in einer Gefühlskälte und Gemütsarmut. Nunmehr hat der medizinische Sachverständige diese kriminovalenten Faktoren noch immer konstatiert. Es ist somit keine Persönlichkeitsveränderung eingetreten. Dementsprechend kann der Sachverständige die Erwartung eines künftigen Wohlverhaltens weder bejahen noch verneinen."* Es wird also ein Persönlichkeitszug - Gefühlsarmut - festgestellt, dessen prognostische Relevanz nach eingetretener Alterung und bei ungewisser persönlicher Zukunft zugleich als unklar zu erkennen gegeben wird. Dennoch wird eine harte Aussage getroffen: *"Da eine solche Persönlichkeitsänderung in den bisher verstrichenen 14 Jahren Haft nicht eingetreten ist, kann eine solche auch nicht in den nächsten Jahren erwartet werden."*

Mit diesem Satz ist ein Präjudiz für nachfolgende Entscheidungen getroffen. Generalpräventiv wird in dieser Situation erst gar nicht argumentiert.

Die Beschwerde des Gefangenen insbesondere gegen die (hinsichtlich Zeitaufwand) oberflächliche Begutachtung wird vom OLG zurückgewiesen: *"Sofern der Beschwerdeführer dieses Gutachten als nicht aussagekräftig genug rügt, ist ihm zu erwidern, daß er nach dessen Inhalt ausreichend Gelegenheit hatte, seinen von ihm behaupteten, durch den bisherigen Strafvollzug bewirkten Persönlichkeitswandel darzulegen. Als medizinischer Laie mißt er dabei dem Faktor Zeit im Rahmen der Exploration erkennbar zu große Bedeutung bei und übersieht, daß für eine Gutachtenerstellung wesentlich die von ihm spontan gebrauchten Formulierungen, dabei zu Tage tretende Gedankengänge und der gefühlsmäßige Bezug zu seiner Straftat sind."*

Sollte das Gericht mit dieser Formulierung bestätigen, daß die Begegnung zwischen Gutachter und Gefangenem in sehr kurzer Zeit erledigt war und daß die Empfindung des Betroffenen, keine Chance gehabt zu haben, sich entsprechend auszudrücken, als bedeutungslos anzusehen ist? Jedenfalls untermauert das OLG die Entlassungsverweigerung zum Unterschied vom Erstgericht auch in generalpräventiver Hinsicht. Damit liefert es künftigen Entscheidungen entsprechende Verweismöglichkeiten. Es handle sich um eine überschwere, der Ausführung nach äußerst brutale Tat, überdies wolle der Gefangene im Fall der bedingten Entlassung in unmittelbare Nähe des Tatorts zurückkehren: *"...so kann davon ausgegangen werden, daß es weder die Bewohner der umliegenden Nachbarwohnungen, noch die ansonsten interessierte Öffentlichkeit verstehen würde, daß in einer Zeit zunehmender Gewalttätigkeit ein rechtskräftig wegen eines brutalen Mordes abgeurteilter Täter bereits nach Verbüßung von nur 15 Jahren der von dem erkennenden Gericht als tat- und schuldangemessen festgestellten lebenslangen Freiheitsstrafe bedingt entlassen wird."*

Bei der endgültigen Entscheidung gegen die bedingte Entlassung nach 15 Jahren nimmt das Vollzugsgericht erster Instanz buchstabengetreu die ablehnende Haltung des Beschwerdegerichts ein. Auf eine neuerliche Beschwerde hin wird dem Gefangenen diesmal vom OLG vorgehalten: *"Soferne der Beschwerdeführer sich nunmehr dagegen wendet, daß ihm zu Unrecht sein - ein künftig straffreies Leben erwarten lassender - Persönlichkeitswandel vom Gericht nicht geglaubt werde, so ist ihm zu erwidern, daß vorliegend dahingestellt bleiben kann, inwieweit der bisherige Vollzug der lebenslangen Freiheitsstrafe dem ...*

bereits eine auf Vermeidung strafbarer Handlungen ausgerichtete Lebenseinstellung vermittelte, weil die Frage in den Vordergrund zu stellen ist, inwieweit bei Kenntnis seiner - von ihm selbst als ein sehr schweres, brutales und verabscheuungswürdiges Verbrechen bezeichnete - Tat negative Auswirkungen seiner Entlassung zum frühestmöglichen Zeitpunkt auf Dritte zu besorgen sind."

(Es wirkt hier, nebenbei gesagt, nicht sehr fair, wenn das bereitwillige Eingeständnis eines zuvor als "gefühlskalt" charakterisierten Gefangenen, schwere Schuld zu tragen, gegen ihn verwendet wird. Hätte er diese (Gefühls)Äußerung also doch besser unterlassen sollen - um sich dann vielleicht ihre Unterlassung vorwerfen lassen zu müssen?)
Der so abschlägig beschiedene Gefangene stellt erst 1 1/2 Jahre später einen ersten Bittantrag auf Entlassung. Er wird nun (nach verstrichenen 2 1/2 Jahren seit dem letzten Gutachten) einem zweiten Gutachter vorgeführt. Im Gerichtsbeschluß liest sich dessen Einschätzung so: *"geistige Abstumpfung, wie sie bei der Mehrzahl der Menschen, die unter längerdauerndem Freiheitsentzug stehen, gefunden wird."* Eine Gemütsarmut könne befundmäßig weder bestätigt noch widerlegt werden. Es gebe keine gravierenden Unterschiede zum früheren Gutachten. Ein Persönlichkeitswandel sei aus medizinischer Sicht nicht eingetreten. Also wieder keine qualifiziert günstige Prognose! Der generalpräventiv argumentierende Teil des Beschlusses referiert aus früheren OLG-Feststellungen. Die Beschwerde des Gefangenen bleibt weiterhin erfolglos. Als ausschlaggebend dafür nennt das Beschwerdegericht diesmal die Persönlichkeitsbefunde. Ungewöhnlich genau wird diesmal nach einer präzisen Tatschilderung in allen Einzelheiten (Messerstichfolgen, Stichtiefen, Abbrechen der Klinge etc.) aus dem seinerzeitigen Gutachten im Erkenntnisverfahren referiert. Dazu Stichworte: frühzeitig Anpassungsschwierigkeiten und Verhaltensstörungen, Mittelschul- und Maturaschulabbruch, Schwierigkeiten beim Militär, Disziplinarstrafen, mußte mehrere Monate nachdienen, Unterordnungsschwierigkeiten als Reporter, gab Beruf deswegen auf, ließ sich von seiner Mutter aushalten, wollte ins Geschäft mit pornographischem Schrifttum einsteigen, psychopathisch durch Gemütsarmut, mangelnder Anpassungswille etc. Nach dieser Wiederinszenierung eines Scherbengerichts aus dem Strafverfahren werden die beiden neueren Gutachten kurz auf den Punkt gebracht. Es habe kein Persönlichkeitswandel stattgefunden und es mangle an der qualifiziert günstigen Prognose. Abgesichert wird dieses Kurzresümee rechtsexegetisch: *"Die qualifiziert günstige Prognose kann nur auf bestimmte, nicht regelmäßig oder sehr oft gegebene, sondern gerade dem Einzelfall eigentümliche Umstände für künftiges Wohlverhalten des Rechtsbrechers gestützt werden."* (Dieser sich hier auf StGB-Kommentar von Leukauf/Steininger berufenden Ansicht, daß die geforderte Gewähr künftigen Wohlverhaltens einfach nicht oft angenommen werden darf, unabhängig davon, wie sie nach Person und Situation der zu Beurteilenden faktisch gegeben ist, muß übrigens nicht unbedingt zugestimmt werden.)

Nach zuletzt 18 1/4 Jahren hält dieser Gefangene den nächsten und vorläufig letzten ablehnenden Beschluß des Beschwerdegerichts in Händen. Diesem Beschluß geht im erstinstanzlichen Verfahren eine neuerliche Begutachtung durch einen Gerichtspsychiater voraus. Seine Stellungnahme, bereits nach dem

StRÄG 1987 eingegangen, ist selbst in der Wiedergabe durch das bisher nicht wohlgesonnene Gericht nicht als negativ zu lesen. Der Untersuchte agiere zeitweise ohne besondere gemütsmäßige Beteiligung, zeitweilig sei er zu affektadäquater gemütsmäßiger Beteiligung befähigt. Er sei während des Haftvollzugs nachgereift, in den wesentlichen Persönlichkeitsmerkmalen sei eine Änderung jedoch nicht eingetreten. Derzeit würden die kriminoresistenten Faktoren jedoch überwiegen. Also bleiben in erster Linie generalpräventive Einwendungen gegen eine Entlassung. In der Antwort des OLG auf die Beschwerde des Gefangenen gegen diese Argumentationslinie wird das Prinzip der Generalprävention erläutert:

"Insoweit der Beschwerdeführer nunmehr auf seinen bereits mehr als 18 Jahre dauernden Freiheitsenzug verweist und vermeint, damit sei auch generalpräventiven Erwägungen hinlänglich entsprochen worden, ist ihm hierauf - ergänzend (zu Vorentscheidungen des OLG aus früheren Jahren, A.P.!) *- folgendes zu erwidern:*

Die Aufgabe des Strafrechts ist der Schutz des Zusammenlebens der Menschen in der Gemeinschaft und ist eine ‚gerechte Strafe', ein im Interesse der Allgemeinheit unerläßliches Instrument zur Erhaltung der sozialen Ordnung. Der Gesetzgeber hat nun normiert, daß - wie vorliegend - bei Taten mit schwerster Schuld anstatt einer zeitlichen Freiheitsstrafe nur die wenigstens symbolische Ausschließung des Täters aus der Gemeinschaft der legitimen Gerechtigkeitserwartung der rechtstreuen Gemeinschaft genügt, wobei eine derartige Strafe nur unter maßgeblicher Beteiligung von Laien (‚Geschwornen') verhängt werden kann, welche die Rechtsüberzeugung der Bevölkerung repräsentieren und damit deren Vertrauen in die Strafrechtspflege erhalten.

Im vorliegenden Fall hat nun das erkennende Geschwornengericht entschieden, daß der von ... begangenen äußerst brutalen Tat hinsichtlich einer im 60. Lebensjahr stehenden und gehbehinderten Witwe (insgesamt 16 Messerstiche) dieser lebenslänglich in Haft anzuhalten ist und verwehrt dies sohin schon im Interesse einer Verbrechensvorbeugung bei der Gesamtheit der Bevölkerung eine bedingte Entlassung des ... zum derzeitigen Zeitpunkt, weil ein solches Vorgehen im Widerspruch zu dem Rechtsempfinden der normtreuen Bevölkerung in einer Zeit des von der interessierten Öffentlichkeit registrierten Ansteigens der Gewaltdelikte gegen Frauen stünde.

Der Oberste Gerichtshof hat in seiner Rechtsmittelentscheidung (im Erkenntnisverfahren, A.P.) *... hinsichtlich der Täterpersönlichkeit des nunmehrigen Beschwerdeführers ... auf die ‚besondere Intensität des bösen Vorsatzes' hingewiesen. Dieser manifestiere sich beim Einbruchsdiebstahl in der reiflichen Überlegung und besonders geflissentlichen Vorbereitung, mit der das Vergehen unternommen wurde, und beim Mord in der Vielzahl der gegen das Opfer geführten Messerstiche, wobei ... sich noch dazu, als das erste Messer, weil die Spitze abbrach, kein taugliches Werkzeug mehr war, unverzüglich eine andere derartige Waffe verschaffte. Werde noch bedacht, daß er auf die von ihm getötete, im 60. Lebensjahr stehende und gehbehinderte Witwe selbst noch zu einer Zeit, als diese, durch die vorangegangenen Stiche verletzt, röchelnd und vollkommen wehrlos am Boden lag, mit solcher Wucht weiterhin einstach, daß das verwendete (zweite) Messer mehrmals bis zu 2cm über die Klingenlänge in* *den Rücken der Frau eindrang, dann komme hierin eine derartige Brutalität zum Ausdruck, daß ihm diese noch zusätzlich gesondert als äußerst gewichtiger Erschwerungsgrund angelastet werden muß.*

Diese geschilderten Straftaten haben einen derartigen Auffälligkeits- und Störwert in der Gesellschaft erreicht, daß die interessierte Öffentlichkeit einer bedingten Entlassung auch zum derzeitigen Zeitpunkt noch mit Verständnislosigkeit begegnen würde. Bei einer objektiven und lebensnahen Betrachtungsweise ist auch konkret zu befürchten, daß eine zu günstige Behandlung eines derart brutalen Mörders negative Auswirkungen auf andere präsumptive Täter haben könnte. Der Beschwerdeführer hat sich zu einer überschweren, ihrer Ausführung nach außergewöhnlich brutalen Tat entschlossen und muß daher auch die sich generalpräventiv daraus ergebenden Folgerungen tragen."

Bemerkenswert an diesem Beschluß ist das völlige Ausweichen vor der Würdigung des letzten Persönlichkeitsgutachtens und der spezialpräventiven Fragen. Es gibt kaum ein einziges eingesehenes Beschlußdokument eines Vollzugsgerichts, das derart auf Wiedergabe des Tatgeschehens (man kann auch sagen: Wiederaufrollen des Prozesses) insistiert und mehr als implizit von der Tat auf den Täter und vom damaligen Täter auf den heutigen Gefangenen schließt. Das Persönlichkeitsbild wird ausschließlich mit Referenz auf den Geschwornen- und seinerzeitigen Rechtsmittelprozeß entworfen, schließlich aber doch als unwesentlich neben der Frage der Generalprävention behandelt. Die Stilmittel des Beschlusses sind der Beachtung wert. So wird das schwache Opfer z.B. zweimal fast gleichlautend geschildert - ohne daß dabei mehr Information gewonnen wird -, nur um die Verwerflichkeit der Tat doppelt zu betonen. Wichtig ist aber vor allem die inhaltliche Argumentation. Sie ist die elaborierteste (wenngleich vielleicht nicht die stichhaltigste) Verteidigung der Generalprävention, die in sämtlichen untersuchten Verfahren vorgekommen ist. Der Aufwand, der in diesem Fall betrieben wird, von der Person des Gefangenen hier und jetzt zu abstrahieren, ist beträchtlich, verglichen mit den wenigen Zeilen oder gar nur Floskeln, die in der Regel dem generalpräventiven Argument gewidmet werden.

Kurz nach dieser Ablehnung wird der Gefangene per Erlaß des Bundesministeriums für Justiz in den Entlassungsvollzug überstellt. Hierin kommt ein gewisser Widerspruch der Vollzugsadministration gegen die Haltung der Vollzugsgerichte zum Ausdruck.

Pb. 8: Dieser Gefangene ist bei Durchführung der Studie 19 1/2 Jahre in Haft. Er war bei der Mordtat 21 Jahre alt, dreimal (wegen Diebstahls zu insgesamt 12 Monaten unbedingter Freiheitsstrafe) vorbestraft und der Mittäter eines älteren und tonangebenden Komplizen. Beiden fielen ein Pfarrer, in dessen Haus sie einen Einbruch verübten, und dessen Haushälterin (Mordversuch, Vergewaltigung durch den Mittäter) zum Opfer. Der Gefangene hat vier Verfahren, die beiden letzten durch zwei Instanzen, hinter sich, die ihm allesamt die Entlassungsvoraussetzungen absprechen. Die Vollzugsanstalt ist in Hinblick auf gutes Gesamtverhalten einer Entlassung nie entgegengetreten, hat sich allerdings auch nicht besonders engagiert.

Auch wenn in diesem Fall dem Gericht meist beide, spezial- und generalpräventive Bedingungen für die Entlassung unerfüllt erscheinen, könnte man sich hier andere Lesarten von Gutachteräußerungen, der Vorgeschichte des Gefangenen und seiner Entwicklung während der Haft vorstellen. Sein Problem ist, daß er offenbar keine hochdifferenzierte und selbständige Person ist, bei der tendenziell all ihr Verhalten (mit einer Ausnahme, der Mordtat selbst) nicht ihr, sondern bloß ihrer Umgebung und der Situation zugerechnet wird. Diese Kritik an mangelnder Autonomie des Gefangenen zieht sich durch den gesamten Akt und läßt ihn eher als bemitleidenswerte denn als gefährliche Figur erscheinen.

Im ersten Ablehnungsbeschluß wird im Zusammenhang mit der Tatschilderung verhältnismäßig ausführlich auf das Verhältnis zum Mittäter eingegangen, der sich des Jüngeren angenommen hatte und dafür von diesem mit Geld (nicht zuletzt für die Fahrt zum Tatort) ausgestattet worden war. Das Sachverständigengutachten konstatiert keinen abnormen Zustand. Der Gefangene sei in seiner geistigen Entwicklung stecken geblieben, aber nicht schwachsinnig. Er zeige, abgesehen von Haltlosigkeit und leichter Beeinflußbarkeit, keine abnormen Persönlichkeitszüge. *"Bei Fehlen entsprechender Ordnungsstrukturen legte der Verurteilte keine besondere Anstrengungsbereitschaft im Arbeits- und Sozialbereich an den Tag. ... Er ist zwar in der Lage, auf Grund seiner intellektuellen Befähigung einen Erkenntnisprozeß durchzumachen, es bedarf aber aufgrund dieser Persönlichkeitszüge einer intensiven Betreuung des Strafgefangenen sowohl vor, als auch nach einer eventuellen bedingten Entlassung."* In den Worten des Gerichts zeigten der Umstand, daß der Gefangene ohne materielle Not für die Straftat zu gewinnen war, und das Gutachten eine reduzierte Hemmfähigkeit und mangelnde Charakterfestigkeit. Ferner sei kein Abklingen der mit Gewalt gegen Leib und Leben verbundenen Vermögensdelikte feststellbar, sodaß der Verzicht auf die im Strafvollzug liegende abschreckende Wirkung noch nicht in Frage käme. Auf dieselbe Argumentation verweist der nächste Ablehnungsbeschluß zum Zeitpunkt der endgültigen Verbüßung von 15 Jahren.

Nach 18 1/2 Jahren Strafe erfährt der Gefangene, der nun erstmals ein Entlassungsgesuch einbringt, wiederum, daß er noch nicht entlassungswürdig ist. Vier Jahre sind seit dem letzten psychiatrischen Gutachten vergangen. Das nunmehrige bescheinigt nach wie vor Haltlosigkeit und Beeinflußbarkeit, jedoch - was früher nicht der Fall war - ebenso eine Antriebsminderung. *"Wenn auch in der ausreichenden Rücklage von S 70.000,- und der Möglichkeit, durch einen Bewährungshelfer Arbeit und Wohnung zu finden, kriminoresistente Faktoren zu erblicken seien, so sei nach wie vor der kriminovalenteste Faktor in der Persönlichkeit des ... zu erblicken. Eine besondere Gefährlichkeit könne wohl nicht begründet werden, die Möglichkeit, daß sich der Untersuchte im Fall einer bedingten Entlassung wohlverhalten werde, sei ebenso gegeben, wie die, daß er sich nicht wohlverhalten werde."* Ein zweiter Gutachter sieht eine labile Persönlichkeit, Identitätsstörungen, ausgeprägte neurotische Mechanismen, Affektangst und Sexualverdrängung. Aus der Anpassung in der Haft könnten keine zwingenden Schlüsse auf die Anpassung in der Freiheit gezogen werden. Generalpräventiv zu argumentieren unterläßt das Vollzugsgericht diesmal. Dies ergänzt das Beschwerdegericht, das auf die übereinstimmende Verneinung besonderer Wohlverhaltensgewähr durch die Gutachter, ebenso aber auf das schwere Blutdelikt hinweist, dessen Unwert 18 Jahre Haft noch nicht genügend aufzeigen würden.

Auf einen nur wenig später gestellten Bittantrag des Gefangenen reagieren beide Instanzen des Vollzugsgerichts nochmals negativ, obwohl inzwischen das StRÄG in Kraft getreten ist. Auch mit Hilfestellung eines Bewährungshelfers wäre ein redliches Fortkommen nach Entlassung auf der Basis der Persönlichkeitsgutachten und des Vorlebens nicht als gesichert anzunehmen.

Pb. 24: Dieser Gefangene stellt einen gänzlich anders gelagerten Fall dar. Er befindet sich seit fast 25 Jahren in Haft, war bei Strafanfang 43 Jahre alt und ist nunmehr im 68. Lebensjahr. Er hat vor seiner Verhaftung drei Vorstrafen aufgewiesen (zwei Geldstrafen und eine bedingte dreimonatige Freiheitsstrafe wegen Erpressung, Raufhandel und einem Verkehrsunfall), die selbst in Zusammenhang mit jenem jahrelang schwelenden Konflikt auf dem Bauernhof seiner Frau gestanden sind, dem schließlich der Stiefsohn des Gefangenen zum Opfer gefallen ist. Bei diesem Mord handelt es sich also eher um eine "Konflikttat". Die Entlassungsverfahrensgeschichte des Gefangenen ist eher kurz, zumal er nur einmal selbst einen Bittantrag stellt, ansonsten nur anläßlich der Erfüllung der zeitlichen Entlassungsvoraussetzungen und anläßlich des StRÄG 1987 Verfahren anstaltsseitig eingeleitet werden. Bis auf das letzte Verfahren gehen alle durch zwei Instanzen.

Bei diesem Gefangenen steht weniger die Generalprävention zur Diskussion als vielmehr seine "Schulduneinsichtigkeit". Sie hat sich mittlerweile bis zur Ablehnung jeder Entlassung, der keine Urteilsrevision zugrundeliegt, gesteigert. Man hat einen Gefangenen vor sich, bei dem die attestierte Persönlichkeitsstörung an der (Wahn)Idee der Unschuld festgemacht wird. Daneben wird der Person des Gefangenen durchaus Anpassungsfähigkeit an Standardsituationen bescheinigt. Die Unfähigkeit der Anstaltsverwaltung, mit einer Person dieses Typs umzugehen, keine Konsequenzen aus dieser 25jährigen "wahnhaften Fixierung" zu ziehen und immer nur den Normalvollzug fortzusetzen, sowie die Unfähigkeit des Gerichts und seiner Gutachter, die Resozialisierbarkeitsfrage von der "Unschuldswahnfrage" abstrahiert zu behandeln, läßt hier eine Strafzeit entstehen, die zu den längsten zählt, die bei Lebenslangen zu beobachten ist.

Nach 14 Jahren Strafe wird im vollzugsgerichtlichen Beschluß gegen eine voraussichtliche bedingte Entlassung auf die Tat, die Teilgeständnisse des Beschuldigten in den Voruntersuchungen und sein Leugnen seither verwiesen. Der Gefangene habe eine seltene Zahl von Wiederaufnahmeanträgen und Eingaben aller Art gemacht. Auch stimme er der bedingten Entlassung nur bei Erweis der Unschuld in einem neuen Verfahren zu. Das Gutachten ergibt laut Beschluß eine reichlich problematische Persönlichkeit mit nicht einwandfrei positiver Prognose. Angesichts der mit seltener Heimtücke ausgeführten Tat, die in der Bevölkerung einen nicht alltäglichen Widerhall gefunden habe, sprächen auch generalpräventive Überlegungen gegen die Entlassung. Einer Beschwerde des Gefangenen gegen diese Entscheidung bleibt aus formalen Gründen der Erfolg versagt.

Endgültig wird die bedingte Entlassung nach schon 15 Strafjahren auf nämlicher Grundlage abgelehnt. Diesmal behandelt das OLG jedoch die Beschwerde des Gefangenen und referiert dabei ausführlicher das Gutachten des psychiatrischen Sachverständigen. Der Strafgefangene falle unter Kategorie II der Prognosetafel von Frey, wobei vereinzelte Rückfälle unter ungünstigen Umweltverhältnissen nicht auszuschließen seien. Die kriminologische Prognostik wird in diesem Fall recht ausführlich diskutiert. Es wird durchaus erwähnt, daß die Prognose bei Aggressionstätern an sich besser sei als bei Eigentumsdelinquenten und daß die Widerrufsprozentsätze bei bedingter Entlassung eine mit dem verbüßten Strafmaß fallende Tendenz zeigten. Das ändert nichts am Ergebnis: *"Mag auch der Strafgefangene bereits in einem Alter sein, in dem die Aggressionstendenzen etwas abnehmen, so stellt der Sachverständige in Verbindung mit querulatorischen Zügen des Strafgefangenen bei ungünstiger Konstellation Aggressiondelikte künftig als möglich hin."* In der Anstalt sei er allerdings völlig angepaßt, seine Führung und Arbeitsleistung gut. Die Angehörigen könnten ihn bei Entlassung nicht aufnehmen. Schwerwiegend sei aber, daß der Gefangene nicht schuldeinsichtig sei: *"Damit fehlt es aber an der primären Voraussetzung für eine bedingte Entlassung, welche in der Regel die Feststellung ist, daß im konkreten Einzelfall der Strafzweck erfüllt ist, d.h. daß die Strafe dem Verurteilten ein Schulderlebnis vermittelt, er somit Sühne geleistet und sich innerlich von seiner Tat abgekehrt hat."* Darüber hinaus wird hier, gestützt auf Graßberger, auch eine besondere Erläuterung des generalpräventiven Zwecks der Strafe gegeben: *"Jedes Verbrechen hat somit nicht nur einen physischen, durch den Angriff auf das Rechtsgut unmittelbar ausgelösten Erfolg, sondern auch einen weitgestreuten psychischen Erfolg. Es führt bei allen, die davon hören, zur Erschütterung ihres Bewußtseins der Rechtssicherheit oder der Rechtsherrschaft. ... In diesem Sinn erfüllt die Strafrechtspflege nur dann ihre Aufgabe, wenn sie geeignet ist, die Allgemeinheit davon zu überzeugen, daß sie vor einem neuen Angriff auf die vom Strafrecht anerkannten Werte durch die den Schuldigen treffende Tadels-, Besserungs- und Sicherungsstrafe hinreichend geschützt ist."* Wie weit zur Erfüllung dieser Überzeugungsaufgabe der Strafrechtspflege die Entlassungsverweigerung gegenüber 15 Jahre inhaftierten Lebenslangen gehört, bleibt unklar. Daß der Gesetzgeber bei Vorliegen gewisser Voraussetzungen die Entlassung Lebenslanger nach einer so langen Strafzeit mit einer generalpräventiv funktionellen Strafrechtspflege prinzipiell durchaus vereinbar sieht, bedeutet wohl die Aufforderung, sich auf die Generalprävention nicht einfach derart abstrakt zu berufen.

Nach über 21 Jahren Haft, also erst rund 6 Jahre später, kommt es zu einem neuerlichen Verfahren und zu einer zweiten Begutachtung. Sie bringt keinen Wandel der Beurteilungskriterien zugunsten des Gefangenen. Der Gutachter spricht von "reaktiver Abnormisierung einer überwertigen Idee schuldloser Verurteilung" und stellt Ablehnungstendenzen des Gefangenen gegen bestimmte Personen aus dem Umfeld des damaligen Gerichtsverfahrens fest. Er will nicht ausschließen, daß sich der Gefangene unter Umständen für die lange Haft an Zeugen, Sachverständigen, Gattin und Besitzern seiner Landwirtschaft rächen könnte. Auch das OLG lehnt die Entlassung ab, weil die qualifiziert günstige Prognose fehle. In Konfliktsituationen infolge der nicht akzeptierten Verurteilung seien laut Gutachter Aggressionsdelikte denkbar. *"Auch durch die Erklärung von ..., die bedingte Entlassung grundsätzlich nicht zu akzeptieren, wird die spezialpräventive Prognose ungünstig beeinflußt."* Der Anstaltpsychologe hat diesem Verfahren eine Stellungnahme auf den Weg gegeben, die das tragische Bild des betreffenden Gefangenen nochmals beleuchten kann. Er biete nach 20jähriger Anhaltung das Bild einer völlig deprivierten Persönlichkeit, sein Bewußtsein sei stark eingeengt, es falle ihm schwer, einen Dialog zu führen. Er gehe auf Gesprächsanstöße kaum ein, schildere ständig vergangenheitsfixiert Details seines Prozesses und Wiederaufnahmeanträge. Eine Veränderung dieser wahnhaften Einengung und Fixierung auf die Unschuldstheorie sei in den letzten Jahren kaum feststellbar gewesen, der Gefangene sei sicher, letzten Endes recht zu behalten. Seine Persönlichkeitsentwicklung passe nicht ins Spektrum der Normalität, doch sei davon das Alltagsverhalten im Strafvollzug wenig betroffen.

Anläßlich des letzten Verfahrens infolge Inkrafttretens des StRÄG 1987 verweigert der Gefangene eine neuerliche Begutachtung, sodaß das Gericht auf eine vier Jahre alte Diagnose angewiesen ist, in der - wie zitiert - von der Gefährdung verfahrensinvolvierter Personen durch den in seiner Persönlichkeit unverändert gebliebenen Täter die Rede ist. Daher müsse die bedingte Entlassung schon allein aus spezialpräventiven Gründen verwehrt werden. Ein Rechtsmittel ergreift der Gefangene nun nicht mehr.

5.6. Rekonstruktion und Kritik der gerichtlichen Kriterien für die Entlassung aus lebenslanger Haft

Es hat sich in den vorangegangenen Abschnitten gezeigt, daß sich unter ein und denselben gesetzlichen Bestimmungen die bedingte Entlassung in den unterschiedlichsten Fällen sowohl verweigern wie auch gestatten läßt. Die Unterschiede zwischen den lebenslang inhaftierten Personen, die sich zum Teil schon Beträchtliches über die Zeit in Gefangenschaft befinden und jenen, die mehr oder weniger früh bedingt entlassen worden sind, sind nicht ganz leicht erkennbar. Es gibt in beiden Gruppen "Konflikttäter" und solche, denen man eine Berechnung der Tat um des materiellen Vorteils willen anlasten konnte. Es gibt in beiden Gruppen vor dem Delikt Unbescholtene und massiv vorbestrafte Täter, ebenso wie Personen mit qualifiziert günstiger Prognose wie mit Prognosevorbehalten seitens des Gutachters. Schließlich finden sich in beiden Gruppen Personen, für die sich die Vollzugsanstalt im Entlassungsverfahren einsetzt, und solche, deren Entlassung nur mangelhaft vorbereitet ist.

Die Beispiele dafür sind in qualitativer Form gegeben worden. Sie haben illustriert, daß auch das Zusammentreffen mehrerer Merkmale, die eine Entlassung eigentlich erwarten lassen würden, keine Garantie für eine positive Entlassungsentscheidung sind und vice versa vereinzelt erstaunlich normabweichende Entlassungen vorkommen. Für eine statistische Mehrfaktorenanalyse der differenzierenden Mermale der schon vs. noch nicht Entlassenen ist die Untersuchungspopulation zu klein.[16] Ein paar quantifizierende Hinweise (vgl. Tab. 22) müssen daher genügen. Sie bestätigen das Gesagte und zeigen, daß allenfalls die Wohlverhaltensprognose des Persönlichkeitssachverständigen beide Gruppen schärfer trennt.

Tabelle 22:
Vergleich entlassener vs. angehaltener Lebenslanger

Merkmale	bedingt Entlassene Lebenslange	über 17 J. Angehaltene Lebenslange
Raubtat	7	10
Konflikttat	3	5
Sonstige	3	1
über 10 Vorstr.	3	3
4-10 Vorstrafen	5	5
1-3 Vorstrafen	4	6
keine Vorstrafe	2	2
neg. Prognose	1	10
n.qual.pos. Prognose	6	5
qual.pos. Prognose	6	1
Fallzahl	13	16

Der Grund dafür, daß zwischen Merkmalen der Gefangenen aus der Untersuchungspopulation und ihrer "Strafzeit" (deren Fortdauer oder Beendigung) nur ein mäßiger Zusammenhang besteht, mag darin zu finden sein, daß es so etwas wie eine generelle und fallunabhängige zeitliche Strafnorm gibt (15 Jahre sind nicht genug!), von der abhängig erst alle anderen Merkmale der Person und Situation selektiv wahrgenommen werden. Die weitere Vollstreckung der Strafe ist keine schlechthin abhängige Variable von Merkmalen der Tat, des Täters, des "Vollzugserfolgs" etc. Sie kann vom Vollzugsgericht beliebig als notwendig oder verzichtbar angesehen werden, und zwar je nachdem, welche Position in Sachen Generalprävention eingenommen wird. Entsprechend dem generalpräventiven Kalkül, das sich rationaler Diskussion sperrt, können alle anderen individuellen Umstände des Falls als entscheidungsirrelvant bewertet werden. Es ist die Irrationalität der generalpräventiven Erwägungen, die zum Eindruck der Willkürlichkeit des Entlassungsverfahrens führt. Diese Feststellung bedarf noch der Erläuterung:

Vor einer Strafzeit von mindestens 17 Jahren ist nahezu alles an Konstellation des Einzelfalls möglich, ohne daß dies an der Entlassungsentscheidung (in aller Regel - von extremen Ausnahmen abgesehen - negativ) etwas ändert. Bei fortgeschrittener Strafzeit wird der Zusammenhang zwischen Merkmalen der Person des Gefangenen und seiner Entlassungssituation und der sich nun öffnenden Entscheidung des Gerichts enger. Ab dem 18. Strafjahr wird mehr und mehr die Prognose des gerichtlichen Sachverständigen zum Kriterium für die

Entlassungsentscheidung. Auf der Ebene der Begründungsfiguren verschiebt sich das Gewicht von general- zu spezialpräventiven Räsonnements. Generalpräventiv wird tendenziell nur mehr in Sonderfällen und nicht ohne etwas mehr Aufwand argumentiert, spezialpräventiv zunehmend weniger mit dem kriminellen Vorleben oder gar mit Charakteristika der Tat selbst.

Die Gerichtsverfahren werden mit fortschreitender Dauer der Haftzeit also situations- und fallgerechter. Die Entscheidungen werden gewissermaßen erstmals empirisch überprüfbar, an nachvollziehbaren Fakten abgestützt. Dies ist dort nicht der Fall, wo sie sich ausschließlich oder primär auf das generalpräventive Argument konzentrieren und dabei den Boden der Objektivität i.S. empirisch verifizierbarer Aussagen verlieren. In generalpräventiver Hinsicht ist nämlich jede Entlassungsentscheidung nach Maßstäben ihres empirischen Fundaments gleich gut oder gleich schlecht. (Es gibt keinen Beweis für das generalpräventive Erfordernis, einen Lebenslangen, der alle anderen Voraussetzungen für die Entlassung erfüllt, mehr als 15 Jahre gefangenhalten zu müssen. Und es gibt wohl auch keinen absolut gesicherten Beleg dafür, daß die Abschreckungs- und die Normsicherungswirkung keinen Schaden nimmt, wenn die Strafzeit nicht überschritten würde.) Aus diesem generalpräventiven Argumentationsnotstand hilft nur die kollektive Überzeugung, daß mehr als die Minimalstrafe hier optimal und risikolos ist. Wieviel mehr das sein soll bzw. ab wann ein weiteres Mehr keinen Zusatzeffekt oder gar nur noch kontraproduktive Wirkung zeitigt, bleibt eine Frage des richterlichen Beliebens. Immerhin verliert die generalpräventive Argumentation nach mehrmaligen Verfahren mit negativem Ausgang für den Gefangenen und bei schon großer "Strafüberzeit" an Plausibilität. Ablehnungsentscheidungen brauchen dann ein konkreteres Fundament. Dies errichten mit dem Gefangenen direkt befaßte Personen und Stellen, Gerichtsgutachter und Anstaltsleitung.

Bei der spezialpräventiven Argumentation haben es die Gerichte leichter. Hier müssen sie nicht selbst - wie bei der Generalprävention (die an sich auch eine empirisch-kriminologische Frage wäre) die Experten darstellen, wiewohl sie dies manchmal tun, sondern können sich auf fremden Sachverstand berufen. Sie können hier hinter die fachwissenschaftliche Autorität des Persönlichkeitsgutachters oder Behandlers zurücktreten. Ab diesem Moment sind die Entlassungsentscheidungen insofern besser als zuvor, als sie bloß abstrakte, generell-strafrechtsfunktionale Erwägungen ausblenden und zumindest über Stellvertreterkontakte zum Gefangenen gewissermaßen lebensweltliche Gesichtspunkte zum Tragen kommen. So begrüßenswert dies ist und so selbstverständlich dies in den Entlassungsentscheidungen von Anfang an sein sollte, bleibt doch zu bedenken: Diese spezialpräventiv und personorientierten Entscheidungen sind auch nur gerade so gut, wie es die Urteile der Informanten des Gerichts sind.

Was die am wichtigsten genommenen Gerichtssachverständigen anlangt, so kann man sagen, daß eine kritische Auseinandersetzung des Vollzugsgerichts mit ihren Aussagen nicht stattfindet. Gerichte sind unsensibel gegenüber Überschreitungen der Sachverständigenkompetenz, gegenüber der häufig moralischen Tönung statt psychodiagnostischen bzw. -prognostischen Gestaltung der Sachverständigenurteile, gegenüber Widersprüchen in den Stellungnahmen wie auch gegenüber Informationsharmonisierungstendenzen bei den Gutachtern. Dies läßt sich sagen, auch wenn für diese Untersuchung großteils nur die beschlußmäßig wiedergegebenen Resümees aus den Gutachten und nicht diese selbst zugänglich waren.

Diese Einschätzung deckt sich exakt mit einer sehr sorgfältigen Untersuchung des forensisch-psychiatrischen Sachverständigenwesens in Österreich durch Gratz (1986) am Beispiel der Gutachten zur geistigen Abnormität von Rechtsbrechern und zur Unterbringung im Maßnahmenvollzug. Die Kritik dieses Autors richtet sich gegen die geringe Güte und Reliabilität psychiatrischer Diagnosen und Prognosen, demonstriert an frappanten Unterschieden zwischen Gutachtern im Gebrauch bestimmter Kategorien und in den abgegebenen Empfehlungen, sowie insbesondere gegen die Vermischung von Sach- und Rechtsfragen in den Expertisen. *"Einzelbeispiele zeigen",* so schreibt er gegen Ende seiner Mängelrüge, *"daß auch sehr mangelhafte und ausgesprochen wertende Gutachten von den Gerichten zumindest fallweise als Beurteilungsgrundlagen für die Einweisungen in den Maßnahmenvollzug verwendet werden."* (Gratz, 1986, 100)

In Ansehung der Rolle der psychiatrischen Sachverständigen in Entlassungsverfahren bei Lebenslänglichen muß die Kritik sogar noch schonungsloser formuliert werden. Es gibt nur vereinzelt selbstkritische Gutachten, die die Problematik der Begutachtungssituation in Unfreiheit und Abhängigkeit, die Grenzen der Psychodiagnostik, die Relevanz entlassungshilflich steuerbarer situativer Faktoren u.a. zu bedenken geben. Dies ist aber beileibe nicht die Regel, und es wird von den Gerichten auch nicht eingemahnt. Kritik an Gutachten wird nicht geübt - das jedenfalls läßt sich sagen, sie wird, von den Gefangenen kommend, eigentlich stets zurückgewiesen. Wer einmal Gerichtsgutachter ist, scheint von vornherein selbstverständlich alle Standards gewissenhafter und wissenschaftlich aktueller Persönlichkeitsprüfung zu erfüllen, sodaß sich Zweifel, Nachfragen oder Gegengutachten erübrigen. Auf diese Weise machen sich Vollzugsgerichte und werden vor allem Gefangene sehr unmittelbar abhängig von den Gerichtspsychiatern.

Das einzig noch verbleibende Korrektiv ist die Möglichkeit des stillschweigenden Gutachterwechsels oder der Verlegung in eine andere Anstalt mit anderem Gerichtsort oder eine andere "Inszenierung" von grundlegender Veränderung der Situation. Hier befindet sich der bescheidene Einflußspielraum der Anstalten und der Vollzugsverwaltung, die nach langer Haftzeit und gutächtlich konstatierter Erfolglosigkeit bisheriger "Behandlung" nochmals zum Nachweis von mit dem Gefangenen gemeinsam unternommenen Rehabilitationsanstrengungen aufgerufen sind und ihn dann gelegentlich in Form eines späten Spezialprogramms der Entlassungsvorbereitung auch erbringen.

Anmerkungen

1 Dort endete die Erhebung mit einem Negativbefund.

2 Dies sind im wesentlichen ein Verzeichnis der Eingaben der Anstalt oder des Gefangenen ("Bittanträge") an das Vollzugsgericht, Stellungnahmen der Anstaltsleitung zu diesen Eingaben, Beschlüsse des Erst- und gegebenenfalls des Beschwerdegerichts, mitunter die Stellungnahmen des Gefangenen und Äußerungen weiterer involvierter Personen und Stellen. Für jedes einzelne auf diesem Wege nachvollziehbare Verfahren wurde ein eigener Erhebungsbogen verwendet und ausgefüllt.

3 In 5 Fällen zwischen Anstalten überstellter Gefangener war diese Information nicht oder nur unvollständig weitergegeben worden.

4 In zwei ablehnenden Beschlüssen wurde immerhin die bedingte Entlassung in Jahresfrist in Aussicht gestellt (positive Entscheidung über die voraussichtliche bedingte Entlassung nach Absolvierung einer Entlassungsvollzugsphase).

5 Die beiden am längsten angehaltenen Gefangenen in der Untersuchungspopulation haben erste gerichtliche Entscheidungen der Entlassungsfrage sogar vor dem StGB, also noch auf der Basis des Gesetzes über die bedingte Verurteilung 1920 erfahren. Die Dokumente über die entsprechenden Verfahren sind im Rahmen dieser Untersuchung jedoch nicht zur Verfügung gestanden, sodaß eine detaillierte Befassung mit der Rechtslage vor 1975 hier unterbleiben kann.

6 Vgl. Pilgram (1975), wo die Konsequenzen der mäßigen Anwendung des im Vergleich zur urteilsmäßigen Entlassung spezialpräventiv deutlich effizienteren Instruments der bedingten Entlassung errechnet werden.

7 Unter der Wohlverhaltensgewähr, für deren Annahme das Gesetz besondere Begründung verlangt, ist ein hoher Grad an Wahrscheinlichkeit gemeint, hingegen kein höherer als er für "unbescholtene, durchschnittlich rechtstreue Menschen" besteht. Kein besonders präziser Maßstab!

8 Eine vollzugsgerichtliche Entscheidung zugunsten bedingter Entlassung eines Lebenslangen muß jedoch nicht auf einem Entlassungsvollzug oder auf dessen einjähriger Dauer beharren, wenn der Gefangene die zeitlichen Voraussetzungen für die Rückkehr in die Freiheit erbringt. In Hinblick auf bereits erfolgte Entlassungsvorbereitungen und besondere Gegebenheiten des Falles kann auch eine unmittelbare bedingte Entlassung angeordnet werden.

9 Hier hat das StRÄG 1987 eine Änderung gebracht, die den Anstaltsleitern der vollzugsgerichtlichen Entscheidung vorzugreifen erlaubt. Die für diese Studie untersuchten Fälle sind erst in wenigen Einzelfällen in Genuß dieser Neuerung gekommen.

10 Zur Statistik vgl. Pilgram 1989, 78 (Tab. 12c)

11 Zur Statistik vgl. Pilgram 1989, 79 (Tab. 12e)

12 Die durch römische Ziffern bezeichneten Probanden entstammen der Gruppe der bedingt entlassenen Untersuchungspersonen, die durch arabische Ziffern bezeichneten Probanden sind bis zum Stichtag 30.6.1988 noch nicht entlassen gewesen.

13 In 8 Fällen waren die Personalakten der Gefangenen zum Zeitpunkt der Untersuchung diesbezüglich inkomplett.

14 An diesem Argument rührt das den Beschwerden des Gefangenen und der Staatsanwaltschaft ausnahmsweise rechtgebende OLG Wien (1987) empirisch, daß nicht-vorbestrafte Konflikttäter auch bei Mord ohnedies nur mit zeitlichen Freiheitsstrafen rechnen müßten und schon deshalb früher freigingen. Wie weit die Wahrung oder gar nachträgliche Korrektur von unangemessenen Relationen zwischen Tat, Täter und verhängter Strafsanktion durch das Vollzugsgericht überhaupt zu den in § 46 (4) StGB gestellten Aufgaben gehört, läßt das OLG dahingestellt.

15 Bei einem dritten Fall dieser Art hat der Zugang zur Information über frühere Entlassungsverfahren gefehlt, sodaß Ausgangslage und Veränderung gerichtlicher Sichtweisen hier nicht untersucht werden können.

16 Auch eine Erstreckung der Untersuchung über einen größeren Zeitraum hätte die Problematik der quantitativen Analyse nicht gelöst. Um etwa die Abhängigkeit der tatsächlich verbüßten Strafe von Fallmerkmalen quantitativ zu untersuchen oder gar Gruppen nach einer bestimmten Zeit Entlassener mit Gruppen mit gleicher Strafzeit Angehaltener statistisch mehrdimensional zu vergleichen, müßte man die Fälle aus einer so langen Zeitperiode heranziehen, daß sich die Frage der historischen Vergleichbarkeit der gerichtlichen Praxis und Entscheidungskriterien stellen würde.

6. Tatsache ist ...

Die empirische Untersuchung der lebenslangen Strafe in Österreich in Kurzfassung

1. In Österreich wurden seit 1975 (bis inkl. 1987) 112 lebenslange Freiheitsstrafen verhängt (vgl. Kap. 1.3., Tab. 4). Eine Zählung aller Verurteilungen zu dieser Strafe seit Beginn der 2. Republik (oder seit Abschaffung der Todesstrafe), wie man sie für die Nachkriegs-Bundesrepublik Deutschland vorgelegt hat,[1] ist unmöglich, da die Gerichtliche Kriminalstatistik in diesem Punkt jahrelang unvollständig gewesen ist. Die 112 lebenslangen Strafen wurden mit einer Ausnahme (eine Verurteilung 1976 wegen schweren Raubes mit Todesfolge) ausschließlich wegen Mordes ausgesprochen, dabei elfmal wegen versuchten Mordes.[2]

2. Die lebenslange Freiheitsstrafe wird also de facto nur in Mordfällen verhängt. Die Voraussetzungen für ihre Anwendung werden somit durch die Praxis der Kriminalisierung von physischen Aggressionsdelikten als Tötungsdelikten und von Tötungsdelikten als Mord geschaffen. Die Anzeigestatistiken belegen für den Zeitraum 1975-1986 eine annähernde Konstanz der polizeilich verfolgten Täter schwerster Tötungs- und Körperverletzungsdelikte, jedoch eine Anteilszunahme der Mordangezeigten in dieser Tätergruppe. Während die Gesamtzahl der polizeilich registrierten (erwachsenen) Angezeigten nach den §§ 75, 76, 86 und 87 (Mord, Totschlag, Körperverletzung mit tödlichem Ausgang, absichtliche schwere Körperverletzung) kaum schwankt (ca. 230 Fälle im Jahresdurchschnitt), erhöht sich die Zahl der Mordangezeigten in dieser Population um ca. 20% (von durchschnittlich 130 auf 155 pro Jahr). Stärker noch steigt die Zahl der schließlich gerichtlich rechtskräftig Mordverurteilten - bei vollendetem Mord um ca 30%, bei versuchtem Mord sogar um rund 70% (vgl. Kap. 1.3., Tab. 4).[3] Schon die Polizei bevorzugt innerhalb der Gruppe der schwersten Gewalttäter also mehr und mehr den Label "Mörder", die Strafgerichte vollziehen diese Qualifizierung zunehmend mit und kriminalisieren vor allem in steigendem Maß Körperverletzungsdelikte als in Mordabsicht erfolgt - als Mordversuche. Der Vorwurf der Gewalttoleranz an die Strafjustiz (gemessen an ihrer kompromißlosen Bereitschaft, Eigentum zu schützen) zeigt anscheinend Wirkung. Eine lineare Tendenz zur häufigeren Anwendung der lebenslangen Freiheitsstrafe ist hingegen nicht zu erkennen, jedoch ebenso keine relative Milderung der Sanktionen für Mord in Anbetracht der vermindert selektiven Kriminalisierung von Tötungen/Körperverletzungen als Mord/Mordversuch.

3. Neben diesen kriminalstatistischen Hinweisen auf eine zeitliche Variation der Praxis der Mordkriminalisierung gibt es regionale Spielarten derselben. Die Auswertung der Wahrnehmungsberichte der Staatsanwaltschaften an das BMfJ über 1982 bis 1985 nach § 75 StGB Verfolgte (N = 836) erbrachte wesentliche Unterschiede in der Verfolgungs- und Sanktionierungspraxis in Mordstrafsachen zwischen den vier Oberlandesgerichtssprengeln. Das aus anderen Zusammenhän-

gen bekannte Ost-West-Gefälle in der Strafenpolitik stellt sich hier als ein Gefälle von den Rändern zur Mitte dar. Der OLG-Sprengel Linz sticht durch relativ viele Mordtat(versuchs)verdächtige, aber auch durch geringe Bereitschaft hervor, diese tatsächlich nach § 75 StGB anzuklagen und schuldig zu sprechen, ferner durch die niedrigsten Strafen bei Verurteilungen vor allem wegen vollendeten Mordes, aber auch wegen versuchten Mordes und anderer "Ausweich"--Tatbestände. Die 2. Instanz ändert im OLG-Sprengel Linz nichts an dieser Politik - im Gegenteil. In ein paar Zahlen: Nur 39% der wegen verwirklichten und 15% der wegen Versuch gebliebenen Mordes Angezeigten werden in Linz entsprechend verurteilt. Hierin besteht ein deutlicher Unterschied zu den OLG-Sprengeln Graz und Innsbruck (wo allerdings von vornherein weniger und offenbar besser gesichtete polizeiliche Anzeigen dazu vorliegen), jedoch auch Ähnlichkeit mit dem OLG-Sprengel Wien. Im Wiener Sprengel wiederum ist das Durchschnittsmaß der zeitlichen Freiheitsstrafen für Mord hingegen am längsten und um rund 3 Jahre länger als in Linz und werden prozentuell fast doppelt soviele lebenslange Strafen verhängt wie dort (22% gegenüber 12%). (Vgl. Kap. 1.4., Tab. 5-7)

4. An einer kleinen Stichprobe (N = 27) der von den Staatsanwaltschaften an das BMfJ berichteten und per Urteil erledigten Mordstraffälle wurde der Versuch gemacht, die Kriterien der Gerichte zu rekonstruieren, zu einer lebenslangen vs. langen (20jährigen) zeitlichen Freiheitsstrafe zu greifen. Auf dieser Basis war es natürlich nicht möglich, die außerrechtlichen Maßstäbe für die Strafzumessung so exakt und vieldimensional zu analysieren, wie dies in einer großen und ausführlich referierten Studie in der Bundesrepublik geschehen ist (Sessar, 1981). Immerhin konnten die mit dem Mord verbundene Bereicherungsabsicht, die Zahl der Opfer und die berufliche Integration des Täters als Merkmale ermittelt werden, die für die Sanktionswahl besonders relevant scheinen: Je sichtbarer materielle Motive, je desintegrierter der Beschuldigte und je mehr Getötete oder Verletzte, desto eher tendieren Gerichte zur lebenslangen Strafe. Das Geschlecht der Opfer spielt insofern eine Rolle, als Tötungen von Frauen seltener als die von Männern auf Bereicherung gerichtet sind und - außerhalb des "Raubkontextes" - weniger streng geahndet werden. Die Vorstrafenbelastung des Täters hat sich hingegen als wenig relevant erwiesen (vgl. Kap. 1.2., Tab.3). Bei allen Unterschieden zwischen lebenslang und zeitlich Bestraften fallen doch auch Überschneidungsflächen zwischen beiden Gruppen auf und Trennunschärfen der einzelnen Merkmale.

5. In den österreichischen Strafvollzugsanstalten wurden mit 30.6.1987 148 lebenslang Gefangene angehalten, von denen 39 die zeitlichen Voraussetzungen für die bedingte Entlassung - eine Mindeststrafverbüßung von 15 Jahren - bereits erfüllten. Vom Zuwachs Lebenslanger seit 30.6.1980 um 29 Personen geht der größere Teil auf das Konto der restriktiven Entlassungspolitik in den 80er Jahren (um 19 Fälle steigt die Zahl der "überzeitigen" Lebenslangen) und der kleinere Teil auf den Anstieg der jahresdurchschnittlichen Neuverurteilungen (um 10 Fälle steigt die Zahl der noch weniger als 15 Jahre inhaftierten Lebenslangen). (Vgl. Kap. 2., Tab. 9) Die zunehmend strenge Haltung der Voll-

zugsgerichte zeigt folgende Zahlenkolonne: Wurden in den Jahren 1971-1976 jedes Jahr 32% und 1977-1982 immerhin noch 21% aller mehr als die 15 Mindestjahre inhaftierten Lebenslänglichen durch die Vollzugsgerichte bedingt entlassen, so waren es 1983-1987 nur mehr 11% im Jahresschnitt.[4] Konsequenz dieses Zögerns der Gerichte ist eine merkliche Verlängerung der tatsächlich verbüßten Strafzeiten. Bei den über 18 Jahre angehaltenen Lebenslangen hat es zwischen 1980 und 1987 einen Zuwachs um zwei Drittel, bei den über 20 Jahre angehaltenen um 100 Prozent gegeben. 1980 sind in Österreichs Gefängnissen 5 lebenslang Gefangene mit einer Strafzeit von über 20 Jahren und 2 mit einer Strafzeit von über 25 Jahren (max. 27 Jahre) anzutreffen gewesen, 1987 waren es 10 Gefangene mit über 20jähriger und 5 Gefangene mit über 25jähriger Strafzeit (max. 31 Jahre). Die durchschnittliche Überzeit betrug fast vier Jahre (3 Jahre und 11 Monate). (Vgl. Kap. 2.1., Tab. 10/11)

6. Die lebenslang Gefangenen in Österreichs Justizanstalten sind im Durchschnitt 40 Jahre alt. Von den derzeit Lebenslangen haben fünf ihre Strafe als 20jährige, acht als 21jährige und 13 als 22jährige begonnen, also sehr jung - gemessen an der Bestimmung des § 36 StGB, die lebenslange Strafen gegen Täter ausschließt, die das 20. Lebensjahr noch nicht vollendet haben. Der älteste zu Lebenslang Verurteilte stand bei Strafausspruch im Alter von 64 Jahren. Der derzeit älteste Angehaltene unter den Lebenslangen ist 75. Ältere Gefangene besitzen offenbar eine geringere soziale Reintegrationschance, was sich in durchschnittlich längeren "Überzeiten" der Anhaltung äußert, in je höherem Lebensalter jemand die zeitlichen Entlassungsvoraussetzungen zu erfüllen beginnt (vgl. Kap. 2.2., Tab. 12). Nicht übersehen werden darf, daß zwischen 1975 und 1986 immerhin 13 lebenslang Gefangene in Vollzugsanstalten verstorben sind (im Vergleich zu 48 im gleichen Zeitraum bedingt Entlassenen; Kap. 2., Tab. 9).

7. In insgesamt 11 Gesprächen mit Strafvollzugsexperten aus der Praxis stellte sich heraus, daß Lebenslange im allgemeinen als vergleichsweise "problemlose Gefangene" beschrieben werden, die für das "System" - vor allem das Betriebs- und Arbeitssystem der Anstalten - gut berechenbar und einsetzbar sind. Auf ihnen lastet infolge der langen und unbestimmten Strafdauer ein sehr hoher Anpassungsdruck, auf den Anstalten der Druck, mit ihnen zu einem Arrangement zu finden, das ihnen diese Anpassung nicht zu schwer macht. Die Tatsache des Gelingens solcher Arrangements in den meisten Fällen (trotz der Restriktionen des Strafvollzugsgesetzes) begünstigt die Idealisierung der lebenslang Gefangenen zu Mustergefangenen und die Ausblendung einzelner Problemfälle als atypisch "pathologisch" und damit insgesamt die Tabuisierung der lebenslangen Strafe in Gefängnisalltag und Gefängnisdiskussion. Problematisch werden die lebenslangen Strafen auch für die Anstaltsseite erst wieder bei gravierender "Überlänge" durch gerichtliche Entlassungsverweigerung. Hier setzen die Befragten gewisse Hoffnungen in das in Kraft getretene StRÄG 1987. (Vgl. Kap. 3.)

8. Bei 39 Gefangenen (davon 11 bedingt Entlassenen) mit mehr als 15 Strafjahren wurden die meist mehrmaligen und meist ablehnenden gerichtlichen Entlassungsentscheidungen (insgesamt 220) analysiert. Die durchschnittliche Zahl der von den erfaßten lebenslang Gefangenen durchlaufenen Entlassungsverfahren beträgt 4, die Verfahren 2. Instanz mitgezählt: 5,5 (bei einer mittleren Strafüberzeit von, wie oben gezeigt, fast genau 4 Jahren). Die schließlich Entlassenen haben im Mittel 5 bzw. 7 solcher Verfahren hinter sich gebracht, ehe ihnen die Freiheit wieder gewährt wird. Die Durchschnittszahl absolvierter Entlassungsverfahren ist bei den am längsten Angehaltenen niedriger, als man es nach der Zeit ihres Freiheitsentzuges erwarten würde. D.h. es gibt eine Gruppe lebenslang Gefangener, die um den Preis extremer Strafüberzeiten eine inaktive, resignative oder abwehrende Haltung gegenüber dem Vollzugs/Entlassungsgericht einnimmt (vgl. Kap. 5.2., Tab. 13/14). Diese Abstinenz oder Angst mancher Lebenslanger, eine Entlassungsentscheidung herbeizuführen, äußert sich auch in z.T. übermäßig langen Fristen zwischen einem ablehnenden Entlassungsbeschluß des Gerichts und einem neuerlichen Bittantrag des Gefangenen um probeweise Entlassung. 7 von 77 solcher Wartefristen betrugen über 2 Jahre, 2 sogar über 5 Jahre (vgl. Kap. 5.2.,Tab. 18). Die Dauer der Entlassungsverfahren ist in erster Instanz, sofern kein Sachverständigengutachten zur Persönlichkeitsstruktur des zu Entlassenden angefordert wird, in 90% weniger als drei Monate, im Fall der Gutachtenerstellung in 90% mehr als drei Monate - in immerhin 36% sogar über sechs Monate; in zweiter Instanz sind 94% aller Verfahren binnen Vierteljahresfrist abgeschlossen (vgl. Kap. 5.2., Tab. 16/17).

9. Untersucht wurden ferner die Begründungen für die Ablehnung einer zeitlich möglichen bedingten Entlassung zu drei verschiedenen Zeiten, in den Entscheidungen über die voraussichtliche bedingte Entlassung eines Gefangenen nach 15 Jahren, in den Entscheidungen über Bittanträge Gefangener auf Entlassung, eingebracht im 16. und 17. Strafjahr, und in Entscheidungen über später gestellte Bittanträge. Es stellte sich heraus, daß generalpräventive Argumentationsfiguren in den Gerichtsbeschlüssen im allgemeinen erst ab dem 18. Strafjahr an Bedeutung verlieren, aber auch danach noch - wenn auch weniger betont - zu beobachten sind. Ausschließlich mit der Person des Gefangenen und seinen Aussichten auf künftiges Wohlverhalten beschäftigen sich nur 14 von 68 untersuchten (erstinstanzlichen) Beschlüssen im 15.-17. Strafjahr sowie 19 von 46 später gefällten Beschlüssen. In nicht weniger als 13 Verfahrensfällen wird entweder gegen ein ausdrücklich qualifiziert positives gerichtspsychiatrisches Gutachten oder ohne überhaupt je schon ein solches eingeholt zu haben aus generalpräventiven Gründen eine Entlassung versagt. Die generalpräventive Argumentation fußt auf gerichtlichen Überzeugungen hinsichtlich der Kriminalitätsentwicklung und öffentlichen Rechtsbewußtseins, die keinem empirischen Test standhalten würden (vgl. Kap. 5.3., Tab. 19-21).

10. Hinsichtlich der spezialpräventiven Argumentation in ablehnenden Entlassungsbeschlüssen bewegen sich die Gerichte auf etwas festerem Grund, sobald sie über ein Sachverständigengutachten verfügen. Ein solches wird jedoch zum Teil erst in späten Verfahren bestellt. Bei den Entscheidungen über die voraus-

sichtliche bedingte Entlassung verzichten die Gerichte in einem Drittel der Fälle auf die Konsultation eines Persönlichkeitsexperten, in vereinzelten Fällen erfolgt dieser Verzicht auf sachverständige Beratung bis in das 18. Strafjahr von Lebenslangen. Zur Beantwortung der spezialpräventiven Prognosefrage stützen sich Gerichte, wenn sie nicht ohnedies nur auf den generalpräventiven Entscheidungsaspekt blicken, in diesen Fällen vor allem auf das "Vorleben" der Gefangenen, auf Umstände der Mordtat und auf fraglos als veraltet anzusprechende Persönlichkeitsgutachten aus dem Erkenntnisverfahren. Mit zunehmender Strafdauer orientiert sich die gerichtliche Entscheidung aber mehr und mehr am psychiatrischen Urteil. Die Problematik dieses Urteils über die "Gefährlichkeit" des Entlassungskandidaten liegt in der geforderten Präzision der Aussage. Bis zum StRÄG 1987 war die Gewähr künftigen Wohlverhaltens durch den zu Entlassenden Entlassungsvoraussetzung. Es waren nicht die unseriösesten Gutachten, die sich Garantien abzugeben weigerten (immerhin 32 von 94) und eine dezidiert positive oder negative Prognose aussprechen zu können verneinten. In einem solchen Zweifelsfall entschieden die Gerichte mit sehr wenigen Ausnahmen aber immer gegen eine Entlassung. Es ist zu hoffen, daß die jüngste Strafrechtsreform den Gerichten hier angesichts des weiten gefährlichkeitsprognostischen Graubereichs wieder mehr Spielraum bietet. Über die Qualität der gerichtspsychiatrischen Gutachten läßt sich im Zusammenhang dieser Studie, die die Gutachten nur im Referat durch die Gerichtsbeschlüsse erfaßt hat, nur vorsichtig urteilen. Es fiel auf, daß die Vollzugsgerichte vor allem die in negativen Gutachten sehr gebräuchlichen normativen Begriffe (z.B. "haltlos", "asozial", "primitiv" etc.) mit Vorliebe aufgriffen, anstatt auf psychodiagnostischen, nosologischen und kriminologisch-prognostischen Kategorien zu bestehen.

11. Ein Teil der Studie beschäftigte sich mit der Frage, welche Umstände Vollzugsgerichte bewegen, einen lebenslang Gefangenen schließlich doch bedingt zu entlassen und andere Gefangene trotz beträchtlicher Strafzeit weiter anzuhalten. Es war - bei qualitativer Analyse der Gerichtsbeschlüsse nur sehr begrenzt nachvollziehbar, warum Entlassungsbewilligungen zu einem konkreten Zeitpunkt, nicht schon früher oder erst später, erteilt wurden. Ebenso fanden sich zahlreiche Fälle in der Untersuchungspopulation, bei denen die Fortsetzung der Haft in Anbetracht von Merkmalsparallelen mit früher Entlassenen verwundert. Es ist vor allem die bisher verbüßte Strafzeit und ihre willkürliche generalpräventive Würdigung, die alle anderen Zusammenhänge zwischen Fallmerkmalen und Entlassungsentscheidung durch das Gericht überdeckt. Dadurch gibt es in der Gruppe der bedingt Entlassenen nahezu dieselben Arten von Tatvorgeschichten, dieselbe Verteilung von Vorstrafen und Anstaltsberichten wie in der Gruppe der Längstangehaltenen. Der deutlichste Unterschied ist noch in den Gutachtensäußerungen zu sehen, die bei den schließlich bedingt Entlassenen zwar auch zur Hälfte als nicht qualifiziert positiv zu bewerten, jedoch bei zwei Drittel der im 18. Strafjahr und länger Gefangenen explizit negativ waren (vgl. Kap. 5.6., Tab. 22).

Anmerkungen

1 Kürzinger (1984) berichtet von 2.292 Fällen in der BRD bis zum Jahre 1981.
2 Laut Verurteiltenstatistik zweimal 1975, siebenmal - also konzentriert - 1981-1984, zweimal 1987.
3 1987 sind alle Zahlen deutlich gesunken, ohne daß sich am Trend zur Kriminalisierung von schweren Aggressionsdelikten als "Mord" etwas geändert hätte. Vgl. die Anmerkungen zu Tab. 4 in Kap. 1.3.!
4 Eine gewisse Änderung dieser Politik seit dem StRÄG 1987 ist abzusehen, kann aber noch nicht beziffert werden.

7. Probleme sind ...

7.1. Das Tabu des Zweckstrafrechts

Die lebenslange Strafe ist in Österreich zuletzt 1985 für einen kurzen Moment in der öffentlichen Diskussion aufgetaucht. Auf ein Plädoyer des früheren Justizministers Broda wider die lebenslange Freiheitsstrafe hin (Broda, 1985) hat es in einem Heft (2/1986) der "Zukunft" (Sozialistische Zeitschrift für Politik, Wirtschaft und Kultur) den Abdruck einer Umfrage unter acht namhaften (wiewohl nicht repräsentativen) Rechtswissenschaftern, -praktikern und -politikern gegeben.[1] Sie haben sich alle bis auf einen, für den die Abschaffung der lebenslangen Strafe Zukunftsmusik darstellt, gegen die längere Beibehaltung dieser Strafe geäußert. Kurz danach ist die Auseinandersetzung wieder abgerissen. Jemand mit weniger Reputation als Broda hätte es womöglich nicht einmal zu diesem bescheidenen Aufflackern der Diskussion gebracht.

Broda berichtet in seinem erwähnten Aufsatz, daß weder in der Strafrechtskommission, die in den 50er Jahren den Grundstein zur Großen Strafrechtsreform gelegt hat, noch in den parlamentarischen Debatten über das StGB in den frühen 70er Jahren die lebenslange Strafe Gegenstand ernsthafter Erörterungen gewesen sei. Es gab niemanden, der seinerzeit ihre Abschaffung in Erwägung zog oder gar entschieden vertrat. In Hinblick auf die Beratungen der Strafrechtskommission im Jahr 1955 kann Broda die Diskussionsstille noch so erklären: *"Es darf dabei nicht übersehen werden, daß zu diesem Zeitpunkt erst knapp fünf Jahre seit der erneuten Aufhebung der Todesstrafe im ordentlichen Verfahren durch das österreichische Parlament vergangen waren, während die Beseitigung des standgerichtlichen Verfahrens erst 13 Jahre später durch den einstimmigen Beschluß des Nationalrates vom 7. Februar 1968 erfolgen sollte."* (Broda, 1985, 23) In den 70er Jahren gilt wohl nicht mehr, daß nach kaum ausgestandenem Streit um die Todesstrafe nicht gleich wieder das Substitut für sie in Frage gestellt werden konnte.

An sich wurde rund um die Strafrechtsreform 1975 sogar sehr viel über zeitlich unbestimmte und potentiell lebenslang internierende Reaktionen auf Straftaten - jene sogenannt "geistig abnormer Rechtsbrecher" - gesprochen (über Maßnahmen gem. § 21 StGB), nicht im mindesten hingegen über die lebenslange Freiheitsstrafe in ihrer traditionellen Gestalt. Es hätte vermutlich den Aufbruch zum Maßnahmenrecht, jenen weitesten Schritt zu einem utilitaristischen Strafrecht gefährdet, hätte man damals einen strengen Rationalitätsvergleich zwischen dem Drohmittel "Lebenslang" und den individueller Gefährlichkeit "vorbeugenden Maßnahmen" anstellen wollen. Man erhoffte sich vom neu geschaffenen "Maßnahmenvollzug" ein soziales und flexibleres Sicherungs- und Behandlungsinstrumentarium, das durch Erörterung im Konnex mit der lebenslangen Strafe in Frage zu stellen peinlichst vermieden wurde. Das Ergebnis der Strafrechtsreformpolitik im breitestmöglichen "Konsens" - auch über die Einführung des Maßnahmenvollzugs - ist daher heute das befremdlich unsystematische Nebeneinander einer antiquierten und einer modernisierten Form lebenslanger Einsperrung.

Man ist 1975 nicht, wie Broda zehn Jahre später, willens gewesen, im Maßnahmenvollzug einen verfügbaren "vollwertigen" Ersatz der lebenslangen Strafe zu sehen und zu diskutieren: *"Mit der Strafrechtsreform ist das neue System vorbeugender Maßnahmen wirksam geworden. Mit Gerichtsbeschluß können geistig abnorme Rechtsbrecher in Justizanstalten - im Falle ihrer Gefährlichkeit für ihre Umwelt - auch auf unbestimmte Zeit angehalten werden. Die Justizanstalt Göllersdorf ist fertiggestellt und wird demnächst ihre ersten Patienten aufnehmen. Je mehr die Methoden der Behandlung im ‚Maßnahmenvollzug' verfeinert werden und je größer die Erfahrungen sein werden, die dort gesammelt werden können, desto weniger ist es vertretbar, für die lebenslange Freiheitsstrafe als Schutzmaßnahme für die Bevölkerung vor dem rückfälligen und gefährlichen Rechtsbrecher einzutreten."* (Broda, 1985, 25) Ein solcher Satz hätte seinerzeit wohl das zarte Vertrauen in die praktische Realisierbarkeit (und nicht nur ideologische Postulierbarkeit) einer technokratischen Alternative zum traditionellen Schuld- und Vergeltungsstrafrecht überfordert.[2]

In den seither gelaufenen kriminalpolitischen Auseinandersetzungen z.B. um die hohen Haftzahlen in Österreich, um U-Haft- und Vollzugsreformen, den neuen Sanktionenkatalog im StRÄG 1987 und die Neuordnung der bedingten Entlassung hat sich ein erstaunlich breiter politischer Konsens gegen überschüssige Repression in unserem Strafrechtssystem bemerkbar gemacht, die lebenslange Freiheitsstrafe blieb gleichwohl tabu - "nicht spruchreif" (vgl. Dieter Lenhardt in: "Die Presse" vom 22.8.1988).[3]

Was macht es wohl so schwer, jenen staatlichen Eingriff in das Leben von Menschen zu problematisieren, der (in Friedenszeiten) als der weitestgehend einengende und existenzbedrohliche bezeichnet werden muß, nachdem die physische Vernichtung aus dem Repertoire legitimer staatlicher Maßnahmen verbannt worden ist. Im Vergleich zur Todesstrafe gilt der lebenslange Freiheitsentzug als ein die Öffentlichkeit beinahe schon überfordernder Humanitätsfortschritt, und Kritikern an der Reichweite dieses Fortschritts wird immer wieder die grundsätzliche Differenz zwischen Exekution und Leben-Lassen und weiters zwischen Norm und Wirklichkeit der lebenslangen Strafe entgegengehalten. Dies sind Differenzen, die für den einzelnen wohl unbestreitbar wesentlich sind, nicht aber für das Strafrechtssystem. Die Urteilsformel bei Lebenslänglich heißt immer noch: "Die Strafe endet mit dem Tode". Am Deckel des Personalakts des lebenslang Gefangenen steht dementsprechend: "Strafende: der Tod". Darin äußerst sich höchst unmittelbar, daß die lebenslange Freiheitsstrafe - wie die Todestrafe ehedem immer noch die spiegelgleiche Strafe ist, Leben gegen Leben fordert, dem Talionsprinzip gehorcht. Die lebenslange Freheitsstrafe verleiht dem Strafensystem insgesamt, das längst utilitaristisch rationalisiert wird, eine nachgerade metaphysische Weihe. Und es fragt sich, ob das Projekt eines reinen Zweckstrafrechts ohne diesen Anstrich überhaupt bestehen könnte. Von der lebenslangen Strafe leiten sich eigentlich alle anderen Strafmaße zuerst ab, von den geringeren als lebenslangen Strafen für minder vorwerfbare Tötungen bis hin zu den Strafen für Bagatelledelikte, die aber auch immer noch in Lebenszeit gemessen und abgezahlt werden. Diese Strafmaße sind nicht primär zweckmäßige Mittel der Kriminalprävention, sondern abgeleitete Einheiten der Vergeltungsstrafe für das schlimmste Verbrechen. Als reine Instrumente zum Zweck der Kriminalitätsverhütung konstruiert, sollten Sanktionen wohl ganz anders als in der gehabten Zeitskalenform angeordnet und wohl viel rationeller (kürzer) bemessen sein. Dem Gedankenexperiment eines strikten Zweckstrafrechts müßte angesichts des Wissens über den äußerst losen Zusammenhang zwischen Kriminalität und Strafe ein Ende in heilloser Verwirrung über den derzeitigen Strafenbau drohen. Insofern deckt die lebenslange Strafe als Kriterium für alle anderen Strafen deren utilitaristische Unhaltbarkeit zu. Die lebenslange Strafe als das archaischste Element im Strafrecht hilft so den Schein von Moderne, von Zweckrationalität im Strafrecht aufrechtzuerhalten. Es ist die Strafe, die jemand zur Vergeltung verdient, von der alle anderen Strafen herkommen, die es dann angeblich nur zum Zweck braucht, um der Kriminalität Herr zu werden. Braucht man sie wirklich in dieser Form? Aus Furcht vor dieser Frage läßt man das Prinzip Leben gegen Leben auch nach dem Verzicht auf die Todesstrafe lieber unangetastet.

7.2. Menschenwürde als Zugeständnis

Die lebenslange Strafe kommt heute also inmitten eines vorgeblich an sozialer Integration orientierten Strafsystems vor. Sie gilt dem Gesetzgeber und den höchsten Gerichten als vereinbar mit den Prinzipien des sozialen Rechtsstaats und eines diesem angemessenen Strafrechts. Die Vollstreckung der Strafe im Rahmen des allgemeinen Behandlungs- und Resozialisierungsvollzugs und die Aussicht auf Entlassung unter bestimmten zeitlichen und anderen Voraussetzungen gelten als die Erfüllung von Grund- und Menschenrechtsansprüchen an staatliche Strafmaßnahmen (Jescheck/Triffterer, 1978, zur Auffassung des deutschen Bundesverfassungsgerichts; kritisch: Narr/Vack, 1988). Nichtsdestoweniger ist und bleibt die lebenslange Freiheitsstrafe ein Fremdkörper in einem sich auf soziale Verantwortung und Selbstmäßigung im Zwang berufenden strafrechtlichen Eingriffssystem. Daran ändert nichts, daß die Rückkehr Lebenslänglicher ins soziale Leben nicht ausgeschlossen ist, ja in der Regel irgendwann geschieht, daß lebenslang nur grundsätzlich (im juristischen Sinn also ausnahmeoffen) lebenslang bedeutet. Dazu ein paar detailliertere Ausführungen:

Lebenslange besitzen zwar das Recht, daß ein Gericht bei Ablauf des 15. Strafjahres prüft, ob die verschiedenen gesetzlichen Voraussetzungen für eine probeweise Entlassung gegeben sind. Dieses Überprüfungsrecht steht Lebenslangen fünf Jahre später zu als den zur längsten zeitlichen Freiheitsstrafe Verurteilten, deren bedingte Entlassung zudem nach weniger strengen Kriterien entschieden werden kann als die bedingte Entlassung eines Lebenslangen (vgl. Kap. 5.1.). Ein Recht auf Entlassung ist damit aber keineswegs gegeben. Von einem solchen Recht könnte man allenfalls sprechen, wenn die geforderten Entlassungsvoraussetzungen im Einflußbereich des betreffenden Gefangenen lägen. Davon ist keine Rede, wie ein nochmaliger Blick auf die Textitems von § 46 StGB lehrt:

"(5) Ein Rechtsbrecher, der zu einer lebenslangen Freiheitsstrafe verurteilt worden ist, darf nicht bedingt entlassen werden, bevor er fünfzehn Jahre ver-

büßt hat. Trifft diese Voraussetzung zu, so ist er gleichwohl nur dann bedingt zu entlassen, wenn nach seiner Person, seinem Vorleben, seinen Aussichten auf ein redliches Fortkommen und seiner Aufführung während der Vollstreckung anzunehmen ist, daß er in Freiheit keine weiteren strafbaren Handlungen begehen werde und es trotz der Schwere der Tat nicht der weiteren Vollstreckung bedarf, um der Begehung strafbarer Handlungen durch andere entgegenzuwirken." Weder ist das "Vorleben" eines Gefangenen im Augenblick der Entlassungsentscheidung noch zu seiner Disposition, noch sind es die Aussichten auf ein redliches Fortkommen nach vielen Jahren der Isolation. Die Aufführung während der Strafvollstreckung in einer totalen Institution, in der Konfliktverarbeitungsstrategien sehr eingeschränkt sind, liegt auch nicht einfach in den Händen des Betreffenden. Und schon gar nicht steht die allgemeine Kriminalitätsentwicklung und der gerichtlich beurteilte Abschreckungs- und "Volkserziehungsbedarf" zur Verfügung des lebenslang Gefangenen. Er ist Objekt einer Entlassungsentscheidung, in der er als Subjekt, dabei "Person des Rechtsbrechers" genannt, neben vielen anderen Gesichtspunkten und mehr oder minder nebensächlich ins Kalkül des Gerichts eingeht.

Das ist keine abstrakte Lesart des Paragraphen, sondern zeigt sich vielmehr in der empirischen Untersuchung der Entlassungspraxis sehr klar (vgl. Kap. 5.3.-5.6.). Das "Vorleben" eines Gefangenen, sprich seine Vorstrafen, aber auch Lebens(irr)laufdaten anderer Art und uralte Gerichtsgutachten zur Persönlichkeit spielen in vielen Entscheidungsfällen eine größere Rolle als das aktuelle Bild des Gefangenen. Die Geschichte eines lebenslang Gefangenen wird ihm nach dem Erkenntnisverfahren oft auch im Entlassungsverfahren zum zweiten Mal zur nicht abzuschüttelnden Hypothek. Nicht weniger problematisch ist der gerichtliche Umgang mit der Zukunft des Gefangenen als weiterem Entscheidungsgesichtspunkt. Die "Aussichten auf ein redliches Fortkommen" in Freiheit werden nicht als Gegebenheiten betrachtet, in deren Licht alle anderen Kriterien an prognostischer Relevanz und an Stellenwert verlieren, sondern als eine Kriterienhürde eigener und zuletzt zu beachtender Art. Anstrengungen des Vollzugs, diese Fortkommensaussichten gezielt zu heben, beginnen (vor allem bei relativ inaktiven Gefangenen) oft erst einzusetzen, wenn die anderen Entlassungsvoraussetzungen (genügende Strafzeit, daß den generalpräventiven Bedenken Rechnung getragen scheint, positives Persönlichkeitsgutachten durch den Gerichtssachverständigen, gute Führung) als erfüllt gelten können. Dann erst wird auch noch das letzte Hindernis, die völlige Entfremdung des Gefangenen von der sozialen Außenwelt, angegangen. Die "Aufführung während der Vollstreckung" ist bei Lebenslangen im allgemeinen überdurchschnittlich gut und selten Anlaß zu Kritik durch das entlassungsentscheidende Vollzugsgericht. Dennoch zeigt die genauere Untersuchung, daß selbst jahrelang zurückliegende Disziplinverstöße nicht in Vergessenheit zu geraten pflegen und auch überwundene Anfangsschwierigkeiten eines Gefangenen im Vollzug einen langen Schatten auf seinen "Führungsbericht" werfen. Am gravierendsten ist aber der Umstand, daß Vollzugsgerichte der Frage der Person des Gefangenen ganz einfach auszuweichen vermögen durch Verweis auf "höhere Ordnungsprinzipien" - auf den generalpräventiven Zweck gerade der lebenslangen Strafe. Bis zu einem nicht ganz scharf auszumachenden Zeitpunkt an Strafüberzeit ist es die Generalprävention, die vor allem gegenüber psychiatrisch-prognostisch positiv beurteilten Entlassungskandidaten dazu herhält, die Entlassungsverweigerung zu legitimieren. In einem Extremfall aus der Untersuchungspopulation scheute sich das Entlassungsgericht selbst im 28. Strafjahr des Gefangenen nicht, generalpräventive Gründe gegen die Entlassung mitzubehaupten.

Weil es also kein Recht der Lebenslangen auf Entlassung gibt und die Möglichkeit der bedingten Entlassung kein subjektives Recht konstituiert, befinden sich Lebenslängliche in einer Situation äußerster Abhängigkeit. Ob sie je entlassen werden, bleibt un- und fremdbestimmt. Ihre Abhängigkeit existiert gegenüber der Anstalts- und Vollzugsleitung, gegenüber den Betriebsstättenleitern und subalternen Vollzugsmitarbeitern, gegenüber dem sozialen und psychologischen Dienst der Anstalt, ja beinahe nicht nur gegenüber jedem Beamten, sondern auch gegenüber anderen Gefangenen. Vom Wohlwollen dieser seiner Umwelt, mit der Konfrontation statt Kooperation zu suchen für den Lebenslangen immer besonders riskant ist, hängt die Entlassungsentscheidung mit ab. Wer demgegenüber ein absehbares Strafende hat, und mag es in ferner Zukunft liegen, kann innerhalb des Vollzugs freier agieren und sich seinen eigenen Weg der Rückkehr in die Gesellschaft, auch den der Opposition, wählen. Das bestätigen die Aussagen von Vollzugsmitarbeitern über die im Durschschnitt viel "schwierigeren" zeitlich Bestraften (vgl. Kap. 3.).

Diese extreme Unfreiheit Lebenslanger gilt auch hinsichtlich der Chance, Kritik am Erkenntnisverfahren zu üben, Unschulds- oder geänderte Tatversionen zu präsentieren, Wiederaufnahmeanträge zu stellen und die Öffentlichkeit zu beschäftigen. Erfahrungsgemäß an sich wenig aussichtsreich, stempeln solche Versuche einen lebenslang Gefangenen in den Augen des Gerichts regelmäßig zum Schulduneinsichtigen, an dem die Freiheitsstrafe noch nicht die gewünschte Wirkung getan hat. Was einen Gefangenen gleichfalls die Entlassung verspielen läßt, ist etwa die Kritik oder gar Verweigerung der gerichtspsychiatrischen Begutachtung. Ohne Untersuchung durch den vom Gericht bestellten Gutachter, und mag er schon im Erkenntnisverfahren und einem früheren Entlassungsverfahren zum Nachteil des Beurteilten tätig gewesen sein, keine Entlassung. Wer zudem eine Persönlichkeitsprüfung "verhaut", bekommt sobald keine zweite Chance. (Bis zur Bestellung eines neuen Sachverständigen in einem der nächsten Antragsverfahren auf Entlassung können Jahre vergehen.) Kein Wunder, daß die meisten Testkandidaten entweder "zu unbekümmert" oder "zu verschlossen", entweder "zu aggressiv" oder "zu affektgehemmt" wirken. Auch wenn also die Person des lebenslang Gefangenen einmal in den Mittelpunkt der Entlassungsentscheidung rückt, tut sie das unter für sie denkbar ungünstigen Umständen.

Unter diesen Bedingungen wird begreiflich, daß es lebenslang Gefangene gibt, die es jahrelang vermeiden, den Bittantrag auf Entlassung an das Vollzugsgericht zu stellen. Einzelne Gefangene haben die Hoffnung aufgegeben, je entlassen zu werden, und setzen sich nicht länger der Demütigung aus, ein weiteres Mal ihre besondere Abnormität und Ausschließungswürdigkeit aus der menschlichen Gesellschaft bescheinigt zu bekommen. Es gibt in diesen Fällen kein obligatorisches Verfahren, die Entlassungsfrage regelmäßig wieder aufzurollen. So kommt es, daß in österreichischen Gefängnissen Lebenslange sitzen, die über fünf Jahre lang keinen Bittantrag auf Entlassung eingebracht haben und hierin das zweifelhafte "Recht" genießen, bis zum Ende ihrer Tage der Zelle den Vorzug vor der Freiheit zu geben.

Dieses Problem des totalen Kontrollverlusts unter der lebenslangen Freiheitsstrafe läßt sich nicht einfach dadurch beheben, daß man die gesetzlichen Voraussetzungen der bedingten Entlassung anders formuliert und das Entlassungsverfahren anders regelt - etwa ganz allein auf die Sozialprognose des Gefangenen abstellt und die Entlassung früher und in einem fairen Verfahren zur Entscheidung stellt. Alle derartigen Reformvorstellungen leiden daran, daß sie einen Herrschaftsmechanismus unberührt lassen, der über die doppelte Differenz zwischen (gesetzlicher) Strafandrohung und (gerichtlicher) -verhängung einerseits und verhängter Straflänge und tatsächlicher Verbüßung andererseits funktioniert. Er wirkt besonders bei der Extremstrafe "lebenslang", von deren "bedingter" Existenz nach allen Seiten falsche Beruhigung verbreitet wird, und aus der es - zum Unterschied von zeitlichen Strafen - keine andere Befreiung als über eine "bedingte Entlassung" gibt. Auf diesen Mechanismus, auf die gesamte Gesellschaft als seinen Adressaten und die Gefangenen als die Leidtragenden seiner Betätigung, hat vor allem Scheerer (1987, 1988) wiederholt aufmerksam gemacht:

"Zunächst manifestiert die politische Herrschaft ihre unbeugsame Härte und Handlungsfähigkeit mit symbolisch harten Gesetzgebungsaktivitäten und droht für bestimmte Delikte (für die jeweiligen kulturellen Standards) extrem hohe, ‚an sich' ins Unerträgliche gesteigerte Strafen an. Diese werden aber nur selektiv oder gar nicht implementiert. Die Differenz zwischen Schrecken und Milde ergibt die Legitimation. Damit der Schrecken erhalten bleibt, müssen freilich in gewissem Maße auch die angedrohten und verhängten Strafen tatsächlich vollzogen werden. Das sind die Opfer dieses Mechanismus. Dies wissen alle Diktaturen der Welt. ... Im Rechtsstaat, der dieses ausgedehnte System von überzogener Zurschaustellung von Härte und Nicht-Verfolgung und Begnadigung ja gerade zugunsten der Rechtssicherheit beenden wollte, finden sich heute nichtsdestoweniger ebenfalls Rudimente dieser absolutistischen Praxis." (Scheerer, 1987, 141f)

Hier wird von disziplinierenden und herrschaftssichernden Wirkungen der Strafe gesprochen, die jenseits der speziellen und generellen kriminalpräventiven Effekte gemäß strafrechtsdogmatischem Diskurs liegen. Hier geht es um Darstellung und ideologische Rechtfertigung einer Herrschaft, die sich, auch wenn sie sich in der Praxis der vornehmen Zurückhaltung befleißigt, auf die menschliche Existenz schlechthin erstreckt. Eine solche Herrschaft trägt zutiefst autoritäre Züge, wird Menschenwürde unter ihr doch gleichsam zu etwas Zugestandenem, dem Regime Geschuldetem, wo sie doch eigentlich nur in der Sicherheit vor und Freiheit von Herrschaftsansprüchen dieser Art gedeihen kann. Menschenwürde per Konzession sowie durch Unterlaufen des allgemeinen Gesetzes in vielen (nicht allen!) Einzelfällen gereicht der Macht zum Vorteil, nicht aber dem Recht zur Ehre. Es ist daher nach einem Strafrecht zu verlangen, das den Schutz des Menschen vor dem Zugriff auf seine Existenz unabhängig macht von der Verständigkeit von Richtern, der Qualität des Strafvollzugs, den jeweiligen Machtkalkülen kriminalpolitischer Akteure und Trendsetter - kurz: die Abschaffung der lebenslangen Strafe zu fordern.

"Wer eine ‚zivile' Gesellschaft und einen menschenwürdigen Umgang mit Abweichung und Verbrechen will, der wird auch ein Strafrecht wollen, das diese Werte ausdrückt und diese Art von Normvertrauen stärkt. Ein Strafrecht, das in absolutistischer Weise mit der Differenz zwischen überharten Androhungen und Milderungen im Einzelfall spielt, übt ein autoritär-etatistisches Modell der Normbefolgung ein, ist ein Relikt aus einem in der Verfassung ansonsten überwundenen Staatsverständnis. Die Chance der Abschaffung der lebenslangen Freiheitsstrafe hingegen läge gerade darin, die Möglichkeiten humaner und zugleich hilfreicher Sanktionierung auch schwerster Straftaten in einer dem freiheitlich-demokratischen, rechts- und sozialstaatlichen Selbstverständnis dieses Staates gemäßen Weise nachdrücklich und öffentlich vorzuführen." (Scheerer, 1988, 133)

Anmerkungen

1 Es handelt sich um Christian Bertel, Manfred Burgstaller, Udo Jesionek, Arthur Kaufmann (BRD), Ulrich Klug (BRD), Sepp Rieder, Walter Schuppich und Rudolf Wassermann (BRD).

2 Mit diesem Lob auf den Maßnahmenvollzug als zweckmäßigen Ersatz für die lebenslange Strafe bleibt Broda in der Diskussion 1985/86 allerdings allein, weil inzwischen die Skepsis gegen die Versprechen des Behandlungsvollzugs, Sicherung und Therapie auf einen Schlag zu bewältigen, gehörig gewachsen ist. Unter den zu Broda's Vorschlägen Befragten kann man sich durchaus ein Strafsystem ohne lebenslange Strafe vorstellen und auch ganz ohne eine für den Behandlungsgedanken im Strafvollzug ohnedies prekäre Ersetzung derselben durch zeitlich unbestimmten psychiatrischen Maßnahmenvollzug.

3 Anders in der Bundesrepublik Deutschland, wo innerhalb eines Jahres mindestens vier Buchtitel zum Thema erschienen sind (Laubenthal, 1987; Weber/Projektgruppe Fulda, 1987; Weber/Scheerer, 1988; Die Grünen, 1988) und im Zusammenhang mit Amnestiefragen die Politik der lebenslangen Strafe (und der Qualifizierung von Tötungsstraftaten als Mord) auch gegenüber dem unpolitischen Verurteilten erörtert wird - allerdings auf praktischer Ebene auch nicht sehr folgenreich. Bezüglich der Differenzen im Reflexionsniveau zwischen der BRD und Österreich vgl. auch Pilgram, 1989b.

8. Die Reformperspektive ist die Abschaffung der lebenslangen Strafe

8.1. Die internationale Situation

Ein derartiger Vorschlag, wie die Abschaffung der lebenslangen Freiheitsstrafe, mag aus der engen österreichischen Perspektive derzeit unrealistisch erscheinen, in einigen Ländern ist er jedoch verwirklicht. In der von ihm herausgegebenen rechtsvergleichenden Darstellung "Die Freiheitsstrafe und ihre Surrogate im deutschen und ausländischen Recht" berichtet Jescheck (1984, 2005ff) von immerhin sechs Staaten (Ekuador, Portugal, Costa Rica, Brasilien, Mexiko, Spanien - aufgelistet nach der historischen Reihenfolge der erfolgten Absage an die lebenslange Strafe), die weder Todes- noch lebenslange Strafe kennen.[1] In der Zwischenzeit ist zu diesen ersten sechs Staaten ein siebenter, nämlich Norwegen, hinzugekommen, der 1981 die lebenslange Strafe abgeschafft hat (Eser/Huber, 1988, 1048). Es ist ferner zu erwarten, daß die Schweiz, in der eine große Strafrechtsreform im Entwurf feststeht, dem Beispiel in absehbarer Zeit folgen wird (Eser/Huber, 1988, 1365). Auch in Belgien und Schweden sind Überlegungen zur Beseitigung der lebenslangen Strafe aktuell (Jescheck, 1984, 2006). In Italien und der Bundesrepublik Deutschland (Jescheck/Triffterer, 1978) hat es in den 70er Jahren Auseinandersetzungen um die Verfassungsmäßigkeit der lebenslangen Strafe gegeben, die von Höchstgerichten jedoch nicht grundsätzlich gegen diese Sanktion entschieden worden sind. In der BRD flammt die Diskussion neuerdings auch politisch-praktisch wieder auf (Häfner, 1988; Die Grünen, 1988).

Schönheitsfehler an der Strafenpolitik einiger der genannten Staaten ohne lebenslange Freiheitsstrafe sind extrem lange zeitliche Höchststrafen (Mexiko: 40 Jahre, Spanien: 30 Jahre - in einem Einzelfall 40 Jahre; Brasilien: 30 Jahre; Costa Rica: 25 Jahre). In den meisten Fällen bestehen hier bedingte Entlassungsmöglichkeiten ab Strafhälfte, zum Teil schon nach dem ersten Strafdrittel (Costa Rica), doch kann über die Handhabung der Entlassungsregelungen an dieser Stelle mangels Detailinformation keine Aussage gemacht werden. So bleiben als interessante Beispiele Ekuador mit einer Maximalstrafzeit von 16 Jahren, Portugal mit 20 Jahren Höchststrafe (25 für Völkermord) und Norwegen mit 21 Jahren. Auch diese Zeiten sind auf Gnaden- oder Rechtsweg weiter wesentlich verkürzbar. (Die bedingte Entlassung ist in diesen drei Staaten nach drei Fünfteln, der Hälfte bzw. zwei Dritteln der Strafzeit gestattet.) Darüber hinaus existieren einige Staaten, in denen die lebenslange Strafe de iure fortlebt, de facto aber nicht verhängt wird. Das sind Island, die Niederlande und Schweden. Nach einer Statistik des Europarates (Council of Europe, 1984) hat Island noch nie in seiner Geschichte einen lebenslang Gefangenen gehabt, gab es in den Niederlanden im Jänner 1982 einen Lebenslangen und in Schweden im Februar 1983 15 solcher Fälle.

Aus dieser statistischen Aufstellung über 16 westeuropäische Staaten geht ferner hervor, daß Östereich auch bei den lebenslang Gefangenen im obersten Drittel rangiert. Nur Belgien, die BRD, Griechenland und Irland sind Staaten, die annähernd ähnliche Ziffern aufweisen. England/Wales fallen nochmals aus dieser Reihe mit einer etwa doppelt so hohen "Lebenslangenbelastung" wie Österreich und die genannten Staaten. Dabei ist allerdings einzufügen, daß die Zahl von 1867 Lebenslangen per 31.12.1983 in England und Wales durch die dortige Praxis der frühen Hafterforderlichkeitsprüfung (nach schon drei Strafjahren) sehr relativiert wird. Die meisten Entlassungen erfolgen zwischen 8 und 11 Jahren (Huber, 1984, 186), also im Schnitt um die Hälfte rascher als in Österreich. Wirklich strenger wird die englische Strafenpolitik im Vergleich zur hiesigen also erst durch die Steigerung der durchschnittlichen Anhaltezeit in allerjüngster Zeit (Coker/Martin, 1985, 88). Demgegenüber haben etwa Dänemark, Frankreich und Italien im Verhältnis zur Bevölkerung nur ein Viertel bis Fünftel der Lebenslangen, die Österreich einsperrt.

Ein Strafrecht ohne lebenslange Strafen ist zumindest in Teilen der Welt erprobt worden, ohne daß dies übrigens mit einer Steigerung der Kapitaldelikte erkauft worden wäre. (Dies mußte das deutsche Bundesverfassungsgericht in einem Erkenntnis sowie die deutsche Bundesregierung in Beantwortung einer Bundestagsanfrage nach der Bewährung des bestehenden strafrechtlichen Sanktionssystems trotz ihrer affirmativen Haltung zur lebenslangen Strafe anerkennen - vgl. Häfner, 1988, 61). Der internationale Vergleich fällt angesichts der Pionierrolle anderer Staaten und der hohen Zahl Lebenslänglicher in Österreich für unser Land unrühmlich aus. Nicht nur, daß Österreich in punkto Lebenslang nicht zu den Vorreitern der Reform zählt (anders als beispielweise bei der Abschaffung der Todesstrafe), sind sogar die vorsichtigen und vom österreichischen Vertreter mitgetragenen Empfehlungen des Ministerkomitees des Europarates (Resolution vom 17.2.1976 "On the Treatment of Long-Term Prisoners") bisher nicht im entferntesten beachtet.

In Hinblick auf die nachteiligen Wirkungen langer Strafen und die Probleme der Erfüllung der Vollzugsfunktion Resozialisierung im Rahmen dieser Strafen empfiehlt das Ministerkomitee des Europarats neben der restriktiven Anwendung von Langstrafen, einer entsprechenden Vollzugsgestaltung (Gelegenheit zu bezahlter Arbeit und Ausbildung, Gefangenenmitbestimmung in bestimmten Fragen, Kontakterleichterungen zur Außenwelt, Haftunterbrechungsmöglichkeiten etc.), entsprechender Ausbildung des Anstaltspersonals, interdisziplinärer Forschung und Aufklärung der Öffentlichkeit folgendes:

"*9. ensure that the cases of all prisoners will be examined as early as possible to determine whether or not a conditional release can be granted;*

10. grant the prisoner conditional release, subject to the statutory requirements relating to time served, as soon as a favorable prognosis can be formulated; ***considerations of general prevention alone should not justify refusal of conditional release;***

11. adapt to life sentences the same principles as apply to long-term sentences;

12. ensure that a ***review, as referred to in 9,*** *of the life sentences should take place, if not done before,* ***after eight to fourteen years of detention*** *and be repeated at regular intervals."* (Council of Europe, 1977, 26; Hervorh. A.P.)

Um diesen Empfehlungen rechtspolitisch Rechnung zu tragen, besteht ein dringender Handlungsbedarf. Die Realisierung der frühen (nach 8 Strafjahren, wenn nicht früher) und regelmäßigen amtswegigen Überprüfung der Straffortsetzung nach spezialpräventiven Gesichtspunkten bei allen lebenslangen und langstrafigen Gefangenen ist kein radikaler Schritt und bewegt sich noch ganz im Rahmen eines europäischen Ministerkomiteekompromisses.

8.2. Was schon helfen würde, jedoch nicht genügt

In Anbetracht der internationalen Standards und der Einsichten aus der vorliegenden Studie sollten folgende Veränderungen der österreichischen Rechtssituation als selbstverständliche Notwendigkeiten erscheinen - alles unter dem "abolitionistischen Vorbehalt", daß der Sache nach nur die Abschaffung der lebenslangen Strafe eine befriedigende Lösung des Problems schaffen kann:

1./ Die Entlassungsentscheidung hat sich einzig und allein an der besonderen "Gefährdung anderer" durch den Entlassungskandidaten, also an der "Sicherung der Gesellschaft" vor dem betreffenden Straftäter und nicht vor befürchteten Einbrüchen gesellschaftlicher "Normtreue" zu orientieren. In Hinblick auf die lange Strafzeit könnte bei Lebenslangen mit guten Reintegrationschancen auch heute schon stärker auf generalpräventive Rücksichtnahmen verzichtet werden. In Zukunft sollte aber, konform mit den Empfehlungen des Ministerkomitees des Europarates, bei Entlassung auch langstrafiger Gefangener das generalpräventive Ablehnungsmotiv generell für unzulässig erklärt werden. Man sollte sich, analog dem Maßstab für die Unterbringung in einer Vollzugsanstalt für vorbeugende Maßnahmen (vgl. § 47(2) StGB)[2], ganz an die Sozialprognose des zu Entlassenden halten. Es ist ja auch gar nicht einzusehen, warum die für die jüngste Reform der bedingten Entlassung aus zeitlichen Strafen im Zuge des StRÄG 1987 geführten Argumente für eine stärkere Abstraktion von generalpräventiven Überlegungen nicht auch für lebenslange Strafen gelten sollten.

2./ Man wird das Entlassungsverfahren von der Initiative des Gefangenen unabhängig machen, es in regelmäßigen Abständen amtswegig wiederholen, Gefangene damit aus der Position des lästigen Bittstellers befreien und ihnen automatisch einen Rechtsbeistand stellen müssen, der nicht zuletzt die Sachverständigengutachten zu überprüfen und zu relativieren in der Lage ist. Auch diese Forderung ist bezüglich ihres ersten Teils europaratskonform. Es geht nicht an, es der Verfassung des lebenslang Gefangenen und dem Belieben der Anstalt anheimzustellen, ob die Entlassungsfrage überhaupt mehr als einmal, nämlich bei Ablauf von 15 Strafjahren, an das Gericht herangetragen wird. Eine Regelung, wie sie für Untergebrachte im Maßnahmenvollzug eingeführt ist, wonach mindestens jährlich die Notwendigkeit weiterer Anhaltung offiziell zu prüfen ist (§ 25(3) StGB)[3], ist hier als erforderlicher Mindeststandard anzusehen.

3./ Die Herabsetzung der zeitlichen Voraussetzungen für die bedingte Entlassung aus der lebenslangen Strafe ist eine weitere wichtige Forderung. Derzeit muß der lebenslang Gefangene 5 Jahre länger auf die erste Entlassungschance warten als der zur längsten, zur zwanzigjährigen Freiheitstrafe Verurteilte. Dessen bedingte Entlassung ist nach 10 Jahren ausnahmsweise möglich und nach 13 1/3 Jahren per Gesetz zur Regel erklärt. Einen derartigen Regelentlassungszeitpunkt gibt es für Lebenslange, die unter strengen Voraussetzungen frühestens nach 15 Jahren entlassen werden können, überhaupt nicht. Es wäre denkbar, diesen späten Zeitpunkt zu jenem zu machen, zu dem eine Entlassung aus lebenslanger Strafe nur noch unter sehr strikten Bedingungen verwehrt werden kann, ansonsten aber die Entlassungsfrage schon nach z.B. 12 Jahren überprüfen zu lassen. Aber auch mit einer solchen, in den derzeitigen Strafenbau leicht intergrierbaren Lösung läge die österreichische Rechtslage (nicht nur bei lebenslangen, sondern bei Gefangenen mit langen Strafen generell) weit entfernt von den europäischen Ministerkomiteeempfehlungen. Daher sollte, wenn schon nicht für eine allgemeine Reduzierung der Strafdrohungen, so wenigstens dafür Sorge getragen werden, daß die Erforderlichkeit einer lebenslangen statt einer zeitlichen Freiheitsstrafe nicht nur zum Urteilszeitpunkt überprüft wird. Die Verhängung der lebenslangen Strafe sollte auch nachträglich hinterfragt werden können, wenn im Zuge des Strafvollzugs "Milderungsgründe" im Sinne des § 410 StPO auftreten, sich die Person des Gefangenen und seine Chancen auf soziale Reintegration in einer Weise darstellen, die seinerzeit zu einer anderen Strafbemessung geführt hätte.[4] Man könnte eine obligatorische gerichtliche Entscheidung über die mögliche Umwandlung der lebenslangen in eine zeitliche Strafe in Fünfjahresabständen vorsehen. Die erste dieser Entscheidungen fände nach fünf Strafjahren statt, zur Hälfte jener Zeit, die das untere Ende des oben mit Lebenslang markierten Strafrahmens darstellt.

Dennoch bliebe jede solche Reform auf halbem Weg stecken. Weder würde das Strafsystem von seinem heute immer noch virulenten Revanchismus frei, noch wäre der lebenslang Gefangene frei von identitätszerstörender Ungewißheit. Solange die lebenslange Strafe fortbesteht, überlebt - wie oben bemerkt - das utilitaristisch hinweggeredete Vergeltungsprinzip im Strafrecht. Solange eine Strafzeit urteilsmäßig "mit dem Tode endet", bleiben auch rechtlich bessergestellte Nachsichtsabhängige von einer unmenschlichen staatlichen Machtfülle bedroht. Schon deshalb sollte man sich konsequent mit Zeitstrafen begnügen, an deren Ausmessung strengere Rationalitätskriterien zu legen wären. Vor allem aber sollte die mit Urteil zeitlich nach oben begrenzte Strafe der unübersehbaren Problematik der Verhaltensvorhersage wegen gefordert werden. So legitim das Bedürfnis sein mag, den Risikofaktor Mensch zu ermessen und auszuschalten, so "gefährlich" ist eine ausschlaggebende Rolle der Gefährlichkeitsprognose (Weber, 1988, 90). Sollte es bei der Entlassungsentscheidung aus einer lebenslangen Freiheitsstrafe nur mehr um den Rückfallsrisikowert gehen, um Garantien "spezialpräventiven Straferfolgs", so läßt sich darüber zwar vielleicht konkreter und empirisch-wissenschaftlich informierter sprechen als über generalpräventive Implikationen einer Entlassungsentscheidung, nicht aber mit der im Einzelfall gebotenen Aussagesicherheit.

Daß gutachtliche Verhaltensprognosen über Strafentlassene in erster Linie frühere Gerichts- und Sachverständigenurteile sowie allerlei Führungszeugnisse durch übergeordnete Personen und Stellen aufgreifen und mit persönlichen

Eindrücken und Testresultaten des Gutachters kompilieren und daß vor allem viele (für den Gutachter folgenlose) Fehler der "zweiten Art" (bewährungsfähige Gefangene werden nicht entlassen) passieren, ist schon schwer hinzunehmen, wenn es sich um Entlassungsverfahren zu zeitlichen - endlichen - Strafen Verurteilter dreht. Wenn es aber um die bedingte Entlassung Lebenslänglicher, also um Strafentlassung schlechthin geht, werden solche Mängel der psychiatrisch-psychologischen Prognostik fatal.

Die Studie hat gezeigt, daß sich die vollzugsgerichtlichen Entlassungsentscheidungen mit zunehmender Strafzeit an das Persönlichkeitssachverständigengutachten anlehnen. Das ist gewiß besser als die ständige Nachverurteilung des Gefangenen für die allgemeine Kriminalitätssituation im Lande und für sein "persönliches Vorleben". Andererseits erweist sich die Gutachterschaft besonders bei "einfach strukturierten" Gefangenen und solchen mit geringer praktischer Entlassungsvorbereitung und Erprobung (z.B. im Freigang) als aussagescheu. Solche Gefangene warten sehr lange oder vergeblich auf ein dezidiert positives Gutachterurteil. Was hier dem Gefangenen zu einem positiven Gutachten verhilft, sind Fürsprecher und mutige Anstaltsverwaltungen, also organisierbare Ressourcen für die soziale Wiedereingliederung. Wo im Vollzug nichts anderes passiert als die Abschöpfung der Arbeitskraft des Gefangenen und das Warten auf ein Erbarmen des Gutachters mit dem schließlich "altersbedingt verlangsamten" Insassen, bedeutet das Abstellen der Gerichtsentscheidung auf die "Persönlichkeit" des Gefangenen kein Ende seiner entwürdigenden Ohnmacht und Abhängigkeit. Es sind daher alle Reformvorschläge auf die Abschaffung der lebenslangen Freiheitsstrafe und der zeitlichen Limitierung aller Strafen (und Maßnahmen) zuzuspitzen.

Rechtstechnisch konkretisiert z.B. Scheerer (1988) diese "abolutionistische" Forderung. Er schlägt für das Strafrecht der BRD anstelle der lebenslangen die (auch derzeit) maximale zeitliche Strafe von 15 Jahren vor und spricht sich gegen eine neue, in der BRD zum Unterschied von Österreich bisher unbekannte Höchststrafe von 20 Jahren aus. Gegen den Einwand der so gestörten Strafproportionalität führt er an, ihn anzuerkennen würde die Langstrafenpraxis selbst bei gegebener guter Chance der Zweidrittelentlassung (in Ausnahmen auch der Halbzeitentlassung) von den Empfehlungen des Ministerkomitees des Europarates und von der minder repressiven Praxis in vielen anderen Staaten zu sehr abweichen lassen. Die Relation der Strafen könnte seiner Meinung nach durch Abgehen vom sonstigen Strafrahmenprinzip und Festlegung einer obligatorischen 15-Jahres-Strafe bei Straftaten mit derzeit obligatorisch lebenslanger Strafe gewahrt werden. Auf Österreich, wo die Strafobergrenze der zeitlichen Freiheitsstrafe bei 20 Jahren steht und die lebenslange Strafe, außer bei Völkermord, nirgends zwingend vorgeschrieben ist, ist diese Lösung nicht einfach übertragbar. Gegen die Argumentation für eine obere Strafgrenze bei 15 Jahren, wie sie Scheerer führt, ist nichts einzuwenden, sie kann im Gegenteil nur unterstrichen werden. Die Einführung dieser zeitlichen Maximalstrafe für derzeit in Österreich mit lebenslangem Freiheitsverlust bedrohte Straftaten würde jedoch eine weitergehende Umgestaltung der Strafrahmen im öStGB als im dStGB mit sich ziehen. Eine Rahmenlösung (mit der Untergrenze 10 Jahre) für die Sanktion auf Mord nach öStGB sollte dieser Umgestaltung nicht geopfert werden.

Eine Ersetzung der lebenslangen durch zeitliche Freiheitsstrafen würde auch die Entlassungssituation unmittelbar verändern. Sie würde den bisher lebenslang Gefangenen die Chance der bedingten Entlassung nach den zeitlichen und übrigen Kriterien für die Strafrestnachsicht aus zeitlichen Freiheitsstrafen eröffnen. Bei der bedingten Entlassung aus zeitlichen Strafen ist der bei der Entlassung Lebenslänglicher häufig alles dominierende generalpräventive Entscheidungsaspekt in den Hintergrund gedrängt, wenn auch entgegen den zitierten Europaratsempfehlungen und der Rechtslage in vielen Staaten (vgl. Dünkel/Spieß, 1983) keineswegs weit genug. Die Beseitigung der lebenslangen Strafe dürfte kein Grund dafür sein, die bedingte Entlassung erst recht wieder aus der Perspektive der Generalprävention zu regulieren, anstatt den mit dem StRÄG 1987 eingeschlagenen Kurs fortzusetzen und jenseits der Strafzumessungsentscheidung selbst überhaupt nur mehr Persönlichkeits- bzw. spezialpräventive Sicherungsgesichtspunkte entscheidungsrelevant werden zu lassen.[5]

Wer die Abschaffung der lebenslangen Strafe will, muß sich auch den Problemen des geltenden Maßnahmenrechts stellen. Zusammen mit der Neugestaltung des Rechts der bedingten Entlassung wäre auch das System der vorbeugenden Maßnahmen, insbesondere nach § 21(2) StGB (Unterbringung auf unbestimmte Zeit im Sondervollzug für zurechnungsfähige "geistig abnorme" Rechtsbrecher), neu zu überdenken. Mit der Einführung der Regelentlassung eines Gefangenen nach zwei Dritteln der Strafe bei positiver Prognose (neben der Ausnahmeentlassung nach der Strafhälfte bei qualifiziert günstiger Prognose) würden sich die nichtausgesetzten Strafreste quasi zu Sicherungsmaßnahmen gegenüber überdurchschnittlich gefährlichen/gefährdeten Rechtsbrechern verwandeln. Die Anwendung von Sicherungsmaßnahmen kennt das Gesetz heute in bestimmter anderer Form und - bei der Maßnahme nach § 21(2) StGB - geknüpft an strengere Kriterien der Tatschuld und des Wiederholungsrisikos als die Anhaltung über zwei Drittel der Strafe hinaus. (Das hängt mit dem Faktum zusammen, daß diese Sicherungsmaßnahmen unbegrenzt durch die urteilsmäßige Strafe - z.T. sogar im Sinn lebenslanger Anhaltung - gesetzt werden können.) Man wird sich nun konsequenterweise nach dem künftigen Verhältnis von Vollstrafverbüßung und Unterbringung im Maßnahmenvollzug fragen müssen.

Rechtfertigung für die Sicherungsmaßnahmen nach dem geltenden StGB boten und bieten seit ihrer Einführung 1975 nicht nur das Sicherungsbedürfnis gegenüber einem bestimmten, gefährlich erachteten Personenkreis an Straftätern ("geistig abnormen Rechtsbrechern" insbesondere), sondern vor allem auch die besonders gute sozialtherapeutische Ausstattung und vollzugsrechtliche Privilegierung des Maßnahmenvollzugs.[6] Man könnte die Kriterien der vorbeugenden Maßnahmen revidieren und etwa in folgendem Sinn neu fassen: Sollte bei einem Verurteilten zum Zeitpunkt seiner Verurteilung oder bei einem Gefangenen - infolge regelmäßiger Überprüfung dieser Frage - zu irgendeinem Zeitpunkt sichtbar werden, daß er nicht nach der Hälfte und auch nicht nach zwei Dritteln der Strafe würde verantwortlich entlassen werden können, hätten genau jene Maßnahmen der Entlassungsvorbereitung einzusetzen, wie es sie heute im Rahmen des Maßnahmenvollzugs gibt, und zwar ein besonderes therapeutisches und soziales Trainingsangebot und die sukzessive Angleichung des Vollzugs an Bedingungen der normalen Lebenswelt. Es sollte allerdings aufgrund der Erfahrung mit unbestimmter Anhaltung im Maßnahmenvollzug wie in Form der lebenslangen Freiheitsstrafe in jedem Fall davon abgegangen werden, fixe Strafobergrenzen im Namen ungenügenden spezialpräventiven Straf/Maßnahmenerfolgs zu überschreiten. Zu einer solchen Praxis der Strafüberschreitung ließe sich anmerken, was Scheerer zur Entlassungsverweigerung gegenüber Lebenslangen schreibt, die keine positive Sozialprognose aufweisen:

"Wäre das nicht eine Art zivil- oder verwaltungsrechtlicher Unterbringung oder eine Art ,Vorbeugehaft' unter dem Deckmantel der Strafe? Wäre es nicht ehrlicher, dann die Haft für diese (kleine) Personengruppe doch auch zeitlich auf ein angemessenes Maß zu limitieren und für den Fall, daß es aus anderen als strafrechtlichen Gründen nicht verantwortet werden kann, die Betroffenen in die Freiheit zu entlassen, dies auch einzugestehen und mit den für diese Fälle vorhandenen Mitteln z.B. einen Unterbringungsbeschluß zu beantragen?" (Scheerer, 1987, 135) Zu denken ist hier an eine Unterbringung in straf- und maßnahmevollzugsfernen Institutionen (Kliniken, Pflegeheime). Sich in dieser Form einer möglichen Tatsache, nämlich jener der scheiternden Rehabilitation, zu stellen, scheint mir kein befriedigender, aber der konsequentere Schluß aus der Kritik der lebenslangen Strafe als der pragmatische Hinweis, zeitliche Strafen in Kombination mit einer Maßnahme nach § 21(2) (Einweisung in eine Anstalt für geistig abnorme Rechtsbrecher auf unbestimmte Zeit bis zum "Gefährlichkeitsabbau") würden notfalls ohnedies dieselbe Praxis erlauben wie die lebenslange Strafe selbst, auch nachdem diese generell beseitigt wäre.

In diesem Punkt hat die Forderung nach Abschaffung der lebenslangen Strafe noch ein Stück über das Plädoyer von Broda (1985) für dieses Ziel hinauszugehen und sich auf jede Form zeitlich unbegrenzten Freiheitsentzugs zu erstrecken.

Anmerkungen

1 Nur nebenher erwähnenswert sind hier Polen und die Sowjetunion, in denen zwar keine lebenslangen, wohl aber Todesstrafen verhängt werden können und auch werden (Amnesty International, 1989).

2 § 47(2) StGB lautet: "Die bedingte Entlassung aus einer mit Freiheitsentziehung verbundenen vorbeugenden Maßnahme ist zu verfügen, wenn nach der Aufführung und der Entwicklung des Angehaltenen in der Anstalt, nach seiner Person, seinem Gesundheitszustand, seinem Vorleben und nach seinen Aussichten auf ein redliches Fortkommen anzunehmen ist, daß die Gefährlichkeit, gegen die sich die vorbeugenden Maßnahme richtet, nicht mehr besteht."

3 § 25(2) StGB verfügt: "Ob die Unterbringung in einer Anstalt für geistig abnorme Rechtsbrecher oder in einer Anstalt für gefährliche Rückfallstäter noch notwendig ist, hat das Gericht von Amts wegen mindestens alljährlich zu prüfen."

4 § 410 StPO regelt: "Wenn nach eingetretener Rechtskraft eines Strafurteils Milderungsgründe hervorkommen, die zur Zeit der Urteilsfällung noch nicht vorhanden oder doch nicht bekannt waren und die zwar nicht die Anwendung eines anderen Strafsatzes, aber doch offenbar eine mildere Bemessung der Strafe herbeigeführt haben würden, so hat der Gerichtshof erster Instanz, sobald er sich vom Vorhandensein dieser Milderungsgründe überzeugt, einen Antrag auf angemessene Milderung der Strafe an den Gerichtshof zweiter

Instanz zu stellen, der über den Antrag nach Anhörung der Oberstaatsanwaltschaft entscheidet."

5 Eine klare Orientierung der vollzugsgerichtlichen Entlassungsentscheidung an nachvollziehbaren Kriterien der Persönlichkeit und künftigen sozialen Situation des Gefangenen und eine bessere Ausgestaltung des Entlassungsverfahrens würde im übrigen die oben skizzierten - und nicht nur am Fall der lebenslangen Strafe angemeldeten - herrschaftskritischen Bedenken (Scheerer, 1987) gegen bedingte Strafen/Entlassungen, gegen Symbolik und Folgen der Diskrepanz zwischen massiver Strafdrohung und selektiv gemilderter Strafpraxis etwas abschwächen helfen.

6 Dem ist es im übrigen mit zu verdanken, daß tatsächlich nur ein kleiner Teil Maßnahmegefangener und der nur kurz über das urteilsmäßige Strafende hinaus im Vollzug verbleiben muß (vgl. Gratz, 1986). Kap. 8.

9. Literatur

Ahlemann, J.: Lebenslänglich oder Tod auf Raten. Frankfurt 1979

Albrecht, P.A.: Zur sozialen Situation entlassener "Lebenslänglicher". Göttingen, 1977

Albrecht, P.A.: Zur sozialen Situation entlassener "Lebenslänglicher". Monatsschrift für Kriminologie und Strafrechtsreform 60 (1977), 133-152

Albrecht, P.A.: Haftfolgen in der Selbstwahrnehmung entlassener "Lebenslänglicher". Bewährungshilfe 25 (1978), 128-139

Albrecht, P.A.: Kriterien zur Sozialprognose nach langer Strafhaft. Psychiatrische Praxis 8 (1981), 1-8

Amnesty International: Wenn der Staat tötet. Todesstrafe contra Menschenrechte. Frankfurt 1989

Antes, K., Ehrhardt, C., Hannover, H. (Hg.): Lebenslänglich. Protokolle aus der Haft. München 1972

Arzt, G.: Aktuelle Problematik der Tatbestandsmerkmale des Mordes nach deutschem Recht. in: **Göppinger, H., Bresser, P.** (Hg.): Tötungsdelikte. Stuttgart 1980, 49ff

Böhm, A., Erhard, C.: Die Praxis der bedingten Strafrestaussetzung. Eine Untersuchung zur Anwendung des § 57 StGB in Hessen. Monatsschrift für Kriminologie und Strafrechtsreform 67 (1984), 365-378

Broda, C.: Tod auf Lebenszeit? Zukunft (1985, April), 23-26

Bundesministerium für Justiz (Hg.): Bedingte Entlassung. Erfahrungen und Möglichkeiten. Enquete 1978. Wien, 1979

Burgstaller, M., Csaszar, F.: Zur regionalen Strafenpraxis in Österreich. Österreichische Juristenzeitung 40 (1985), 1-47

Burgstaller, M., Csaszar, F.; Ergänzungsuntersuchungen zur regionalen Strafenpraxis. Österreichische Juristenzeitung 40 (1985), 417-427

Busch, M.: Möglichkeiten sinnvoller Vollzugsgestaltung bei langen Strafen. Zeitschrift für Strafvollzug und Straffälligenhilfe 31 (1982), 18-26

Cohen, S., Taylor, L.: Psychological Survival. The Experience of Long-Term Imprisonment. Harmondsworth 1972

Coker, J.B., Martin, J.P.: Licensed to Live. Oxford 1985

Council of Europe (Ed.): Treatment of Long-Term Prisoners. Strasbourg 1977

Council of Europe: Prison Information Bulletin. No.4, Strasbourg Dec. 1984

Dünkel, F., Spiess, G. (Hg.): Alternativen zur Freiheitsstrafe. Strafaussetzung zur Bewährung und Bewährungshilfe im internationalen Vergleich. Freiburg (Max-Planck-Institut für ausländisches und internationales Strafrecht) 1983

Einsele, H., Feige, J., Müller-Dietz, H. (Hg.): Die Reform der lebenslangen Freiheitsstrafe. Stuttgart 1972

Eser, A., Huber, B. (Hg.): Strafrechtsentwicklung in Europa 2. Landesberichte 1984/1986 über Gesetzgebung, Rechtsprechung und Literatur. Freiburg (Max-Planck-Institut für ausländisches und internationales Strafrecht) 1988

European Group for the Study of Deviance and Social Control (Ed.): The Expansion of European Prison Systems. Belfast 1986 (Working Papers in European Criminology, No.7)

Foregger, E., **Nowakowski**, F. (Hg.): Wiener Kommentar zum Strafgesetzbuch. Wien 1986 (7. Lieferung: Kunst, § 46, Bedingte Entlassung aus einer Freiheitsstrafe)

Frielinghaus, V.: Die lebenslange Freiheitsstrafe und das Grundgesetz. Vorgänge 9 (1970), 209ff

Frielinghaus, V.: Die lebenslange Freiheitsstrafe in verfassungsrechtlicher und kriminalstatistischer Sicht. Recht und Politik 7 (1971), 16ff

Frommel, M.: Wieso gelingt es nicht, die allgemein für reformbedürftig angesehenen Tötungsdelikte zu novellieren? in: **Weber**, H., **Scheerer**, S. (Hg.): Leben ohne Lebenslänglich. Gegen die lebenslange Freiheitsstrafe. Bielefeld, 1988, 69-84

Goeman, M.: Das Schicksal der Lebenslänglichen. Berlin 1977

Goffman, E.: Asyle - Über die soziale Situation psychiatrischer Patienten und anderer Insassen. 4. Aufl. Frankfurt 1981

Gratz, W.: Die Praxis der Unterbringung zurechnungsfähiger geistig abnormer Rechtsbrecher. Wien 1986

Grünberger, J., **Sluga**, W.: "Funktionelles Psychosyndrom" bei Freiheitsentzug. Wiener Medizinische Wochenschrift (1968), 962ff

Häfner, G.: Ohne Hoffnung auf Liebe. Überlegungen zur lebenslangen Freiheitsstrafe und ihrer Abschaffung. in: **Weber**, H.-M., **Scheerer**, S. (Hg.): Leben ohne Lebenslänglich. Gegen die lebenslange Freiheitsstrafe. Bielefeld 1988, 60-66

Hassemer, W.: Die Mordmerkmale, insbesondere "heimtückisch" und "niedrige Beweggründe" BGHSt 23, 119. in: **Lüderssen**, K., **Sack**, F.(Hg.): Seminar Abweichendes Verhalten II. Die gesellschaftliche Reaktion auf Kriminalität 1. Frankfurt 1975, 315-331

Heine, G.: Tötung aus "niedrigen Beweggründen". Eine erfahrungswissenschaftlich-strafrechtsdogmatische Untersuchung zur Motivgeneralklausel bei Mord. Berlin 1988

Hohmeier, J.: Die soziale Situation der Strafgefangenen: Deprivation der Haft und ihre Folgen. in: **Lüderssen**, K., **Sack**, F. (Hg.): Seminar Abweichendes Verhalten III. Die gesellschaftliche Reaktion auf Kriminalität, Band 2: Strafprozeß und Strafvollzug. Frankfurt 1977, 433-451

Huber, B.: England und Wales. in: **Jescheck**, H.-H.(Hg.): Die Freiheitsstrafe und ihre Surrogate im deutschen und ausländischen Recht. Baden-Baden 1984, 157-258

Jescheck, H.-H.(Hg.): Die Freiheitsstrafe und ihre Surrogate im deutschen und ausländischen Recht. Baden-Baden 1984

Jescheck, H.-H.: Die Freiheitsstrafe und ihre Surrogate in rechtsvergleichender Darstellung. in: **Jescheck**, H.-H. (Hg.): Die Freiheitsstrafe und ihre Surrogate im deutschen und ausländischen Recht. Baden-Baden 1984, 1940-2163

Jescheck, H.-H., **Triffterer**, O.(Hg.): Ist die lebenslange Freiheitsstrafe verfassungswidrig? Baden-Baden 1978

Johnson, R., **Toch**, H. (Eds.): The Pains of Imprisonment. Beverly Hills 1982

Kaiser, G.: Strafvollzug im europäischen Vergleich. Darmstadt 1983

Kaufmann, A.: Eine Chance für den Schuldigen - Plädoyer wider eine lebenslange Freiheitsstrafe, Süddeutsche Zeitung, Nr.112 vom 15.5.1976

Kerner, H.-J.: Tötungsdelikte und lebenslange Freiheitsstrafe. Zeitschrift für die gesamte Strafrechtswissenschaft 98 (1986a), 874ff

Kerner, H.-J.: Der Wandel der höchstgerichtlichen Rechtsprechung zu den Mordmerkmalen und zur lebenslangen Freiheitsstrafe. in: Hochschullehrer der Juristischen Fakultät der Universität Heidelberg (Hg.): Richterliche Rechtsfortbildung - Erscheinungsformen, Auftrag und Grenzen. Festschrift der Juristischen Fakultät zur 600-Jahr-Feier der Ruprechts-Karl-Universität Heidelberg. Heidelberg 1986b, 419-449

Kresnik, W.: Die bedingte Entlassung aus kriminalpolitischer Sicht. Österreichische Richterzeitung (1977, Sonderheft) 182ff

Kühling, P.: Vollzug lebenslanger Freiheitsstrafe. Zeitschrift für Strafvollzug und Straffälligenhilfe 35 (1986, Feb.), 6-11

Kürzinger, J.: Die Freiheitsstrafe und ihre Surrogate in der Bundesrepublik Deutschland. in: **Jescheck, H.-H.** (Hg.): Die Freiheitsstrafe und ihre Surrogate im deutschen und ausländischen Recht. Baden-Baden 1984, 1738-1938

Laubenthal, K.: Lebenslange Freiheitsstrafe. Vollzug und Aussetzung des Strafrests zur Bewährung. Lübeck 1987

Lüdemann, C.: Gesetzgebung als Entscheidungsprozeß. Zur Normgenese der strafrechtlichen Regelung zur Strafaussetzung bei lebenslanger Freiheitsstrafe. Opladen 1986

Mayerhofer, C.: Mord und Totschlag in Österreich, Österreichische Juristenzeitung 35 (1980), 290-294

Miklau, R.: Die Überwindung der Todesstrafe in Österreich und Europa. in: **Weinzierl, E.**, **Stadler, K.R.** (Hg.): Justiz und Zeitgeschichte V: Symposium zur Geschichte des Strafvollzugs in Österreich. Salzburg, 1985, 147-171

Moos, R.: Mord und Totschlag im neuen Strafrecht. Strafrechtliche Probleme der Gegenwart IV. Wien (Schriftenreihe des Bundesministeriums für Justiz) 1975, 34ff

Moos, R.: Die Tötung im Affekt im neuen österreichischen Strafrecht. Zeitschrift für die gesamte Strafrechtswissenschaft 89 (1977), 796ff

Morawetz, I., **Stangl, W.**: Die Untersuchungshaft als Feld richterlicher Kriminalpolitik. Österreichische Juristenzeitung 40 (1985), 446-449

Morawetz, I., **Stangl, W.**: Untersuchungshaft in Österreich. Ergebnisse einer empirischen Untersuchung. Monatsschrift für Kriminologie und Strafrechtsreform 69 (1986), 259-270

Müller-Dietz, H.: Die Inhumanität der lebenslangen Freiheitsstrafe. Vorgänge 15 (1976, Heft 4), 13ff

Müller-Dietz, H.: Mord, lebenslange Freiheitsstrafe und bedingte Entlassung. JURA (1983), 568-580, 628-635

Müller-Dietz, H.: Mord und lebenslange Freiheitsstrafe. in: **Hassemer, W.** (Hg.): Sozialwissenschaften im Strafrecht. Neuwied 1984, 96-121

Narr, W.-D., **Vack, K.**, Lebenslang wider die Menschenrechte. in: **Weber, H.-M.**, **Scheerer, S.** (Hg.): Leben ohne Lebenslänglich. Gegen die lebenslange Freiheitsstrafe. Bielefeld, 1988, 11-26

Peper, B., **Kramer, H.**: Problemschwerpunkte bei der Wiedereingliederung von begnadigten Lebenslänglichen. Bewährungshilfe 25 (1978), 115-127

Pilgram, A.: Einige Aspekte der Entscheidungsproblematik bei der bedingten Entlassung von Strafgefangenen. Österreichische Juristenzeitung 30 (1975), 387-391

Pilgram, A.: Phasen der Kriminalisierungspolitik in Österreich 1953-1983. Wien (Forschungsbericht des Instituts für Rechts- und Kriminalsoziologie), 1987

Pilgram, A.: Eine explorative Untersuchung über die Praxis der lebenslangen Strafe in Österreich. Wien (Forschungsbericht des Instituts für Rechts- und Kriminalsoziologie) 1989a

Pilgram, A.: Rezension von: Weber, H.-M., Scheerer, S. (Hg.): Leben ohne Lebenslänglich. Gegen die lebenslange Freiheitsstrafe. Kriminalsoziologische Bibliografie 16 (1989b/Heft 62), 76-78

Rainer, E.: Die Filter der Strafjustiz am Beispiel Mord und Totschlag. Österreichische Juristenzeitung 41 (1986), 302-306

Rasch, W.: Prognosegutachten bei zu lebenslanger Freiheitsstrafe Verurteilten. in: **Weber, H., Projektgruppe Fulda** (Hg.): Lebenslang - wie lang? Argumente zur Abschaffung der lebenslangen Freiheitsstrafe. Weinheim 1987, 173-193

Rode, I., Scheld, S.: Sozialprognose bei Tötungsdelikten. Eine empirische Studie. Berlin 1986

Scheerer, S.: Lebenslang - Urteil und Differenz. in: **Weber, H.-M., Projektgruppe Fulda** (Hg.): Lebenslang - wie lang? Argumente zur Abschaffung der lebenslangen Freiheitsstrafe. Weinheim 1987, 124-144

Scheerer, S.: Die Abschaffung der lebenslangen Freiheitsstrafe. Ein Vorschlag. in: **Weber, H.-M., Scheerer, S.** (Hg.): Leben ohne Lebenslänglich. Gegen die lebenslange Freiheitsstrafe. Bielefeld 1988, 124-139

Sessar, K.: Die Umgehung der lebenslangen Freiheitsstrafe. Monatsschrift für Kriminologie und Strafrechtsreform 63 (1980), 193ff

Sessar, K.: Rechtliche und soziale Prozesse einer Definition der Tötungskriminalität. Freiburg (Max-Planck-Institut für ausl. und intern. Strafrecht. Kriminolog. Forschungsberichte Bd.3) 1981

Stangl, W.: Kriminalpolitik in der Ersten Republik Österreich. Wien (Forschungsbericht des Instituts für Rechts- und Kriminalsoziologie) 1988

Stangl, W.: Positive Wirkung. Neue Kriminalpolitik 1, 1989 (Heft 1), 16

Toch, H.: Men in Crisis. Human Breakdowns in Prison. Chicago 1975

Toch, H.: Living in Prison. The Ecology of Survival. New York 1977

Triffterer, O.: Die lebenslange Freiheitsstrafe - ein Fall für das BVerfG. Zeitschrift für Rechtspolitik 9 (1976), 91-92

Umfrage: Lebenslänglich? Zukunft (1986, Feb.), 17-22

Vogel, H.-J.: Der zu lebenslanger Freiheitsstrafe Verurteilte hat ein Recht auf Besserung. recht (1977, Nr.1), 2-3

Weber, H.-M.: Gefährlichkeitsprognose bei "Lebenslänglichen". Gefahr für wen? in: **Weber, H.-M., Scheerer, S.** (Hg.): Leben ohne Lebenslänglich. Gegen die lebenslange Freiheitsstrafe. Bielefeld 1988, 85-123

Weber, H.-M., Projektgruppe Fulda (Hg.): Lebenslang - wie lang? Argumente zur Abschaffung der lebenslangen Freiheitsstrafe. Weinheim 1987

Weber, H.-M., Scheerer, S. (Hg.): Leben ohne Lebenslänglich. Gegen die lebenslange Freiheitsstrafe. Bielefeld 1988

Wulf, B.R.: Kriminelle Karrieren von Lebenslänglichen. München 1979

DER AUTOR

Arno Pilgram, geb. 1946, Studium der Psychologie und Anthropologie in Wien. Seit 1972 Mitarbeiter am Institut für Rechts- und Kriminalsoziologie Wien. Dozent an der Universität Frankfurt und der Universität Wien. Mitherausgeber der Kriminalsoziologischen Bibliografie. Veröffentlichungen:
Kriminalität in Österreich. Studien zur Soziologie der Kriminalitätsentwicklung. Wien, 1980.
Vom Umgang mit dem Strafrecht. 10 Jahre Kriminalsoziologie in Österreich. Wien, 1982; (gemeinsam mit H. Leirer, W. Stangl, H. Steinert).
Konflikte regeln statt Strafen! Über einen Modellversuch in der österreichischen Jugendgerichtsbarkeit. Wien, 1982; (gemeinsam mit A. Haidar, H. Leirer, Ch. Pelikan).

JUBILÄUMSBAND der **LITERATURzeitschrift**
W O R T B R Ü C K E
ISBN 3 - 900817 - 06 - 5

anläßlich: 5 Jahre (1985 - 1989) Wortbrücke
Heft Nr. 1 - Heft Nr. 10
in EINEM Band/Buch
Format: DIN A 4/Ca 400 Seiten

erscheint: **DEZEMBER 1989** und ist bei der Edition **WORTBRÜCKE; Steiner Landstrasse 4; A - 3500 Krems** zu beziehen. (Hrgb.: Jack UNTERWEGER)

KRITISCHE GEGENWARTSLITERATUR

von mehr als 150 Autoren aus dem IN- und Ausland; von Turrini, Jelinek über Käthe Kratz bis zu unbekannten, aber engagierten jungen Autoren und Texten aus dem Gefängnis.

Preis des Buches: 255.-öS/32.-DM/30.-sFr.

EDITION WORTBRÜCKE